本书是国家社会科学基金项目“基于手语语料库的中国手语‘体范畴’特点及其语言学价值研究”（项目编号：18BYY081）的阶段性研究成果

手语语言学简明术语

[荷] 扬 · 奈恩特维尔哈尔
[荷] 贝皮 · 范登博哈尔德　编著

付继林　刘鸿宇　译

知识产权出版社
全国百佳图书出版单位
—北京—

"Concise Lexicon for Sign Linguistics" by Jan Nijen Twilhaar and Beppie van den Bogaerde.
John Benjamins Publishing Company, Amsterdam/Philadelphia,2016.

图书在版编目（CIP）数据

手语语言学简明术语 /（荷）扬·奈恩特维尔哈尔，（荷）贝皮·范登博哈尔德编著；付继林，刘鸿宇译 .—北京：知识产权出版社，2023.3

书名原文 : Concise Lexicon for Sign Linguistics

ISBN 978-7-5130-8663-9

Ⅰ. ①手…　Ⅱ. ①扬…②贝…③付…④刘…　Ⅲ. ①手势语—语言学—名词术语　Ⅳ. ① H026.3-61

中国国家版本馆 CIP 数据核字（2023）第 004068 号

内容提要

本书术语以英文字母的顺序排序，汇集了手语语言学中常用术语的中英文表达，以及对术语的中文解释。本书不仅收集了大量的手语语言学术语，还提供了解释术语的大量实例，有助于读者理解，是一本非常实用的参考书。对于手语教师、手语翻译、手语语言学家、手语学习者，以及其他手语使用者均有一定的参考价值。

责任编辑：李　叶　　　　**责任印制**：孙婷婷

手语语言学简明术语
SHOUYU YUYANXUE JIANMING SHUYU

［荷］扬·奈恩特维尔哈尔
［荷］贝皮·范登博哈尔德　编著
付继林　刘鸿宇　译

出版发行：	知识产权出版社有限责任公司	**网　　址**：	http：//www.ipph.cn
电　　话：	010-82004826		http：//www.laichushu.com
社　　址：	北京市海淀区气象路50号院	**邮　　编**：	100081
责编电话：	010-82000860转8745	**责编邮箱**：	laichushu@cnipr.com
发行电话：	010-82000860转8101	**发行传真**：	010-82000893
印　　刷：	北京建宏印刷有限公司	**经　　销**：	新华书店、各大网上书店及相关专业书店
开　　本：	720mm × 1000mm　1/16	**印　　张**：	20
版　　次：	2023年3月第1版	**印　　次**：	2023年3月第1次印刷
字　　数：	317千字	**定　　价**：	98.00元

ISBN 978-7-5130-8663-9
京权图字 01-2022-5034

序 言

这本《手语语言学简明术语》收词量大、研究充分、版式清晰，涵盖丰富的手语语言学术语。虽然这本书姗姗来迟，但它将是手语教师、翻译、语言学家、学习者和其他手语使用者书架上颇受欢迎的一本专业书。

这本书的独特之处不仅在于它包含大量的手语语言学专门术语，而且还在于它提供了解释术语的充分实例。这些例子既来自有声语言，也来自多种手语。所有手语例子都翻译为有声语言，并添加了有声语言释义等语法标注。

作为一名手语语言学家，我认为这本术语书十分吸引人。它会吸引我们，让我们迫不及待地去查找当前研究的手语中是否也有本书提到的例子。它会让我们去比较和思考这些最常用的概念有多少出现在当地手语中。另外，有关手语的参考语法书寥寥无几，而该书所界定的许多术语，对那些计划编写手语参考语法书的语言学家来说将颇有帮助。最后，如果一些手语概念恰好未被收录，那么本书对术语的解释说明与版式安排也可为学者记录新概念提供有价值的参考。

尽管本书收录的术语主要用于手语语言学研究，但有声语言研究者也可能对此颇感兴趣，想要翻开此书，一探究竟。

总之，我相信这本《手语语言学简明术语》不会被束之高阁，对它的不同使用者来说，这本术语书都将是一个得力助手。

彭妮·博伊斯·布雷姆 博士 / 荣誉博士

巴塞尔，瑞士

2015 年 12 月

介绍和致谢

《手语语言学简明术语》是应高等教育机构手语初学者的实际需求而出版的。在过去的几十年中，高校的手语翻译培训课程和手语教师培训课程越来越多，手语语言学系也相继建立。这些课程在高等教育不同层面开设，既有文凭课程，也有学士和硕士学位课程（学术型和专业型），甚至也有面向社会学员的课程。当然，这类课程的核心始终是手语。研究者和学习者应在当地聋人社群文化背景下去研究和学习（或习得）手语的形式、内容和用法。

聚焦于语言形式、内容和用法的显性教学已被证明有助于第二语言学习者学会一门语言。然而，目前许多手语并没有或者很少有详尽的语言学描述。仅举几个最重要的领域，如音系、形态、句法、语义和语用，这些领域的手语描述和语言学研究都很有限。我们确切知道的是这些以手打出的语言都属于视觉－手势语言。它们除了具有各自专属的语言特点外，彼此之间似乎还有许多共性，如不同的手语具有很多相同的语法结构。

我们希望为手语初学者介绍手语语言学中最常见的术语和概念，帮助这些在高等教育机构学习手语的新手们全面、系统了解手语，提升理解与学习效果。当然，高级手语学习者或手语母语者也可以使用本书，因为本书全面概述了手语最常见研究领域的术语和概念。

我们推荐与本书配套使用的另一部著作《手语语言学引论》（*The Linguistics of Sign Languages*：*An Introduction*），著者是安・贝克、贝皮・范登博哈尔德和罗兰・普福等人，也由本杰明出版社在 2016 年出版。[1]

我们希望本书[2]为广大手语学习者提供帮助，无论他们是在校学生、聋童

---

[1] 中文译本《手语语言学引论》于 2022 年由知识产权出版社出版，译者是刘鸿宇和付继林。

[2] 重要提示：《手语语言学简明术语》的英文原著并无注释，本书全部脚注均为译者注。

父母，还是其他对视觉语言感兴趣的人。

很多同事鼎力支持我们，为本书提供了反馈意见。如果没有这些支持与帮助，本书难以完成。我们无法对所有人一一致谢，但在此我们特别感谢罗兰·普福（Roland Pfau）博士（阿姆斯特丹大学）和彭妮·博伊斯·布雷姆（Penny Boes Braem）博士（瑞士苏黎世手语研究中心），感谢他们拨冗垂阅，与我们讨论本书中的词目。当然，我们著者本人对本书可能出现的错误承担全部责任。

本书出版得到以下单位和部门的支持：乌得勒支应用科学大学聋人研究小组、乌得勒支应用科学大学知识中心、乌得勒支应用科学大学教育学院手语和聋人研究所，在此我们一并致谢。

扬·奈恩特维尔哈尔
贝皮·范登博哈尔德
乌得勒支，荷兰

2016 年 1 月

目 录

不同手语名称的首字母缩写形式

在解释本书中的词目时，我们会经常提及不同手语。在段落行文中，我们使用国际文献中规定的手语名称的首字母缩写形式。❶不同手语其名称首字母缩写形式基于的语言其实并不一样，有些是基于英语（如“英国手语”是使用英语命名，其手语名称的首字母缩写形式“BSL”是基于英语“British Sign Language”），而其他则是基于本国语言（如“荷兰手语”是使用荷兰语命名，其手语名称的首字母缩写形式“NGT”是基于荷兰语“Nederlandse Gebarentaal”）。在为术语词目举例时，我们通常先写出手语名称的英文全拼，然后在括号内注明其首字母缩写形式。❷不同手语名称的首字母缩写形式如表1所示。

表1　不同手语名称的首字母缩写形式

手语名称的中文翻译	手语名称的首字母缩写形式	手语名称的英文全拼（及其用本国语言表示的名称全拼）
美国手语	ASL	American Sign Language
澳大利亚手语	Auslan	Australian Sign Language
英国手语	BSL	British Sign Language
德国手语	DGS	German Sign Language(Deutsche Gebärdensprache)
以色列手语	ISL	Israeli Sign Language
意大利手语	LIS	Italian Sign Language (Lingua Italiana dei Segni)
约旦手语	LIU	Jordanian Sign Language(Lughat il–Ishaara il–Urdunia)

❶❷ 这是介绍本书的英文原著（*Concise Lexicon for Sign Linguistics*）的做法。本书《手语语言学简明术语》是它的中文译著，为方便读者阅读，译者在行文和举例时均使用手语名称的中文翻译（见表1的第1列）。

续表

手语名称的中文翻译	手语名称的首字母缩写形式	手语名称的英文全拼（及其用本国语言表示的名称全拼）
阿根廷手语	LSA	Argentine Sign Language (Lengua de Signos Argentina)
西班牙手语	LSE	Spanish Sign Language(Lengua de Signos Española)
法国手语	LSF	French Sign Language (Langue des Signes Française)
荷兰手语	NGT	Sign Language of the Netherlands (Nederlandse Gebarentaal)
瑞典手语	SSL	Swedish Sign Language
佛兰芒手语	VGT	Flemish Sign Language (Vlaamse Gebarentaal)

手语例子的标音转写及标注

用有声语言转写和标注手语例句

手势词❶通常以小型大写字母来标注其意义（例如，使用缩小版的英文大写字母来释义，使手语例子与英文行文相区分）❷。这些“释义”标注并不提供手势词的语音信息。本书先解释手控成分的释义和标注规则（见表2），然后解释非手控成分的标注规则（见表3）。对手型的标音和转录，本书使用专门的手型电脑字体输入法，即“handshapes2002”。中国香港中文大学语言学和现代语言系手语及聋人研究中心开发和制作了该手型输入法。

表2　手控成分的释义和标注规则

手控成分的中文释义	对释义和标注规则的说明
【属格$_{x}$】	【属格$_{x}$】表示该手势词是一个属格代词，在许多手语里【属格$_{x}$】都用手型来表达。例如，【属格$_{1}$】的发音位置是在手语者的胸膛，手语者在胸膛上打出手型
【手势词】	【手势词】是对一个手势词进行“释义”标注（如用有声语言汉语的书面形式“中文”来注释一个手势词的意义）。在西文文献中，手语数据的释义标注采用小型大写字母，如 HOUSE。本书所有手势词都用中文来释义，如【房子】
【手势词 ++】	加号“+”表示手势词的重复打出（可用来表达复数或特定的“体”类别），如【书 ++】意思是“很多书”

---

❶ 将“signs”译为“手势词”可较好地突出手语中一些词汇单位（如指点手势和一些能产性词汇）“既有语言属性，又略含手势属性”的双重特点。译者认为“手语词”和“手语单词”在准确性和清晰性上都不如“手势词”。

❷ 请注意：《手语语言学简明术语》中的手语例子是用加粗的方括号“【 】”和方括号内的汉语释义来标注的，表示方括号内是手势词、手语中的短语或句子，以便与中文行文相区分。

续表

手控成分的中文释义	对释义和标注规则的说明
【手势词^手势词】	符号“^”表示将两个手势词接连打出构成一个复合词，如【修道士^老板】，它的词义是“男修道院院长”
【手势词－手势词】	连字符“－”表示须用若干有声语言单词来为一个手势词词形进行释义。例如，词义是“用石头打破”的一个手势词须释义为【打破－介词“用”－石头】
【类标记 xx】， 【类标记：X】	如果使用了类标记手型，可标注为【类标记】，并在下标处注明所指，如【类标记$_{\text{大的}}$】和【类标记$_{\text{细的}}$】；或者用手型的电脑字体符号来为手型标音，如【类标记：】和【类标记：】
【$_x$手势词$_y$】	【$_x$手势词$_y$】表示该手势词是一个方向性动词，它从一个位置向另一个位置运动，以表明动词、主语和（或）宾语之间的一致关系。下标表示的是方位。例如，【$_1$给$_2$】表示手势词从打手语者的位置（我）移动到会话对象的位置（你）
【s–i–g–n】	在手语中，指拼成分是以小写的字母来标注，用连字符（–）把先后指拼出来的手指字母依序连接起来。例如，【s–a–l–l–y】是指拼手势词，词义是人名“Sally”（萨莉）

有时，释义之后的手势词或句子上面会多出一条直线，这些直线是用来标注非手控成分可覆盖和延展的区间，或者说，是手语表情体态的使用范围（即从表情开始到表情结束，表情所能覆盖到的手势词或小句）。在手语中，非手控成分可以在不同语言学层面上实现其语法功能。本书将用以下标注用语及符号来标注非手控成分及其语法功能（见表 3）。

表 3　非手控成分及其语法功能的标注规则

非手控成分的标注用语及符号	非手控成分的语法功能和标注规则
/op/	语音标记：符号“/ /”表示其内是一个语音标记。例如，本例 /op/ 是指手语者作出荷兰语单词“op”的发音动作，虽然并不出声，但这个发音动作伴随荷兰手语的手势词【助动词 –OP】，即在打该手势词的同时，作出“op”的仿话口型
话题	话题标记：表示该成分是句子的话题，其伴随的表情体态通常是“眉毛扬起”，同时“头略微向前倾斜”

续表

非手控成分的标注用语及符号	非手控成分的语法功能和标注规则
特殊疑问	特殊疑问句标记：它是对实义内容进行提问（特殊疑问）时，手语者的伴随性表情体态，该表情通常是“眉毛压低，带有疑问表情”
是非疑问	是非疑问句标记：它标记是非疑问句的伴随表情，其面部表情通常是“扬眉”，有时还会伴有一个“头部向前伸出”的动作
否定	否定标记：表情体态通常是“摇头”，常伴有表示否定的面部表情
肯定句	肯定标记：“反复点头”
点头	点头标记：“头轻点一下”，表示肯定，或者用于祈使句
身体倾斜	身体向具体方向倾斜的标记：例如，“身体倾斜 -3a”表示身体向手势空间中的 3a 位置倾斜，而“身体倾斜 - 左”表示身体向左倾斜
眯着眼睛	反事实型条件状语从句的标记：其表情体态是“眯着眼睛”
撅嘴	非限制性关系从句的标记：其表情体态是“嘴唇撅起”
目光注视 -3a/3b	目光注视标记：本例是指目光注视从空间位置 3a 移动到空间位置 3b
)(或者 () [1]	符号“)(”表示腮帮内凹，它为所修饰的手势词增添“很小”的含义。符号“()”表示腮帮鼓起，它为所修饰的手势词增添“很大”的含义
眉毛扬起	从句标记：表情“扬起的眉毛”可以伴随手语中不同类型的从句

❶ 请注意，因为符号“)(”和符号“()”不太容易排版整齐，也不太容易让读者记起其含义，所以本书行文和例子中直接使用中文“腮帮内凹”和“腮帮鼓起”来标注这类分别表示小称和大称含义的非手控成分。

术 语

A

Activation　激活

激活是指当人们看到一个手势词或单词时，大脑的特定部位会处于激活状态。与通常状态相比，这种识别手势词或单词的神经活动使此部位的脑血流量大量增加。[1]

☛ 另见*语义网络*

Activation spread　激活扩散

激活扩散是一个过程，它是指当某个手势词或单词在大脑中被激活后，这种激活会扩散及传递下去，其他一些相关的手势词或单词也被激活。这些后来被激活的词与最开始的那个词共同构成一个在语义上彼此关联的网络。

☛ 另见*语义网络*

Active hand　动态手

在双手手势词中，当两只手的手型不同时，处于运动状态的手（惯用手）称为动态手[2]，另外那只相对静止不动的手称为静态手。

---

[1] 依据罗跃嘉、姜扬、程康编著的《认知神经科学教程》第 100 页对“激活”的介绍，本书添加了“神经活动”等有助于读者理解“激活”词条的内容。

[2] 原著有很多对儿描述双手的词。“active hand”中的“active”有“主动”的含义。如果翻译为“主动手”，其对应词“passive hand”应相应地翻译为“被动手”。考虑到手语数据的实际情况，以及“被动的”也可能仍然具有活动动作，本书将“active hand”译为“动态手”，其对应词“passive word”译为“静态手”。

☛ 另见*主导手*、*静态手*、*惯用手*、*双手手势词*

Adjectival constituent　　形容词性成分

形容词性成分是指在一个由手势词或单词构成的词组中，其中心语（或核心词）是形容词的词组。在例 A–1 荷兰手语中，由细括号括起的【[10 米 高]】就是一个形容词性成分，其中【高】是此形容词性成分的核心词，【10 米】是核心词【高】的修饰性成分。

例A–1　荷兰手语

【树 形容词性成分 [10 米　高] 形容词性成分 。】

'这棵树 10 米高。'

修饰性成分【10 米】本身也是一个有层级结构的成分，它是由修饰性成分【10】和名词性成分【米】组成，【10】修饰核心词【米】。

例 A–2 是英语例子，【沉重】是核心词，【很】是修饰性成分。

例A–2　英语

a. They　predicted　a　$_{AC}$ [very heavy] $_{AC}$　storm.

他们　预测　一　形容词性成分 [很　沉重] 形容词性成分　暴雨

'他们预测到会下一场暴雨。'

b. Yesterday's　storm　was　$_{AC}$ [very heavy] $_{AC.}$

昨天　属格 暴雨　系词　形容词性成分 [很　沉重] 形容词性成分

'昨天的暴雨（下得）非常大。'

☛ 另见*成分*

Adjectival predicate　　形容词性谓语

形容词性谓语是指句子的谓语是一个静态的、具有形容词性的成分。

例A–3　荷兰手语

【指代词 $_1$　兄弟 形容词性成分 [令人愉快的] 形容词性成分　指代词 $_{3a}$。】

'我兄弟人非常好。'

☛ 另见*形容词性成分*、*谓语或谓词*

Adjunct　附加语　附加性题元　附接语

附加语（也称附加性题元[1]，附接语[2]）具有任选性，它在句子中可以加上，也可以去掉，并不是句子的必要成分。省略附加语后，句子依然符合语法。如例 A-4 所示，句子中的【悉尼】可以被省略掉，它是一个附加语成分。

例A-4　澳大利亚手语

【女人　买　小汽车　悉尼。】

‘那位女士在悉尼买了一辆小汽车。’

如例 A-5 所示，该英语口语例句中有两个附加语，即“yesterday”（昨天）和“as a comic”（作为一个喜剧演员）。

例A-5　英语

“Yesterday	he	performed	as	a	comic.”
昨天	他	表演－过去时	作为－介词	不定冠词	喜剧演员

‘昨天他当喜剧演员表演去了。’

☛ 另见*成分功能*

Adverbial clause　状语从句

状语成分是句子的非强制成分（附加语），它以从句的形式出现在句子中。有声语言和手语都有状语从句。状语从句有不同的类型，它们有的说明主句事件发生的时间，有的说明主句事件发生的原因，还有的说明主句事件发生的条件。本书将在不同的词条中分别解释这些不同类型的状语从句。

☛ 另见*条件状语从句*、*原因状语从句*、*时间状语从句*、*复句*

📖 Pfau（2016a）

---

[1]《语法研究调查手册》（第二版）第 629 页和第 99 页，刘丹青先生采用了“附加语”和“附加性题元”这两种译法。

[2] 戴维·克里斯特尔《现代语言学词典》第 9 页中，沈家煊先生的译法是“附接语”。

Adverbial clause of condition　条件状语从句

条件状语从句是句子中表达某种条件的状语从句。请见例 A-6 荷兰手语和佛兰芒手语句子。

例A-6　荷兰手语和佛兰芒手语

　　　　　　　　　　　　　　　　　　眉毛扬起

【(如果)　明天　太阳－照耀，　指代词$_1$　玩－足－球。】

'如果明天是晴天，我就去踢足球。'

荷兰手语和佛兰芒手语都有手势词【如果】，它们在条件状语从句中并非强制使用。但是在这些手语中都有一个非手控型语法标记"眉毛扬起"，该标记是条件状语从句中的强制性标记。在这类从句中我们可以区分出事实型和反事实型[1]条件状语从句。在例 A-6 中，因为句子中的情景是真实存在的，所以从句是事实型条件状语从句。当从句陈述的并不是事实时，如例 A-7，该句中假设的情况与事实相反，并没有真正发生，所以从句是反事实型条件状语从句。反事实型条件状语从句的非手控型语法标记必须额外添加一个"眯着眼睛"的表情("眯着眼睛"的英语注释符号是"se"，它是"squinted eyes"开头字母的缩写形式)。

例A-7　以色列手语

　　　　　　　　　　　　　　　　眉毛扬起、眯着眼睛

【(如果)　指代词$_3$　停止　抽烟，　指代词$_3$　生活。】

'如果他早停止吸烟，他就可能还活着。'

☛ 另见*条件状语从句、复句*

📖Dachkovsky，Sandler(2009)；荷兰手语请参阅 Smith(2004)

Adverbial clause of reason　原因状语从句

原因状语从句用来说明主句事件、动作或状态的原因。请见例 A-8、A-9。

---

[1] 戴维·克里斯特尔《现代语言学词典》第 92 页，沈家煊先生将与原著词条"contra factual"相近的"counter-factual"译为"违实句"或"非现实"陈述句。

例A-8　荷兰手语

【指代词$_1$　快乐　因为　$_2$拜访$_1$。】
‘因为你来拜访我，所以我很高兴。’

例A-9　佛兰芒手语

　　　　　　　　　　　　　　眉毛扬起（覆盖全句）
【指代词$_1$　快乐　为什么，$_2$拜访$_1$。】
‘我很高兴，因为你来拜访我。’

这两句话的意思一样。在例 A-8 中，手势词【因为】引导的从句说明了主句主语感到高兴的原因。在例 A-9 中，可以说是手语者问了自己一个问题（使用手势词【为什么】），然后在从句中又迅速回答了自己的问题。此句仍需使用非手控型语法标记“眉毛扬起”。这种自问自答型的结构在例 A-10 中也出现了，但在该例中，非手控型语法标记只覆盖了疑问词【为什么】，即只在打【为什么】一词时，手语者才添加非手控表情“眉毛扬起”。

例A-10　佛兰芒手语

　　　　　　　　　　　　　　眉毛扬起（仅覆盖“为什么”）
【指代词$_1$　拿着　雨伞　为什么，　下雨。】
‘我要带把雨伞，因为天要下雨了。’

荷兰手语和佛兰芒手语的特殊疑问句与以上结构有一个重要区别：在特殊疑问句中，手语者使用的非手控型语法标记是“皱眉”（表达特殊疑问还需要其他语法标记）。[1] 所以例 A-9 和例 A-10 并不是通常的特殊疑问句，它们其实是“特殊疑问词－分裂”结构（→*“特殊疑问词－分裂”结构*）。

☛ 另见*状语从句*、*复句*、*修辞性疑问句*

[1] 原著想区分的两种结构是“特殊疑问词－分裂”结构和特殊疑问句，本书将两者明确译出。

Adverbial clause of time　　时间状语从句

时间状语从句用来说明和限定主句事件、活动或状态的具体时间。请见例 A–11。

例A–11　荷兰手语

眉毛扬起

【指代词$_1$　学校　结束，指代词$_1$　房子　去。】

‘一完成学业，我就回家。’

德国手语中也有一个与手势词【结束】近似的词，手语者用它来表明从句中的事件发生在主句事件之前，该手势词用在从句末尾。在这类复句中，非手控型语法标记发挥重要作用。在例 A–11 中，非手控型标记是“眉毛扬起”。有时这种扬眉表情是时间状语从句的唯一语法标记。通常主句会有一个点头的表情，或者上身略微晃动，主句和从句之间可以停顿一下。在例 A–12 中，非手控型语法标记也非常关键。

例A–12　德国手语

眉毛扬起

【指代词$_{3a}$　学习　开始，以前　指代词$_3$ 世界 – 旅途　使发生。】

‘在他开始他的学业之前，他将环游世界。’

如果将例 A–11 和例 A–12 中的非手控型语法标记省略掉，那么例 A–11 和例 A–12 都各自包含两个独立的单句。在例 A–11 中，两个单句分别是“我完成了学业”和“我将要回家”。而在例 A–12 中，两个单句分别是“他开始他的学业”和“在那之前他环游世界了”。

☛ 另见*条件状语从句*、*复句*

Adverbial constituent　　副词性成分　状语成分

副词性成分[1]（状语成分）是指一个手势词或单词所构成的词组，其核心词是副词。在例 A–13 中，副词性成分的核心词是手语副词【可能】(还可释

---

[1] 出于准确和一致考虑，本书提供“副词性成分”和“状语成分”两种译法。

义为【大概】【或许】)。

例A–13 荷兰手语

【 副词性成分［可能］副词性成分 指代词₁ 小汽车 买。】

'我可能会买一辆小汽车。'

另一个例子来自英语口语，请见例 A–14。

例A–14 英语

"He ran away ADVC［quickly］ADVC."

他 跑 离开 副词性成分［迅速］副词性成分

'他飞快地逃走了。'

☛ 另见*成分*

Affirmative head nod 标记肯定句的点头

每种类型的句子都可以有肯定或否定形式。在手语中，一个肯定句可以添加非手控型语法标记“点头”。“点头”在句子中通常是任选的，除了标记肯定句外，它还具有其他语法功能。它与否定句中的“摇头”不同，“摇头”通常是强制性添加的，而且只能用作否定标记。在例 A–15 中（手语者的造句，非自然交际中截取），句子使用了非手控型语法标记“点头”，如果把这个“点头”表情省略掉，本句意义并不会发生改变。

例A–15 手语例句造句

表示肯定的“点头”

【指代词₁ 母亲 自行车 买。】

'我妈妈买了一辆自行车。'

非手控型语法标记“点头”也可以表达一种非常明确的肯定，如例 A–16，该句的肯定意义更加直白和明显。

例A-16 手语例句

表示明确肯定的“点头”

【指代词$_1$ 母亲 自行车 买。】

‘我妈妈确实买了一辆自行车。’

还有一些手语，它们表达肯定意义时，除了使用“点头”外，还使用一个词汇性的肯定标记。例如，荷兰手语使用手势词【肯定】来加强句子的肯定意义。一个句子可以表达肯定意义或否定意义，所以处理这类语言现象时我们使用句子的极性这一概念。

例 A-15 和例 A-16 是陈述句的肯定形式。其他两种类型的句子，如祈使句和疑问句（含是非疑问和特殊疑问），也有肯定形式。

📖Pfau，Bos（2016）

Affixation 添加词缀 词缀法

为一个语言单位添加黏着语素的形态过程称为添加词缀或词缀法。

☛ 另见*黏着语素*

Age 年龄

年龄因素在语言变异中发挥作用。与年纪大一些的语言使用者相比，年轻人打出的手语或说出的话都颇为不同，这些差异跟语言使用者的年龄有关。

☛ 另见*语言变异*、*手语语序*

Agent 施事

施事是句子谓语所描述动作的发出者，它是一种语义角色。通常，施事是表征实体的名词性成分，而动作是由句子谓语来表达。如例 A-17 所示，该句的施事是人名手势词【扬】。

例A-17 荷兰手语

【扬$_{施事}$ 踢足球。】

‘扬正在踢足球。’

☛ 另见*语义角色*

Agreeing verb　　一致动词

一致关系可以有不同的展现形式。在许多手语中，人们区分以下两种一致动词：第一种，方向性动词（见例 A–18）；第二种，位置性动词（见例 A–19）。方向性动词是指动词从一个论元移向另一个论元（如从句子的主语移向句子的宾语），方向性动词通常最多与两个成分构成语法上的一致。位置性动词是通过改变手势词的位置（就该手势词基本形式的位置而言）来标记一致关系，它们最多与一个句子成分（即句子宾语）保持语法一致。

例A–18　手语例句

【指代词 $_1$　$_1$问 $_{3a}$。】

‘我问她。’

例A–19　手语例句

【指代词 $_1$　巴尔　找到 $_{3a}$。】

‘我找到了巴尔。’

☛ 另见*方向性动词*、*位置性动词*

📖 澳大利亚手语请参阅 Johnston，Schembri（2007）；英国手语请参阅 Sutton-Spence，Woll（1998）；美国手语请参阅 Sandler，Lillo-Martin（2006）；荷兰手语请参阅 Bos（1993, 1994），Zwitserlood，Van Gijn（2006）

Agreement　　一致关系

一致关系是一种语法现象，它是指动词和句子里的一个或多个组成成分，包括主语、直接和（或）间接宾语、状语性附加语等保持形式上的相互对应。[1] 在许多手语中，很多动词都可以标记一致关系，这些动词称为一致动词（→ *一致动词*）。然而打在手语者身体固定部位上的动词通常不标记一致关系（→ *非一致动词*）。在荷兰手语中，有时一些非一致动词会随着时间的推移而变成了一致动词。一致关系具有丰富和贫乏的差异：一些动词缺乏标记一致

[1] 有声语言一致关系并不仅仅标记在动词上。原著主要讲手语中动词的一致关系。手语动词、名词或形容词等在“性”和“格”等方面的语法一致较为匮乏。

关系的词形；而另一些动词却具有标记一致关系的丰富词形，这些动词词形构成一个数量颇多的聚合关系集合（→*一致关系贫乏*、*一致关系丰富*）。

在含有非一致动词的手语句子中，人们通常借助助动词来标记一致关系。以荷兰手语为例，它有一个专门用来标记一致关系的助动词，即标注为【助动词 -OP】的手势词（→*助动词*、*【助动词 -OP】*）。连动动词[1]也可用作标记一致关系的载体（→*连动动词*）。有些手语在标记一致关系时，其助动词可以和一致动词同时使用（→*助动词*）。

通常一个手语动词最多与两个论元保持语法上的一致。以手语中的动词【给予】为例，它与句子的主语和间接宾语构成语法上的一致。在荷兰手语中，为了表明【给予】的直接宾语（即所给的是什么东西），手语者必须将一个类标记形式（该形式反映东西的外形）强制性地体现在动词【给予】上。然而在佛兰芒手语中，表征直接宾语的类标记是否应反映在动词【给予】上却是任选的，并非强制要求。据此，有研究者认为类标记的使用也是一致关系的语法标记。所以根据这种观点，手语动词【给予】最多可以跟句子中的三个论元保持语法上的一致，这三个论元分别是主语、间接宾语、直接宾语。

有声语言中的一致关系具有非常多的标记形式。在变化的语境中，句子的主语各不相同，句子中的限定动词将始终与句子主语保持人称和数上的一致，即主语变了，动词的形式也发生屈折变化。另外，在关系从句中，先行词和关系代词可以保持语法一致。语法上的一致关系还可以反映在如下方面：根据名词语法上的“性”，如阴性名词或阳性名词，人们将相应地使用形容词的阴性或阳性形式。有声语言和手语语言有一个重要不同，即有声语言并不允许两种类型的一致（即一致关系贫乏和一致关系丰富这两种情况）同时出现。也就是说，如果一门有声语言是一致关系贫乏的语言，那么该门语言的所有动词都呈现一致关系贫乏的特点，不会出现个别动词有非常丰富的一致标记这种例外情况。

☛ 另见*一致关系载体*

📖 西班牙手语请参阅 Costella（2015）

---

[1] 研究者通常将“serial verb”看作整体，译为“连动式”。然而查阅本手语原著，译者发现原著作者在行文中更强调连动式中的个体动词。参考原著对“serial verb”词条的定义，为方便读者理解原著及其例句，本书译为“连动动词”。

Agreement carrier　　一致关系载体

在荷兰手语中，有两种标记一致关系的载体。一种是【助动词-OP】，另一种是少数连动动词。根据其功能，连动动词也可被看作是助动词。这些助动词必须和主要动词一起使用，它们唯一的功能是标记一致关系（→ *助动词*、*【助动词-OP】*）。连动动词与句子主要动词同时出现，它的功能是为主要动词标记一致关系，所以这类连动动词和【助动词-OP】的语法功能是相同的（→ *连动动词*）。

☛ 另见*一致关系*

Allomorphy　　语素变体现象

语素变体现象是指同一黏着语素具有多个不同形式，它是一种语言学现象。荷兰语派生构词中的指小语素（小称标记）就是语素变体的典型例子。荷兰语指小语素含有5个变体形式，分别是如下5个单词的后缀（斜体标出的）："hui*sje*"（小房子），"boon*tje*"（小豆子），"raam*pje*"（小窗子），"konin*kje*"（小国王），"ring*etje*"（小的戒指）。小称后缀的变体受音位条件制约，即这5个变体形式分别由5个单词的基本词形的语音结构所决定，而这5个单词的基本词形分别是"huis""boon""raam""koning""ring"。手语的语素变体现象也是如此。以色列手语的黏着语素【-没有】有两个变体，既可用单手打出，也可用双手打出。单手还是双手完全取决于它之前的手势词的词形。如图A-1所示，【-没有】的两个语素变体也受音位条件制约。

【重要】

【-没有】语素变体1，双手，'不（重要）'

【有趣】

【－没有】语素变体 2，单手，‘没有（趣味）’

图 A-1　以色列手语中黏着语素【－没有】的语素变体现象

☛ 另见*派生*、*否定后缀*

Allophone　　音位变体

一个音位的不同变体形式称为音位变体。音位和音位变体这两个概念的差别是：前者“音位”区分意义，后者“音位变体”不区分意义。在手语和有声语言中都是如此。然而这并不是说有声语言和手语中音位变体的发生条件完全一样。以有声语言英语为例，音位 /t/ 有不同的发音形式。通常这一辅音是发在齿龈位置，如单词“eight”中的齿龈音 /t/。但是在单词“eighth”中，受单词结尾的齿间音 /th/ 的影响，辅音 /t/ 的发音位置也可以在齿间。由此音位 /t/ 出现齿龈和齿间两种变体。[1]

目前人们对手语音位变体的发生条件仍所知甚少。有学者认为手语中手型参数可包含音位变体，因而手型和手型分别是手型和手型的音位变体。变体之间仅有一处语音差别，而且这种差别可以根据同一手势词的其他语音特征预测出来。例如，当表达荷兰手语“我拜访你”时，手语者可打出手势词【$_1$拜访$_2$】，此时需使用手型。如果他想表达“你拜访我”，手语者指尖要轻触自己的身体，这时手语者使用手型会比较困难，所以他必须采用手型的音位变体手型。一些音位变体手型可以依据该手势词的其他语音特征进行预测。音位变体是一种特殊的语音变体（→ *语音变体*）。

☛ 另见*基本构成成分*、*音位*

---

[1] 请注意：英语 /t/ 和 /th/ 是两个不同的音位。但原著思路是：从词源学上看，“eighth”是由“eight”和表示次序的后缀“-th”派生而成，所以音位 /t/ 的发音受 /th/ 影响，出现齿间音位变体。

Allophonic handshape　音位变体手型

音位变体手型是指与手势词基本形式的手型不同的一个语音变体，该音位变体手型并不导致手势词发生词义变化，它只是语言学因素造成的一个特定语音变异形式。音位变体手型是基本手型的一个音位变体（语音变体）。

☛ 另见*音位变体*、*基本构成成分*、*手型*

Alphabetic script　拼音文字　用字母书写（的语言）

在拼音文字（或用字母书写的语言）中，可以说每个字母符号都代表一个声音，因而每个字母符号都和特定声音建立关联，但这两者之间的关联是任意的。

☛ 另见*手指字母表或手指字母方案*、*书写系统*

Alternating movement　交替运动

交替运动是指在双手手势词中，尽管左手和右手动作完全一样，但双手动作既不构成对称，也不同步打出。相反，双手是一先一后交替打出同样的手部运动。以荷兰手语【骑自行车】和【交换】为例，这两个双手手势词都含有交替运动。

☛ 另见*运动*、*双手手势词*

American Sign Language　美国手语

美国手语是美国聋人所使用的手语，但它仅在一些州得到了官方认可。美国许多州已制定法律承认美国手语是用于教育目的的“一门外语”，还有一些州承认美国手语是教学语言。目前在美国，美国手语有大量使用人群。此外，加拿大讲英语的地区和墨西哥的部分地区，也有很多人使用美国手语。

☛ 另见*对手语的认可*

📖Wilbur（1987），Valli，Lucas（1992/1995），Sandler，Lillo-Martin（2006）

Anaphor　回指代词

回指代词是代词的一种，它用来回指前文语境中提到过的名词性成分（先行词)。

☛ 另见*回指、代词化*

Anaphor reference　回指

回指[1]是代词化的一种。其代词(即回指代词)用于指代前文语境所提及的一个名词性成分(先行词)。该先行词和回指代词所指代的对象是同一个实体。手语和有声语言在回指方面区别很大。请见例 A–20 至 A–22。

例A–20　英语例句

The　student shamefacedly told　us　that　**he**　had　not made　his
定冠词 学生　惭愧地　告诉 我们 引导词 **他** 助动词 否定 做　他的
homework.
作业
'这个学生惭愧地告诉我们他没有做作业。'

例A–21　英语例句

The　woman　told　us　that　**she**　had　bought　a　dog.
定冠词 女士　告诉 我们 引导词 **她** 助动词 购买　不定冠词 狗
'这个女士告诉我们她买了一只狗。'

例A–22　英语例句

Jan　told　Piet　that　**he**　had　to　go　home.
扬　告诉 皮耶 引导词 **他**　不得　不　去　家
'扬告诉皮耶他不得不回家。'

在以上三个英语例句中,加黑字体的三个代词都具有指代功能。我们更仔细分析可知,例 A–20 中的回指代词"he"是回指前文的先行词"the student"。同样,例 A–21 中的回指代词"she"可以指代"the woman"("she"也可以

[1] 戴维·克里斯特尔《现代语言学词典》第 19 页中,沈家煊先生将"anaphor"和"anaphoric reference"分别译为"照应语"和"复指"。《语法调查研究手册》(第二版)第 151 页对"anaphor"一词的介绍中,刘丹青先生将它译为"回指"。

回指本句并未提及的其他女性）。例 A–22 中的回指代词“he”既可以回指“Jan”，也可以回指“Piet”，或者还可以回指之前提到的其他男性。在手语中，指代词还可以指代之前提到的任何实体。这些实体首先在句法空间中被分派了一个位置。如例 A–23 荷兰手语句子所示，句子中的“男士”和“女士”都是被定位了的实体。在接下来的句子中，即例 A–24 荷兰手语句子里，手语者可以通过仅指向这两个位置，无需打出名词【男士】和【女士】来指代这两个已定位的实体。

例A–23　荷兰手语例句

【男士　指代词 $_{3a1}$　女士　指代词 $_{3a2}$，$_{3a1}$ 他们 – 二者 $_{3a2}$　机构　工作 $_{3a1}$ 他们 – 二者 $_{3a2}$。】

‘这位男士和那位女士，他们两个人都在这家机构工作。’

例A–24　荷兰手语例句

【指代词 $_{3a1}$　语言学　教　指代词 $_{3a2}$　聋　文化　教。】

‘他教语言学，她教聋人文化。’

在手语中，这种指向分派位置的指点手势也是一种代词化，它与有声语言的回指相似。与有声语言不同的是，在例 A–24 手语句子中，两个实体可以说都是借助句法空间的位置，以可见的定位形式来得到指称。这种指称形式其实并不是回指，从本质上看，它是直指。因此，有学者认为手语中的这类指称与其说是人称代词，更不如说是指示代词。

☛ 另见*定位*、*代词化*

🕮 美国手语请参阅 Sandler，Lillo-Martin（2006），Pfau，Bos（2016）

Anecdotal evidence　轶事证据

轶事证据是指可证明儿童语言发展现象的证据，它是从父母讲述的轶事中获得，或者从研究者的偶然观察中获得。轶事证据看上去似乎并非收集语言事实的客观途径。个别的研究对象或信息提供者可能比较主观或随着时间流逝记忆比较模糊。但是如果问卷设计得好，研究者向信息提供者充分讲解如何填写问卷，这种收集数据的方式也是可以使用的。

Annotation　标注

标注是指对生语料的任何描述性或分析性的语言学标注。生语料既可以是随着时间变化而变化的音频、视频和（或）生理学记录，也可以是文本。

☛ 另见*ELAN语言学标注工具*、*SignStreAm™语言学标注工具*、*iLex词典编纂及语料库分析工具*

Antecedent　先行词

先行词这个概念既用在回指中，也用在关系从句这类复句中。在回指中，先行词是回指代词所指代的名词性成分（→ *回指*）。在关系从句中，先行词是关系从句所修饰的那个名词，它与关系代词（→ *关系代词*）和关系从句都发生关联。

☛ 另见*定位*、*关系从句*

Anticipation　提前打出　提前发音

提前打出（或提前发音）是手语表达中的一种手误类型，它是指一个成分（通常是名词或动词）过早打出来。这种言语失误在有声语言的口误中也存在。

☛ 另见*手型提前打出*、*手误*、*口误*

Antonymy　反义关系

当两个手势词或两个单词意义相反时，两者构成反义关系，如“明亮的”和“黑暗的”、“黑”和“白”、“好”和“坏”。

Aphasia　失语症

失语症（希腊语“aphasia”指“不能说话”）是指因脑损伤而导致的语言障碍。交通等意外事故、肿瘤手术或中风等疾病都可能造成脑损伤，从而导致失语症。失语症的严重程度与受损方面，取决于失语症者的脑损伤部位、脑损伤程度和早期语言能力。失语症有不同的类型，所以关于失语症有许多不同的词条。在失语症学中，失语症有两种主要类别。第一种是布罗卡失语症，其特点是失语症者在语言产出方面遇到问题。第二种是韦尼克失语症，其特点是失语症者在语言理解方面出现问题。在医疗诊治实践中，人们经常遇到这两种失语症相互交织的情况。

手语和有声语言对失语症都有这两种主要区分。而且在手语中，两种失语症所对应的脑损伤部位，即布罗卡区和韦尼克区，也跟有声语言中的失语症脑损伤部位相同。这说明人类的语言功能在人脑中的定位是一致的。有趣的是，美国手语失语症者仍可以理解和打出哑剧。与他们受损的语言能力相比，这些失语症者在其他动手能力方面表现得更为自如。

☛ 另见*布罗卡失语症*、*韦尼克失语症*

📖 失语症请参阅 Sacks（1986），Robert，Mariën（eds.）（2006）；聋人手语者的失语症请参阅 Poizner，Klima，Bellugi（1987），Poizner，Kegl（1992），Corina（1999），Hickok，Bellugi，Klima（2001），Campbell，MacSweeney，Waters（2008）

Aphasiology　　失语症学

失语症学是研究因脑损伤而导致的语言障碍的科学。

Arbitrary　　任意性

任意性是有声语言单词的重要特点，单词的形式和意义之间的关系以任意性为主，而且具有规约性。这意味着形式和意义的关系是约定俗成的，或者说两者的关联并非天然和内在的，而是后天因约定而出现的。与有声语言（单词）形式和意义的任意性相比，手语中（手势词）形式和意义之间的任意性不那么显而易见。

☛ 另见*任意性手势词*、*象似性手势词*

Arbitrary localization　　任意性定位

手语在空间中为所指对象分派一个固定位置，这种定位现象可两分为任意性定位和象似性定位。在任意性定位中，不同的实体在句法空间中获得位置，但这些位置与现实世界实体的真实位置并无关系，它们在真实世界里的位置关系和位置信息对话语理解并不重要。完成空间定位后，手语者可使用代词和动词词形变化来指代已定位的实体。

☛ 另见*象似性定位*

Arbitrary sign　任意性手势词

当一个手势词的形式和意义之间没有显而易见的直接关联时，这一手势词称为任意性手势词，如荷兰手语的【白天】【容易】【节日】。同样，澳大利亚手语的【姐妹】（与英国手语和新西兰手语中表达“姐妹”的词相同）和美国手语表达“姐妹”的手势词，都是任意性手势词。与手语相比，有声语言单词形式和意义的关联更为少见。手语词汇中一部分词具有象似性这一事实并不影响人们对手语的处理和产出。手语象似性对手语者如何创造新词却有很大影响。对以手语为第二语言的学习者来说，手势词的象似性有助于他们记忆手势词。

☛ 另见*象似性*

Argument　论元

论元是受句子谓语意义所限制的强制性成分。除非论元在前后文语境中已经非常明确，通常句子论元不可以省略，否则会造成句子不符合语法。

例A-25　荷兰手语和佛兰芒手语

【明天［指代词$_1$ 母亲］［小汽车］买。】

‘明天我妈妈要买一辆小汽车。’

成分【指代词$_1$ 母亲】和【小汽车】是句子的论元，两者都不可以省略。如果省略两者，句子不符合语法。

请将例 A-25 与例 A-26 中的英语例句相比照，该英语句子也有两个论元。

例A-26　英语

［The woman］admires［the pianist］.

［定冠词 女士］钦佩［定冠词 钢琴家］

‘这位女士钦佩那位钢琴家。’

如果从句子语境中可以清楚知道论元是什么，那么此时可以省略这个论元。这种把句子进行精简压缩的情况称为句子简缩[1]（→*简缩*）。

☛ 另见*成分功能*

Artificial language　人造语言

人造语言是一种为特定目的而发明的语言，它并不像自然语言那样经历漫长岁月逐步发展起来。人们发明了大量人造语言，它们使用的目的不同，特点迥异。人造语言的一个众所周知的例子就是世界语。世界语有一套完整的语法，目前儿童可以把世界语作为第一语言来学习。

与有声语言一样，手语是自然发展起来的。但一个例外情况是，在国际交流场景下，当没有双方都懂的共同手语时，人们使用世界通用手势这一人造手语语言。人们创造而不是自然发展出这种用于交流的通用语。世界通用手势"Gestuno"的名称来自意大利语，意思是"所有手语的统一形式"。世界通用手势由不同手语中的1500个手势词组成，它没有具体语法，不用于手语社群的日常交流，儿童们也不学习这种世界通用手势，所以人们会认为世界语是一门"真正的"语言。相反，他们不认为世界通用手势是一门"真正的"语言。

☛ 另见*世界通用手势*

📖 世界语请参阅 Van Oostendorp（2004）

Aspect　"体"

"时"通常借助时间线来表示，与"时"不同，"体"[2]是指一个动作或事件的内在时间结构，它通过句子中的动词来表达动作的时间结构。"体"可以说明动作的开始、过程和其他内在时间结构。请见如下英语例句。

例A-27　英语例句

John　laughed.

'约翰笑了。'

---

❶ 语言学名词审定委员会审定的《语言学名词》第138页对"acronym; contraction"的定义是："简缩，又称紧缩。修辞格的一种，为简练起见，把多音节的词、短语或句子加以精简压缩。又可分为简称和缩语两种。"

❷ 为方便读者阅读，本书为"时""体""数"等单字术语添加了双引号。

例A-28 英语例句

John started laughing.

'约翰开始大笑。'

例A-29 英语例句

John was laughing.

'约翰在笑。'

这三句话都描述了已经过去的一件事。然而在例 A-27 中，事件被视为一个不可分解的整体，它是一个“完整体”事件。[❶] 例 A-28 和例 A-29 都属于“非完整体”[❷]，因为这两个事件都有某种内部结构（都还在进行中）。例 A-28 是起始体的例句（事件被视为刚刚开始）。例 A-29 是进行体的例句（事件随时间流逝正在进行中）。

在手语中，“体”主要借助动词的屈折变化来表达。例如，表示某个动作常常发生，手语者可以重复打出表示这个动作的手势词的运动参数。

当然，手语和有声语言也可以借助手势词或单词来表达“体”意义，如使用“永远”和“持续”这类副词。语言含有不同的“体”类别（→ *完成体*、*延续体*、*惯常体*、*非完整体*、*起始体*、*反复体*、*完整体*、*进行体*）。

Aspect adjunct “体”附加语

“体”附加语可以反映句子中动词所表示的动作行为和事件状态的进程。例如，手势词【总是】就是一个“体”附加语，它表明无论在任何特定时间，句子中的动作行为和事件状态都可出现。

在荷兰手语和佛兰芒手语中，时间成分，如【昨天】【今天】【明天】，以及表示方位处所的小句，通常都在句首位置打出（见例 A-30）。在荷兰手语中，“体”附加语【总是】通常打在主语的后面（见例 A-31）。

---

❶ 原著勘误：借助该词条的前后语境，该词条英文原著中的两处“perspective aspect”，应是“perfective aspect”。

❷ “imperfective aspect”有“非完整体”和“未完整体”两种译法。

例A-30 荷兰手语和佛兰芒手语

【明天 指代词$_1$ 父亲 房子 买。】
‘明天我爸爸买房子。’

例A-31 荷兰手语

【指代词$_1$ 总是 狗 行走。】
‘我总遛狗。’

☛ 另见*手语的语序*

Assimilation 同化

同化是一个宽泛术语，它是指某个手势词或单词对另一个手势词或单词的发音产生了影响，结果是这两个手势词或单词在发音方面变得更加相似。就像在有声语言中一样，手语也有不同形式的同化。手势词的一个音位特征可以与相邻手势词的音位特征（如手型音位）变得一样（→ *手型同化*）。另一种可能性则是手型并没有变得与相邻的手势词手型相似。相反，它是手势词的另一音位参数，如运动，发生了同化，如荷兰手语复合词【柱子 ^ 灯】（灯柱）所示（→ *运动同化和逆同化*）。在手语和有声语言中，同化既可以是逆同化，也可以是顺同化。

☛ 另见*手型同化*、*位置同化*、*运动同化*、*协同发音*、*顺同化和逆同化*

Assimilation of handshape 手型同化

手型同化是指受邻近手势词影响，一个手势词的基本构成成分——手型发生了变化。如图 A–2 所示，在瑞典手语表示“公鸡”的复合词【红色 ^ 鸡冠】中，其中一个手势词因受另一个手势词手型影响而发生手型同化。手势词【红色】是食指打在嘴边，而手势词【鸡冠 – 在上面 – 头部】是  手型打在头上。在复合词【红色 ^ 鸡冠】中，受第二个手势词【鸡冠】影响，第一个手势词【红色】的手型同化为第二个手势词的手型，因而它是  手型打在嘴边，而且  手型从嘴边移动到头顶。这是一个手型逆同化的例子。

【红色】 + 【鸡冠－在上面－头部】 → 【红色^鸡冠】'公鸡'

图 A–2 瑞典手语

请比较以下"位置同化"词条（见图 A–3）和"运动同化"词条（见图 A–4）。图 A–4 的例词是荷兰手语复合词【柱子^灯】，词义是"灯柱"（→ *运动同化*）。图 A–3 的例词是德国手语复合词【修道士^老板】，词义是"男修道院院长"。复合词【修道士^老板】的一个音位参数（即位置）发生了音变（→ *位置同化*），但其手型并不一定变得与邻近手势词手型相似。

📖Baker et al.（2016：271，202）

Assimilation of handshape　　位置同化

位置同化是指受邻近手势词影响，一个手势词基本构成成分，即位置参数发生了相似变化。位置同化的典型例子是德国手语的复合词【修道士^老板】（男修道院院长）。如图 A–3 所示，手势词【修道士】打在头部后面较高位置。而手势词【老板】打在身体前方，它有一个朝上的运动。复合词【修道士^老板】的起始位置是【老板】的大致位置，但它是在头部一侧的延长线上，比较接近手势词【修道士】终点位置的延长线。可见，手势词【老板】的发音位置已经发生了变化，它从身体的前方变化为打在头部的一侧。同样，在这个复合词中，【老板】的运动朝向变为向下运动。所以，与荷兰手语复合词【柱子^灯】一样，复合词【修道士^老板】也有运动同化。不过与前者正相反，它运动朝向是向下。

【修道士】　＋　【老板】　→　【修道士 ^ 老板】'男修道院院长'

图 A–3　德国手语

📖Baker et al.（2016：201）

Assimilation of movement　　运动同化

运动同化是指受邻近手势词的影响，一个手势词的基本构成成分——运动（即运动朝向）发生了变化。运动同化的典型例子是荷兰手语复合词【柱子 ^ 灯】（灯柱），如图 A–4 所示，该复合词由手势词【柱子】和【灯】前后结合而成。【柱子】的运动朝向是向下。因为【灯】的发音位置较高，所以在复合词中，【柱子】的运动朝向由向下变为向上运动。这是参数运动的同化音变。复合词中第一个手势词【柱子】的运动朝向发生了同化，所以其运动的终点位置就是第二个手势词【灯】的发音位置。另外，请注意荷兰手语"灯柱"还有一个未发生运动同化的变体形式，即【灯 ^ 柱子】（先打【灯】再打【柱子】）。德国手语复合词【修道士 ^ 老板】（男修道院院长）也有运动同化，但与【柱子 ^ 灯】向上的运动同化不同，【修道士 ^ 老板】运动同化后的运动朝向是向下（→ *位置同化*）。

【柱子】　＋　【灯】　→　【柱子 ^ 灯】'灯柱'

图 A–4　荷兰手语

📖Baker et al.（2016：271）

Attention strategies　注意力获取策略

在交际过程中，为了吸引或维持会话对象的注意力，人们必须使用注意力获取策略。这在成人之间、儿童与成人，以及儿童之间的会话中都可以观察到。在手语交际中，手语者使用挥手或轻拍肩膀等注意力获取策略。轻拍的位置是手臂或肩膀，动作要轻柔。手语者挥手获取注意时，可以将一只手或双手都放在会话对象的视觉范围内，但如果手部距离会话对象过近，会被认为没礼貌。另外，吸引聋人注意，还可以轻拍桌子，或在（木质的）地板上跺脚，这样聋人就可感受到震动。另一个可用的注意力获取策略是反复开灯和关灯，借助灯光明暗变化吸引聋人注意。

☛ 另见*话论转换*

📖Van den Bogaerde（2000）

Auditive aphasia　听觉性失语症

听觉性失语症是指大脑胼胝体受损而造成的失语症。胼胝体受损的个体并不会聋，但他们无法通过听觉来处理语言。

☛ 另见*失语症*

Augmentation　大称　添加指大语素

当描绘一个手势词处于很大或变大的状态时，手语者在打出这个手势词的同时，还会添加一个具有黏着语素性质的非手控型修饰语。这个过程称为大称，或添加指大语素。[1]以荷兰手语为例，在例 A–32 中，手势词【球】所添加的指大语素是“腮帮鼓起”，它是一个非手控型指大标记。

---

[1] 戴维·克里斯特尔《现代语言学词典》第 33 页，“argumentative”译为“指大词缀”，本书基于沈家煊先生的译法，考虑到手语的特点和译法一致，本书译为“大称”和“添加指大语素”。

例A-32 荷兰手语

腮帮鼓起

【指代词$_{球}$ 球。】

‘那个球好大。’

有时，名词【球】后可能出现修饰性手势词，“腮帮鼓起”的非手控表情也可以添加在该修饰词上，该手势词一般表明球的大小、尺寸或外形（→*大小和形状限定词*）。

☛另见*派生*、*小称或添加指小语素*

Auxiliary verb 助动词

在手语中，助动词并不常见，它没有具体语义。德国手语、希腊手语、印度巴基斯坦手语、荷兰手语，以及中国台湾地区手语有对助动词的描述。在非一致动词中（如荷兰手语【理解】【爱】【忘记】），我们可以借助同时使用的助动词（【助动词 -OP】）来弄清楚所指对象之间的一致关系，即助动词可以辅助实现一致关系（→【*助动词 -OP*】），尽管它本身并无意义。另外，我们还可以使用连动动词（→*连动动词*）。在手语中，大多数助动词是标记句子主语和宾语之间的一致关系，而不标记其他语法特征（如“体”意义）。当句子的主要动词是简单动词因而无法标记语法一致时，这时助动词就进化出了这些功能手段，以解决“一致关系标记载体空缺”这个问题。

如例 A-33 所示，阿根廷手语的简单动词【爱】无法标记一致关系，但手语者使用标注为【$_1$助动词$_3$】的食指手型，先指向主语的空间位置 1，再指向宾语的空间位置 3，他用这一便捷方法实现最符合语法的表达。这类助动词既可以与一般的一致动词，也可以与反向一致动词同时使用。

例A-33 阿根廷手语

【约翰$_1$ 玛丽$_3$ 爱 $_1$助动词$_3$。】

‘约翰爱玛丽。’

在有声语言中，人们使用助动词通常是为了不同的目的，如为了标记完整体（见例 A-34、A-35）。

例A-34 英语

The woman **has** seen the meal.

‘这位女士看过食物了。’

例A-35 英语

The meal **was** eaten by the woman.

‘这顿饭被那个女的吃了。’

例 A-34 中的助动词“has”辅助过去分词“seen”，两者一起构成完成体。例 A-35 中的助动词“was” 辅助过去分词“eaten”，两者一起构成被动句。

☛ 另见*【助动词 -OP】、方向性动词、非一致动词、连动动词*

📖Massone，Curiel（2004），Pfau（2016b），Sapountzaki（2012）

AUX-OP 【助动词 -OP】

一些手语使用一类助动词，这类助动词本身并没有意义，但其功能是表达句子谓语和论元之间的关系。例如，在德国手语中，这类助动词被标注和释义为“ÜBER-PERSON”，其功能是表达句子中的一致关系。在荷兰手语中，这类助动词被释义和标注为【助动词 -OP】，它是标记一致关系的载体（→ *一致关系载体*）。【助动词 -OP】是手型，手背朝向主语位置，掌心朝向宾语位置（在运动的最终点是指尖指向宾语位置）。该助动词只跟句子中有生命度的成分（即［+生命度］成分）保持语法一致，运动参数通常是从句子主语指向直接宾语，或者从句子主语指向间接宾语。【助动词 -OP】在句子中靠近主要动词，通常是在主要动词之后，有时是在主要动词之前。如例 A-36 所示，在打【助动词 -OP】这个手势词的同时，手语者经常同时添加仿话口型 /op/。

例A-36 荷兰手语

/op/

【指代词$_1$ 搜寻 $_1$助动词 -OP$_2$ 。】

‘我正在找你。’

这类助动词既可以与非一致动词，也可以与一致动词同时使用。在后一种情况中，即当与一致动词（如方向性动词或位置性动词）同时使用时，这类助动词既可以添加一致关系标记（如朝向变化、仿话口型），也可以不添加。当助动词和主要动词都添加了一致关系标记时，是双标记情况（见例 A-37）。

例A-37 荷兰手语

/op/

【男士 指代词 $_{3a}$ $_{3a}$取笑 $_{1}$ $_{3a}$助动词 $-OP_1$。】
‘那个男的正在戏弄我。’

☛ 另见*助动词*

Avatar 阿凡达 手语者的动画化身 手语者的虚拟数字化替身

阿凡达（手语者的动画化身或虚拟数字化替身）是一个模仿真人的计算机动画人物，它可以像真人一样出现在屏幕上，打出手语。通常手语片段是通过影像的形式展示的，但影像下载起来非常耗时。另外，当影像需展示的内容发生改变时，人们就不得不重新录制这段手语视频。会打手语的阿凡达（见图 A-5）借助写入“计算机语言”的指令，自动打出一个一个手势词。这些计算机指令可以被迅速下载，所以人们可以让阿凡达在不同场景下，如在互联网上，自动产出手语。在互联网上使用阿凡达，即手语者的动画化身的一个重要优势是真实手语者的身份信息可以得到保护。阿凡达的很多潜在功能还在不断研究与开发中。

图 A-5 阿凡达（手语者的动画化身或手语者的虚拟数字化替身）

📖Huenerfauth，Kacorri（2015）

Avoidance strategy 回避策略

回避策略是指当语言学习者对特定手势词或单词及特定结构感到不确定时，因为害怕出错，他们会尽量避免使用这些语言形式。二语学习者经常对语言中的有标记形式，如语言的比喻性用法，非常警觉。这些比喻结构无法从母语直译到目的语。母语和目的语确实也有一些表达是相同的，如英语的表达“to murder somebody in cold blood”与法语“assassiner quelqu'un de sang-froid”和荷兰语的“iemand in koelen bloede vermoorden”都是相同的。但是如果语言学习者感觉这种相同不太可能，那么他就会回避使用这个二语表达。将手语作为第二语言的学习者也一样会采取回避策略。例如，如果荷兰手语中的一些结构看起来像是荷兰语的直译形式（当然情况不一定都是这样），但是由于害怕犯错，手语学习者会尽量避免使用这些直译结构。

B

Babbling “咿呀学语”阶段

出生后几周，无论是聋婴还是健听的婴儿，他们都会发出像元音一样的声音，如“aaa”“eee”“ooo”。这是“婴儿发声串”[1]阶段。从第5个月开始，婴儿发音特点是可发出含有辅音的声音，这称为“咿呀学语”阶段。这些发出的声音并无固定的指称，所以它们并非单词，也称不上是语言。但是，从第8个月开始，婴儿进入“普遍咿呀学语”阶段，此时婴儿不仅能够发出他周围环境中母语的语音，而且还可以发出其他各种语言中的许多语音。直到第12个月时，婴幼儿发出的声音才开始出现转变，婴幼儿们开始了“对特定语言的咿呀学语”，此时听人儿童（即听童）只发属于自己母语的语音。聋童因为听不到周围有声语言的声音，所以他们与听童在这点上有明显区别。从第8个月到第12个月，以及再往后的阶段，一些经常接触手语的聋童开始“挥动”双手进行“沟通”，这是“手势咿呀学语”阶段。这些手部运动并无固定意义，但有研究者认为“手势咿呀学语”是聋童打出真正手势词的前兆。

🕮Oller（2000），Petitto（1991）

Backwards verbs 反向一致动词

反向一致动词是手语方向性动词的一种，它的运动方向是从宾语（即宾语在手势空间中的位置）到主语（即主语在手势空间中的位置）。如例B–1所示，荷兰手语的手势词【接来 / 取来】是一个反向一致动词。

---

[1] 引自戴维·克里斯特尔《现代语言学词典》第382页沈家煊先生的译法。

例B-1 荷兰手语

【扬 指代词$_{3a}$ 皮耶 指代词$_{3b}$ $_{3b}$接来 / 取来$_{3a}$。】

‘扬要把皮耶接回来。’

反向一致动词的其他例子来自美国手语和英国手语，如例 B-2 所示，手势词【邀请】是反向一致动词。荷兰手语和佛兰芒手语的【邀请】也是反向一致动词，它们标记一致关系时都是从宾语到主语。

例B-2 美国手语和英国手语

【指代词$_{1}$ $_{2}$邀请$_{1}$ 指代词$_{2}$。】

‘我邀请你。’

📖 美国手语请参阅 Sandler，Lillo-Martin（2006）；英国手语请参阅 Sutton-Spence，Woll（1998）

Basic element 基本构成成分

在手语语言学中，基本构成成分是指那些构成手势词的、不含意义的组成部分。这些组成部分也被称为参数。手语共有以下五种不同参数。

第一，位置。位置参数是指在手势空间中手势词的发音位置。除空间位置外，位置还可以包括身体部位，因为一些手势词是打在手语者的身体上。

第二，手型。手型参数是指一个手势词的手型组成部分。不同手语在手型数量上彼此各异，但目前很多手语并无充分的音系研究与分析。

第三，手部朝向。手部朝向是指手掌和（或）伸出的手指所朝向或指向的方向。

第四，运动。运动参数是指一个手势词组成部分中的运动成分。运动既可以是手内动作［通常指手型的姿态变化和（或）手部朝向的改变］，也可以是整只手或手臂的运动。

第五，非手控部分。作为词汇单位，并非所有手势词都含有非手控部分。但是当手势词的确含有非手控部分时，它是指所有不是用手打出的部分，如面部表情、头部或上半身的倾斜、口部动作等。手语有两种重要的口部动作：仿话口型和自然口动。前者也可称为有声语言口型成分或单词的口型画像。后者则是指打手语时手语者的口动成分，用口动动作表达副词，或口动处理策略等。仿话口型通常来自有声语言（也有学者说是借自有声语言）。自然口动则是手语中自然而然出现的口部动作。两个手势词有可能唯一的区别就是口型或口动成分。假如这一成分被省略了，那么交流者就必须借助语境来弄清该手势词的确切词义。

一个基本构成成分就是一个音位[1]（→ *音位*）。

📖Boyes Braem，Sutton-Spence（2001）；Van der Kooij，Crasborn（2016）

Basic form　　基本形式　基本词形

研究者认为，语言使用者将每个手势词的其中一个形式全部存储到心理词库中。这个形式称为基本形式。而在打出手势词时，该手势词的语音实现形式，即每次打出的形式都是不一样的。基本形式也可称为词典形式和音位形式。手语词典里收录的手势词是其词典形式。词典形式的手势词打在手势空间居中位置，如打在身体正前方的空间里（→ *中性空间*），打在头或身体上或接近头和身体的位置（胸膛、肩膀、前额、面颊等）。

☛ 另见*基本构成成分*、*协同发音*、*语音变异*、*音变*

Bed monologue　　床上独白

床上独白是儿童躺在床上时自己与自己会话的一种言语形式。儿童在语言发展中会经历一个处理特定句子结构和寻找准确单词的过程，尤其是他们在3岁到4岁的时候。在这种非沟通式的独白中，儿童尝试使用各种复杂和很难的句子结构，从而为自己积累新的语言体验。当儿童躺在床上或当他仍醒着自己玩儿的时候，他会作出床上独白。我们从当前研究文献中可以看到很多床上独白的例子。例如，有的儿童会尝试使用不同的颜色名称，会将颜色和其他名词组合使用；或将小称表达与表示“大”和“小”的词关联起来；或花费很长时间去练习特定元音组合，如“broom”或“toom”。在手语研究中，关于聋童床上独白的数据几乎没有，仅有的也是来自轶事证据（→ *轶事证据*）。

---

[1] 此句的原文是“The realization of a basic element is called a phoneme”。本书的翻译处理方法是为了避免读者将音位与音素混淆。在有声语言里，音素是音位的语音实现。

Behaviorism　　行为主义

行为主义是心理学理论，它认为心理学应该只处理可观察到的行为和可测量的现象。行为主义的创建者是美国心理学家约翰·布罗德斯·华生（John Broadus Watson）。华生认为，通过观察特定环境中人们可见的行为及反应（而不是内在心理状态），这才是理解人类行为的唯一客观途径。在他看来，各种情绪也是行为，受条件作用影响。有机体的行为反应可以通过学习过程来解释，所有的行为都是反应链。在这种模式下，一个反应或回应通常是由一个刺激所诱导出来的（刺激 - 反应模型）。行为主义者认为所有的知识都应与行为现象相联结，而行为现象是客观可见和可经实证检验的。不难理解，美国语言学家乔姆斯基对行为主义心理学家伯勒斯·弗雷德里克·斯金纳（Burrhus Frederic Skinner）发起了猛烈抨击。斯金纳认为人类学习，包括语言习得，都是行为习惯的形成。二语习得最古老的方法来自语言迁移假说，该假说是在行为主义研究发现的启示下建立的（→*语言迁移假说*）。

Bilingual community　　双语社群

经常使用两种语言的人，称为双语者。世界上很多地方的人都是双语者。双语社群有以下几种类型。

类型 1：此社群中几乎每个人都是单语者，尽管有些人是双语者；

类型 2：此社群中几乎每个人都是双语者；

类型 3：此社群中一部分人是单语者，另一部分人是双语者。

手语双语社群通常是类型 3。也有少量手语双语社群是类型 2，它主要涉及乡村手语（→*乡村手语*）。

📖Bhatia，Richie（2006），Grosjean（2010）

Bilingual education　　双语教育

当手语在 20 世纪 70 年代被（重新）引进聋人教育后，许多西方国家的聋人教育成果却并不如预期的那么好（→*综合交流法*）。人们随后认为，聋童教育应采用双语形式，如将手语和有声语言都列入学校课程。为此，学校将不得不决定何时对两种不同的语言进行教学，不得不决定两种语言中究竟哪一种语言用作教学语言。依序教学法的做法是先为聋童讲授手语，当手语差不多被聋童习得后，教师开始教给聋童有声语言。同时教学法则是两种语言都被列入学校课程，教师从一开始就将两种语言同时讲授给聋童。2015 年前后，在许多西方国家，随着人工耳蜗植入增多，聋童双语教育受到严重影响。在植入人工耳蜗后，许多聋童都进入了主流学校。他们与听童一起学习，然而这些主流学校的课堂并不讲授手语。

📖Spencer，Marschark（2010）

Bilingualism　双语现象　双语制

双语现象（或双语制）是指个体使用两种语言的情况，或者指在一个社群中人们通常使用不止一种语言。一名儿童可以同时习得两种语言，但他也可以在年龄稍大后才习得第二门语言，成为一个双语者。

☛ 另见*双语社群*、*双模态双语*、*第一语言习得*

Bimodal bilinguals　双模态双语者

双模态双语者是指那些既会手语，又会有声语言的个体。与双模态双语者不同，单模态双语者会两种有声语言，或者会两种手语（这种情况较少见）。

☛ 另见*双语现象或双语制*、*语言模态*

📖Emmorey，Borinstein，Thomson，Golan（2008）

Bimodal code-switching　双模态语码转换

双模态语码转换是指涉及语码转换的两门语言来自两种不同语言模态，即它们分别是手语和有声语言。

☛ 另见*语码融合或语码截搭*、*语码转换*

📖 英语和美国手语请参阅 Emmorey et al.（2005）；荷兰语和荷兰手语请参阅 Van den Bogaerde，Nortier（2006）

Body lean　　身体倾斜

身体倾斜是指上半身、肩膀和头部等的向前、向后或偏向一侧的微小移动。除了其他功能外，在手语中，身体倾斜可以用来强调句子的焦点。

☛ 另见*焦点*、*信息结构*

Body shift　　身份变换　身体转动

身份变换（或身体转动）[1] 是指手语者通过身体转动等表情体态，来表明他此刻已变换为身份不同的另一个实体。

☛ 另见*故事重现*、*对话重现*、*角色扮演*

Bound morpheme　　黏着语素

黏着语素无法独立充当一个手势词或单词，它只能与其他语素（自由语素）相结合，一起构成一个手势词或单词。在许多手语中，手势词【给予】是一个方向性动词，最多可以和两个论元（即主语和间接宾语）保持语法一致。如例 B-3 所示，如果第一人称“我”把某物给了第三人称的其他人，动词【给予】的释义和标注情况如下。

例B-3　手语动词的释义和标注

【$_{1}$给予$_{3a}$】

手势空间中的两处位置（1 和 3a）都被认为是黏着语素。

此外，类标记也是一种黏着语素（→*类标记*）。例 B-3 中的动词【$_{1}$给予$_{3a}$】具有一个组并到它词形内的黏着语素，即类标记手型。这个类标记手型可以间接反映被操持物体的形状，因为该类标记手型就是现实中人们操持该物体时的常规动作。这种类标记称为操持类标记（→*操持类标记*）。动词还可以组并一个直接反映所指对象形状的类标记手型，因为该类标记手型的外形就是所指物体的外形。这种类型的类标记称为实体类标记 [2]（→*实体类标记*）。

---

❶ 此术语是手语故事重现或对话重现时的重要语法标记，它表示一个手语者分饰多个角色。

❷ 译者将“whole entity classifiers”译为“实体类标记”，以求简洁。

以上例子均是屈折语素。手势词的派生形态变化中也有黏着语素。以荷兰手语表达“小房子”的手势词为例，在打【房子】一词时手语者可以添加非手控修饰成分来表明此房子比通常大小的房子要小很多（→ *小称或添加指小语素*）。这种非手控型标记形式就是一个黏着型派生语素。如例 B-4 所示，美国手语有一个否定后缀，它也是一个黏着语素，用来构成【吃】【感觉】【看见】等动词的否定形式。这个后缀是单手手势，用手指搭成数字零的外型，从手语者身前向外打出。

例B-4 美国手语

【看见－零】 ‘什么都没看见’

☛ 另见*语素变体现象*、*派生*

📖Aronoff，Meir，Sandler（2005）

Broca, Pierre · Paul 布罗卡，皮埃尔·保罗

法国人皮埃尔·保罗·布罗卡（1824—1880）发现了特殊语言障碍和额叶损伤部位的关联，因此声名远播，后人用他的名字来命名他的发现（→ *名祖或以某人名字来命名*），“布罗卡区”和“布罗卡失语症”等就是依据布罗卡的名字创造出来的名祖词。

☛ 另见*布罗卡失语症*

Broca's aphasia 布罗卡失语症

布罗卡失语症又称表达性失语症（或运动性失语症）。对运动性失语症来说，语言障碍的原因也可能是在布罗卡区之外的运动皮层损伤。就布罗卡失语症来说，它的病因在于布罗卡区损伤。经受这种失语症折磨的患者可以理解人们说的话，可以给出头脑中已有的答案，但不能或不能很好地将想法表达出来。布罗卡失语症者处理不好语言中的语法关系，他们讲出的话是电报式的语言，冠词等功能词和语法成分等都缺失不用。打美国手语的布罗卡失语症者在手语表达时语速非常缓慢，在位置和运动参数上都缺乏屈折性语法变化。

这种类型的失语症是以法国人类学家和病理学家[1]皮埃尔·保罗·布罗卡的名字来命名的。

☛ 另见*失语症；布罗卡，皮埃尔·保罗；布罗卡区*

Broca's area　　布罗卡区

布罗卡区位于大脑左半球额叶。它是以法国人皮埃尔·保罗·布罗卡的名字来命名的。其因发现了特定失语症（一种语言障碍）和大脑左半球损伤之间的关联而赫赫有名。

☛ 另见*失语症；布罗卡，皮埃尔·保罗；布罗卡失语症*

---

❶ 不列颠百科全书在线对布罗卡的身份介绍是法国人类学家和病理学家，页面链接为 https：//www.britannica.com/biography/Paul−Broca。

C

Change in orientation　　手部朝向改变

手部朝向改变是指手势词中由手腕或前臂带动的手掌或手指朝向的改变（见图 C-1 荷兰手语双手手势词【去世】)。荷兰手语的【悬在……上面】是含复杂运动的手势词，即在打路径运动的同时，手部朝向也发生改变，所以在与路径运动同时使用时，朝向改变也可以是复杂运动的一部分。

【去世】最开始的手部朝向　　【去世】最后的手部朝向

图 C-1　手部朝向改变：荷兰手语例词【去世】

☛ 另见*复杂运动*、*运动*、*路径运动*

Character perspective　　角色视角

在描述一个动作、情绪、想法或一段话（或手语）时，手语者既可以选择间接转述，也可以选择自己直接刻画与表达出这一实体的具体动作、情绪反应、想法和感受。这种直接刻画称为角色视角。

📖Hendriks（2008：169）

Child-directed communication: signing　导向儿童的沟通手语

导向儿童的沟通手语，是指成人与幼儿沟通时所使用的、经过修改后遵循特定规则的手语。父母在跟子女进行手语沟通时，他们所打的手语更慢，手势动作更大、更明显，而且他们使用更多的重复表达。以荷兰手语【企鹅】为例，它的打法是身体左右晃动两三次，同时双手在腰部做摆动动作。导向儿童的沟通手语，其打法是身体的晃动和双手的摆动重复更多次，打手语时的速度更慢一些。手势词的位置也可以改变，如父母可以把手势词打在儿童的身上，或者打在图画书上的图片旁边。以荷兰手语【兔子】为例，通常它的发音位置是右侧头顶。而导向儿童的沟通手语可以打在图画书上的兔子图片旁，或打在儿童的头上。手势词不仅可以打在儿童身上，还可以改变具体位置，使它处于儿童视野之内。另外，输入给儿童的手语，其面部表情通常更为夸张，此特点和有声语言中经过修改专门导向儿童的话语语调比较类似。

☛ 另见*导向儿童的沟通话语*

Child-directed communication: speech　导向儿童的沟通话语

导向儿童的沟通话语是成人专门用于跟幼儿沟通的、非常规用法的话语。导向儿童的沟通话语其突出的特点是：音调很高，使用很夸张的语调，句子简短，有时个别单词会省略，话语重复，有许多小称表达，使用在成人用法里不常见的语言结构（例如，使用荷兰语的“slaapje doen”来表达“睡觉”，而不使用成人常规用词“slapen”），使用第三人称、名词或常用姓名等来代替第一人称（如“Shall daddy help you?”“Shall Eric help you?”，句义分别是“爸爸来帮助你，好吗？”“艾瑞克来帮助你，好吗？”）。这种导向儿童的沟通话语，其具体使用形式会因家庭而异。

☛ 另见*导向儿童的沟通手语*

CI　人工耳蜗植入

CI是人工耳蜗植入，即“cochlear implant”一词的缩略形式，使用非常普遍。

☛ 另见*人工耳蜗植入*

Citation form　词典形式

词典形式是基本形式、音位形式和底层形式等术语的另一种术语表达形式。收录到手语词典里的手势词，都是以其词典形式录入。

☛ 另见*基本形式*、*底层形式*

Classifier　类标记

类标记首先是一个手型（有时带有特定手部朝向），它与其他参数（如运动和位置参数）相结合，构成一个“移动动词或方位动词”。构成这类动词的类标记是一个黏着语素，它可反映其名词性所指对象在形式或意义上的特点。例如，在很多手语中，类标记可并入到表达“给予”的动词里。通过模拟和刻画对现实物体的操持动作，类标记可间接表征出所操持物体的外形。这种类标记称为操持类标记（→ *操持类标记*）。当类标记手型和句子的主语或宾语有关联时，这时的类标记称为实体类标记（→ *实体标记*）。实体类标记可表达主语或宾语所指实体的运动或位置。对于这些被称为类标记（最近有研究者称之为“描画性手型”）的语言单位的确切功能，研究者仍有很大争议。

☛ 另见*黏着语素*、*复数*

🕮Zwitserlood（2012）

Classifier verb　类标记动词　分类词

许多手语都有类标记动词（或类标记谓语、分类词）。这一类动词可反映作为论元的名词短语的具体特征。通过改变手型和（或）手部朝向，类标记动词可将这些特征不同的论元分为不同类型。例 C–1 至例 C–3 来自德国手语。

例C–1　类标记动词（不及物施事动词）：给主语分类

【猫　行走 – 类标记$_{四条腿}$】　【人　行走 – 类标记$_{两条腿}$】

‘一只猫走动着’　　‘一个人行走着’

例C-2　类标记动词（不及物非施事动词）：给主语分类

【球　滚动－类标记$_{大}$】　　【铅笔　滚动－类标记$_{细长}$】

'一只球滚动着'　　'一根铅笔滚动着'

例C-3　类标记动词（及物动词）：给宾语分类

【（指代词$_{1}$）花$_{1}$给$_{2}$－类标记$_{细长。}$】【（指代词$_{1}$）苹果$_{1}$给$_{2}$－类标记$_{圆形。}$】

'我给你一枝花。'　　'我给你一只苹果。'

📖Glück，Pfau（1998）

Closed class　　封闭类

手势词或单词或者属于开放类，或者属于封闭类。当一个词类并不轻易拓展出新的词时，我们称之为封闭类（→*功能词或手语功能词*）。例如，有声语言的功能词和手语的功能词，这两者数量都相对固定，不易增添新词，所以它们都是封闭类。

☛另见*开放类*

Closed handshape　　闭合手型

手型可以依据区别特征［张开］和［闭合］来进行分类。如图C-2所示，图中的两个手型都是闭合手型。

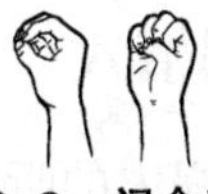

图C-2　闭合手型

☛另见*手型*

Co-articulation　　协同发音

协同发音是指受邻近手势词或单词的语言学因素的影响，一个手势词或单词在发音上出现语音变异。以荷兰手语【好】为例，受它之前或之后的手势词制约，它的发音位置有很多变异。当在短语【好　傍晚】（晚上好）中时，手势词【好】的发音位置比平时更高些，因为手势词【傍晚】在手势空间中的起始位置比【好】高。可见【好　傍晚】是一个典型的逆向协同发音，因为【好】是受它后面的手势词【傍晚】的影响，出现发音位置与【傍晚】协同相近的情况。这一现象与如下有声语言例子情况相似。词首辅音 /k/ 在英语单词"kick"中也出现逆向协同发音。辅音 /k/ 通常发音位置比较靠后，是舌根抵着软腭。但是在"kick"中，受紧随其后的前元音 /i/ 影响，/k/ 发音的起始位置变得非常靠前。

有时，一个手势词（或单词）受语境中前后成分的影响非常大，以至于会出现同化和删音现象。以"ten billion"为例，因受到其后面的辅音［b］影响，"ten"最后的鼻辅音［n］被同化成了［m］。英语单词"postman"和"pumpkin"是两个删音的例子，两者删音之后的发音是［posman］和［pumkin］，辅音 /t/ 和 /p/ 被删音。

在一些特例中，同化有可能被看成协同发音。但通常来说，协同发音是指发音上的微小改变。例如，一个手势词的发音位置和手型出现微小的语音变异，它们与该手势词基本形式只是略有差异。在协同发音中，一个手势词的位置参数的多次语音实现与其基本形式一样，仍然全都属于同一音位。然而在同化过程中，音位改变时常发生，这时该手势词或单词的语音实现会变为另外一个音位，即（被前后手势词或单词）同化为另外一个音位，该音位已经完全不同于该手势词基本形式的音位了。[1]

☛ 另见*语音变异*、*音位改变*

Cochlear implant　人工耳蜗植入

从 20 世纪 80 年代开始，因耳蜗内的听毛细胞受损而致聋的聋童和成年聋人可以接受外科手术，将耳蜗电子假体植入耳朵。这种人工耳蜗植入，英文简称为 CI，有助于将接收到的声音转化为可刺激听觉神经的电子脉冲，使人们能够更好地感知声音。与使用传统助听器相比，植入人工耳蜗的聋童通常能够更好地接收有声语言资源。这些有声语言资源反过来也促进聋童提高了接受性和产出性的有声语言技能。然而，这并不是说植入人工耳蜗的人和听力正常的

---

[1] 《语言学教程》（第三版中文版）第 37 页胡壮麟先生和姜望琪先生提出同化是音系学术语，协同发音是语音学术语。

人对声音的感知与体验是完全一样的，相反，两者差别还是很大。

Coda　聋人父母的子女　父母是聋人的小孩

术语“coda”是一个首字母缩略词，它全拼的短语是“a child of deaf adults”，意思是“聋人父母的子女”或“父母是聋人的小孩”。原本这个术语仅指聋人父母的听人子女，该子女的第一语言或母语是手语。现在，这个术语有时也用来指聋人父母的聋人子女。有一个更新的术语是 koda，即“kid of deaf adult”，它是指聋人父母的年纪很小的子女。

☛ 另见*第一语言习得*、*母语*

Code-blending　语码融合　语码截搭

在语码转换中，说话人在两种语言之间进行切换。有声语言的句子成分是前后相连的，所以两种有声语言之间的切换是一个线性成分相连接的过程。有声语言和手语之间的切换也会发生，但手语和有声语言一起使用的特别之处是这两种语言的成分可同时融合使用。最常见的融合使用情况就是：在打手势词的同时，手语者会作出手势词所对应的有声语言单词的口型（→ *仿话口型*）。因此，同时使用这两种语言模态是一种特殊的语码转换，称为语码融合[1]（或语码截搭[2]）。

☛ 另见*双模态语码转换*、*语码转换*

📖 英语手语和美国手语请参阅 Emmorey et al.（2005）；荷兰手语请参阅 Van den Bogaerde，Baker（2009）

Code-switching　语码转换

语码转换是指在会话中双语者交替使用两种语言。转换可以在句子之间，也可以在成分之间。语码转换似乎更容易出现在那些讲两种语言都很流利的人

[1] “语码融合”和“语码转换”两者有相对清晰的定义和领域。或许不是所有读者都认同“语码融合是特殊的语码转换”。请参阅刘鸿宇和付继林译《手语语言学引论》第 13 章第 13.5.2 节，知识产权出版社，2022 年。

[2] 中国香港地区学者对“code-blending”的中文译法是“语码截搭”，请参阅邓慧兰教授《聋童语言获得与手语双语共融教育：语言科学研究之知识转移》，《语言科学》2014 年第 1 期。

身上，这与大家以往认为的并不一样（人们以前误以为是语言不流利才导致语码转换）。在有声语言中，情况确实大多如此，即两种有声语言都流利的人更容易语码转换。聋人和听人沟通接触时也经常出现语码转换。然而，不同于有声语言语码转换的原因，聋人和听人沟通时语码转换通常正是因为双方并非手语和有声语言都很流畅。如果听人不懂手语，聋人就会调整自己所打的手语，使用更多的有声语言单词。为了提升沟通效果，听人会将手势词和单词全用上，他们或者先打出手势词后说单词，或者在打手势词的同时说出单词。

☛ 另见*双模态语码转换*、*语码融合或语码截搭*

📖 英国手语请参阅 Sutton-Spence，Woll（1998）；荷兰手语请参阅 Van den Bogaerde，Nortier（2006）

Coding　　编码

语言产出是按照一系列步骤逐步实现的。在语言产出过程中，语言使用者必须进行多种编码活动。当一个人想用手语或有声语言表达一句话时，他的心理过程如下：首先，他准备好自己想要传递的信息，即语前信息。语前信息由一些概念组成，这些概念并未与手势词或单词相关联。然后他必须进行语法编码，其目的是把这些概念与意义词库中的词目彼此对应和关联起来（→ *语法编码*）。语法编码的结果是这些词目联结起来，形成一个句法结构，但此时这句话还没有具体的语音描写和限定。说话者或打手语者还须从形式词库中提取词位的语音信息，为句子进行语音编码（→ *语音编码*）。接下来的步骤是发音，即句子被打出来或讲出来。为了打出这个手语句子，手语者的手臂、手部和手指的不同肌肉都被激活，手语者进而打出句子中不同的手势词。说话者则是口鼻喉发音器官的肌肉都被激活，说话者进而讲出这句话。在语法编码和语音编码的过程中，语言使用者都有可能出现错误，这些错误在手语中是手误（→ *手误*），在有声语言中是口误。

📖 美国手语请参阅 Newkirk et al.（1980）；德国手语请参阅 Hohenberger，Happ，Leuninger（2002），Leuninger et al.（2004）；Schermer，Pfau（2016a）

Cognitive science　　认知科学

认知科学主要研究认知能力，包括感知、思维、学习和语言使用等。与被看作一门硬科学相比，认知科学在人们眼中更是一门交叉学科，因为它涉及不同科学领域，包括心理学、神经科学、智能技术、语言学、哲学。

Coherence 连贯

语篇内容的前后一致是借助语言学和非语言学手段来实现的，这种前后一致就是连贯。非语言学手段是指对世界的认识和所掌握的常识，它们是理解连贯的必要方面。可见连贯比衔接概念更为广泛，因为衔接只需借助若干语言学手段来实现（→ *衔接*）。连贯的例子如下：有人讲起他使用自动柜员机时，因为密码连续输错三次而导致自己的银行卡被吞。这个故事对那些不了解特定知识的人来说就不那么连贯了，此处特定知识是柜员机会自动吞掉银行卡以保护客户权益，使其免受金融诈骗。

☛ 另见*回指*、*简缩*、*省略*、*变换措辞*

Cohesion 衔接

这个术语通常指的是作为语法单位的单词（或手势词）的关键属性（即粘聚性，词形不间断），有时也指各个成分之间的内在连接性及横组合关系。在语篇中，无论语篇采用手语讲述，还是口头讲述，抑或书面文本讲述，都要有衔接，这样听众或读者才容易理解。衔接是语篇中的一个主要概念，它是指用语言学手段将句子或更大语言单位中的不同成分连接起来。这些语言学手段包括使用回指性手势词或单词及省略、简缩、合成和变换措辞等（→ *回指*、*合成*、*简缩*、*省略*、*变换措辞*）。术语连贯意义更宽泛些，它指运用语言学和非语言学手段（如世界知识），实现语篇前后一致（→ *连贯*）。

📖 澳大利亚手语请参阅 Johnston，Schembri（2007）；荷兰手语请参阅 Baker，Van den Bogaerde（2016）

Comment 评述

评述是表达焦点概念的另一个术语，它是句子中为相关话题提供新信息的那一部分。

☛ 另见*焦点*、*信息结构*

Communication chain　言语交际链

言语交际链是指语言信号的产生、信号本身和语言信号的感知，如表 C–1 所示，言语交际链的各个组成部分的情况如下。

表 C–1　言语交际链

类目	信号产生	信号	信号感知
手语	双手 躯干 头部 面部	光波	双眼
话语	发音器官	声波	双耳

Communicative competence　交际能力

交际能力指人们对语言使用规则的了解与知识掌握。

☛ 另见*能力*

Compensation strategy　补偿策略

在交际中，当说话人想不起某个手势词或单词时，他可以借助补偿手段，即通过描述该单词所指事物的特点和情形等（变换措辞）达成交际目的。例如，当他想不起一个设备的某一部分怎么说时，他就描述这是什么设备、有何用途。这就是一种补偿策略。在学习一门新语言时，我们难免经常遇到必须使用这一策略的时候。学习手语时，如果学习者不知道某个特定的手势词，或者无法记住和提取这个手势词时，他可以运用补偿策略，该策略是将这个手势词所对应的有声语言单词，按其组成部分直译为手势词（见例 C–4 和例 C–5，来自荷兰教育场景的例子）。

序号	荷兰手语	荷兰语	词义
例 C–4	【草料 – 发烧】	hooikoorts	‘花粉病；枯草热’
例 C–5	【热 – 活动】	op heterdaad betrappen	‘当场抓住；抓现行’

此外，以荷兰语二语学习者为例，如果他们不知道“钓鱼竿”的荷兰语“hengel”怎么说，他们或许会用“一根用于捕鱼的杆子”来表达。同理，如

果他们不知道英语“extinguish”（灭火）这个动词，他们可能会使用“用水阻止火”这样的表达来代替动词“灭火”。有时二语学习者还会借助自己的母语。例如，学习英语的荷兰人如果不会说“tailor”（裁缝）这个单词，他们可能会用“衣服的制造者”。这些现象在儿童学习第一语言时也很常见（→ *自创新词*）。

Competence　　能力

能力指的是人们所具有的语言知识。知识有两种：第一种是涉及语言系统的知识，称为语言能力；第二种是语言使用规则方面的知识，称为交际能力。

☛ 另见*交际能力*、*语言能力*

Complement clause　　补语从句

补语从句是主句谓语的一个论元，该论元的形式是一个从句。在以下例子中，【希望】【知道】【拜访】【怀疑】是荷兰手语的及物动词，方括号之间的是补语从句。补语从句位于句子末尾（→ *外置*）。在例 C-6 至例 C-8 荷兰手语例句中，三个补语从句都用作宾语。

例C-6　荷兰手语

【指代词 $_1$　希望 [明天　威廉　指代词 $_{3a}$　$_3$拜访$_1$]。】

‘我希望威廉明天会来看我。’

例C-7　荷兰手语

【指代词 $_2$　知道　[指代词 $_2$　挡风玻璃　破碎]。】

‘你知道的，难道你不知道吗，你的挡风玻璃坏了。’

例C-8　荷兰手语

【指代词 $_1$　怀疑　[埃里克　生病]。】

‘我怀疑埃里克病了。’

☛ 另见*复句*

📖 美国手语请参阅 Liddell（1980），Padden（1988）；其他手语请参阅 Van

Gijn（2004），Pfau（2016a）。

Completion stage　完成阶段

完成阶段是儿童第一语言习得从 5 岁左右直到 9 岁，它是儿童语言发展的最后阶段。这时，听童开始习得语言中的例外情况，他们的词汇得到扩展，语用技能得到提高。与听童一样，聋童习得手语语用技能的时间也会很长。在这个阶段，聋童习得手语的某些语法点。例如，他们学会打出嵌有从句的复句。在完成阶段，聋童还将习得如何用手指字母来指拼手势词，但有些聋童早在前一阶段就学会了指拼。另外，在完成阶段，聋童的叙事技巧也提高了，他们学着有效使用语法成分来讲述一个连贯的故事。

Completive aspect　完成体

在手语中，手语者常常借助动词的屈折变化来表达“体”，但有时“体”是借助实义手势词来表达的。如例 C–9 所示，荷兰手语可以使用手势词【准备】来给动作添加“已完成”这个特征，所以【准备】可以用作“体”标记，其词义是“准备好”，如果用荷兰语标注可释义为“KLAAR”。例 C–9 是荷兰手语完成体例句，这个体标记表示的语法意义是“在主句动作发生之前，从句中的动作必须先完成”。在荷兰手语中【准备】被称为“完整体标记”，所以除了完成体外，还有完整体。

例C–9　荷兰手语

　　　　　眉毛扬起

【指代词$_1$　吃　准备，　指代词$_1$　睡觉。】

‘吃完饭后，我再去睡觉。’

例 C–10 是完整体的示例。该句虽然没有使用一个自由语素来表明动作已经完成，但附加语【昨天】和动词【抽烟】清楚表明句子中的动作已完成。

例C–10　荷兰手语

【昨天　　男人　　雪茄 – 抽烟。】

‘昨天那个男人抽了一根雪茄。’

另外，动作也可以添加非完整体意义（→*非完整体*）。

☛ 另见*“体”*

Complex action　　复杂动作

复杂动作（或“complex movement”，复杂运动）是指由两个简单运动所组成的手势运动。在手语中，路径运动可以与手的内部动作组合使用。以荷兰手语的手势词【花】为例，在该词的运动参数中，除了路径运动外，手势词还伴有手内动作（即从手型转变为指尖朝上的手型）。路径运动还可以跟手部朝向改变相结合。以荷兰手语【悬在……上面】一词为例，手语者用手打出移向前方的弧型路径运动，与此同时，他们手掌朝向也会发生变化。手内动作和手部朝向改变组合使用的情况比较少见，我们称这种组合运动为复杂动作，它之所以复杂是因为将手语作为第一语言的聋童，他们最开始习得复杂动作时，经常把两种运动中的一种省略掉，无法打出完整的复杂动作。

☛ 另见*手部朝向改变*、*手内动作*、*运动*、*简单运动*

Complex sentence　　复句

与单句正相反，复句的谓语不止一个。例 C–11、例 C–12 是荷兰手语复句的例子，它们或表示并列关系，或表示主从关系。

例C–11　并列关系

　　　　　　　　身体倾斜 –3a　　　　　　　　身体倾斜 –3b

【父亲 指代词$_{3a}$ 工作 去，儿子 指代词$_{3b}$ 学校 去。】

‘爸爸去工作，儿子去上学。’

例C–12　主从关系

a.【约翰 知道 ［彼得 生病］。】

‘约翰知道彼得生病了。’

　　　　　　　　　　是非疑问

b.【玛丽 问 ［昨天 查尔斯 生病］。】

‘玛丽问查尔斯昨天是不是生病了。’

例 C–11 中的复句是由两个并列关系的分句组成的。例 C–12 中的两个例句则是由主句和从句组成的两个主从关系复句。方括号之间的句子称为从句。因为这些从句用作另一个句子的一个成分，因而它们也被称为嵌入句。例 C-12 中的从句都是宾语从句。嵌入句作为成分嵌入另一个句子，它所嵌入进去的句子称为*母句*。母句的谓语称为*母句谓语*。

复句有时使用连词。以荷兰手语为例，它的手势词【但是】是一个并列连词，手势词【因为】和【如果】则是从属连词。以澳大利亚手语为例，它的手势词【但是】和【或者】是用于并列关系的连词，而它的手势词【因为】和【直到……时】则是表示从属关系的连词。澳大利亚手语中的一些连词是从英语中借用的，而且是指拼手势词，如【如果】(它的英语标注是“I-F”)。美国手语中表示并列关系的连词有【和】【加】(词义是“和”)【但是】，尽管有人认为这些成分有时可能是语篇标记（其作用就像英语中用作语篇连接的“oh”和“well”，两者可分别译为“哦”“嗯”)，而不是真正的并列连词。在英国手语中，并列连词有【但是】【或者】，从属连词有【如果】，这些连词都是借词，从有声语言英语借入到英国手语，它们的形式都是指拼。

☛ 另见*连词*、*并列关系*、*从属关系*

🕮 澳大利亚手语请参阅 Johnston，Schembri（2007）；美国手语请参阅 Padden（1988），Sandler，Lillo-Martin（2006）；英国手语请参阅 Sutton-Spence，Woll（1998）；其他手语请参阅 Pfau（2016a）

Complex sign　　复杂手势词

复杂手势词是包含一个以上语素的手势词（也称多语素手势词）。以下将举例说明复杂手势词，每个例子后都有具体的解释说明。

第一种，复合词（compound），如例 C-13 所示。

例 C-13　荷兰手语和佛兰芒手语

【睡觉^房间】‘卧室’

例 C-13 中的复杂手势词是一个复合词，它由【睡觉】和【房间】这两个自由语素复合而成。

第二种，派生词（derivation），如例 C-14 所示。

例C-14　荷兰手语

腮帮内凹

【指代词 $_1$　球　看到。】

‘我看到一只小球。’

例C-15　美国手语

【感觉－零】‘浑然不知’

例 C-14 中的复杂手势词是指由自由语素【球】和黏着语素所构成的名词成分，其中黏着语素是一个非手控修饰语，也是一个小称标记，它是指手语者打手势词【球】时所伴随的、表示“微小”的非手控表情。例 C-15 的复杂手势词是指由自由语素【感觉】和派生后缀【－零】两者派生而成的复杂词【感觉－零】，其词义是“浑然不知”。

第三种，屈折词（flexion），如例 C-16 所示。

例C-16　荷兰手语和佛兰芒手语

【$_1$给予$_{3a}$】‘我给他’

如例 C-16 所示，手势词【给予】是一个自由语素。在一些语言学理论中，1 和 3a 这些手势空间中的位置都被看作是黏着语素，它们可以标记动词的一致关系，动词【给予】分别与主语（位置 1）和间接宾语（位置 3a）保持语法一致。

第四种，组并词（incorporation），如例 C-17 至例 C-19 所示。

例C-17　荷兰手语和佛兰芒手语

【昨天　书　掉落－类标记：（）。】

‘昨天的那本书掉了下来。’

例C-18　荷兰手语

【指代词 $_1$　男人　指代词 $_{3a}$　球　$_1$给予－类标记：（）$_{3a}$。】

‘我把球给了那个男的。’

例C-19　荷兰手语

【3－周】‘三周’

例 C–17 中有一个黏着语素，即指代前面手势词【书】的实体类标记，它是一个手型。该类标记手型被并入动词【掉落】中，而【掉落】是一个自由语素。在例 C–18 中，并入发生在动词【给予】(自由语素）上，其中操持类标记手型表示人持球和拿球时的真实动作。在例 C–19 中，数词【3】(自由语素）被并入手势词【周】(自由语素）中，称为数词并入。表示“周”的手型被表示数字“3”的手型所代替，所以在数词【3】手型并入【周】之后，手语者是使用手型，而不是手型，完成手势词【周】的运动参数。

☛ 另见*黏着语素*、*自由语素*

Compound　复合词

复合词是指由两个手势词或两个单词连接在一起组合而成的新手势词或单词。在复合词中，两个组合部分之间的关系可以是并列式或偏正式。有些复合词有词义的中心❶，有些则没有中心。复合词可能发生某些变化。这些变化可以是音位的变化（→ *音位改变*）或是语义变化。复合词通常具有特殊的词义，而这个词义是经历一段时间才最终形成的。在美国手语中，复合词【床^软】的词义并不是指“软床”，而是指“枕头”。所以如例 C–20 所示，该复合词后面可添加修饰性手势词【硬】。

例 C–20　美国手语

【床 软 硬】

‘一个硬的枕头’

与手语相比，有声语言有更多的复合词。通过对比一个复合词和一个不常用且有语法错误的词组，例 C–21 将解释和说明复合词的特殊词义。

例 C–21　英语

复合词	词组
A brown blackbird	*a brown black bird
‘一只棕色的乌鸫’	*‘一只棕色的黑色的鸟’

---

❶ “head”在多个语言单位中使用，本书有“中心语”“核心词”“中心”“核心”等译法。此处参阅《语言引论》(第八版）王大惟先生和朱晓农先生等的“中心”译法。

☛ 另见*向心复合词*、*离心复合词*、*并列式复合词*、*偏正式复合词*

☛ 另见*词汇化*

📖Pfau（2016a）

Conduction aphasia　　传导性失语症

传导性失语症是指由布罗卡区和韦尼克区之间的连接受损而引起的一种失语症。传导性失语症者可以产出语言，但他们不能重复自己刚刚听到的话。

☛ 另见*失语症*

Conjunction　　连词

连词是指连接句子成分，使成分之间形成并列或主从关系的词。手语中也有连词，但不同手语的连词用法不同。通常，即使没有连词，手语也可以表达分句之间的并列关系或主从关系。以荷兰手语为例，它的并列句可加（或不加）并列连词【但是】。“父亲去工作，儿子去学校”这句话如果用手语打出来，既可以不带连词，也可以带有并列连词【但是】（→ *并列句*）。德国手语和澳大利亚手语也有并列连词【但是】，它们可以连接两个构成对比关系的分句。美国手语有连词【和】和【加】，荷兰手语和英国手语还有【或者】这一连词。

有声语言中也有表示并列关系或主从关系的连词。请比较例 C-22 到例 C-27 中的英语句子，用加黑字体呈现的单词是该句中的连词。

例C-22　英语：并列关系例句

John is going to school by bike, **and/but** Peter by bus.

‘约翰要骑自行车去上学，而彼得要坐公共汽车去。’

例C-23　英语：并列关系例句

I am going to work today by train **or** by car.

‘我今天要坐火车或开车去上班。’

例C-24　英语：并列关系例句

He is staying at home today, **for** he is ill.

‘他今天待在家里，他生病了。’

例C-25　英语：主从关系例句

I hope **that** you will come tomorrow.

‘我希望你明天能来。’

例C-26　英语：主从关系例句

We do not know **whether** Peter is also going to the meeting.

‘我们不知道彼得是否也去开会。’

例C-27　英语：主从关系例句

She is happy **because** you are doing well.

‘她很高兴，因为你做得很好。’

☛ 另见*复句*、*并列关系与主从关系*

Connectionism learning theory　联结主义学习理论

联结主义是近年来起源于现代心理学的一种语言习得理论。根据该理论，人类知识的所有领域，如语言知识等，都是神经网络。这些神经网络的特点是神经元（结点）之间具有不同强度的联结。语言知识和意义信息等在大脑中的存储情况，取决于该知识或信息出现的频率。以乔姆斯基生成学派的方法为例，英语动词“to laugh”（笑）的过去时是“laughed”的依据是以下语言规则：将词尾“-ed”加在动词“laugh”的词干上。“过去时”意义信息与“-ed”结点建立起联结。语言习得者在语言输入中听到的这类意义信息越多，他的大脑对这一规律的掌握与固化就越好。这种语言习得的途径既可用于第一语言习得，也可用于第二语言习得。

Connotation　内涵义（内涵）

内涵义是指一个概念的全部意义中那些与文化环境或心理情境有关的意义，而文化环境或心理情境通常跟语言使用者的社会身份[1]等交织在一起。

☛ 另见*指称义（外延）*、*同义关系*

---

[1] 本词条中“social class”译为“社会身份”。

Consecutive bilingualism　连续性双语

连续性双语[1]又叫接连性双语。

☛ 另见*二语习得*、*接连性双语*

Consecutive language acquisition　连续性语言习得

连续性语言习得是指先习得一门语言，接着再习得另一门语言，即连续地习得语言或第二语言。

☛ 另见*二语习得*

Constituent　成分

成分是指具有特定内部结构的一连串儿手势词或单词，它们或作为小句，或作为小句的一部分，在句子中实现各自的语法功能。手语和有声语言具有四种成分：名词性成分、形容词性成分、副词性成分（或状语成分）、动词性成分。成分性质是根据该成分的核心词（或中心）的性质来确定的，核心词是成分中唯一不能被省略的部分。核心词包括以下四种词类：名词、形容词、副词、动词。修饰和限定核心词的那部分词并不是强制性的，被称为修饰语。在特定情况下，成分可能会出现省略核心词的情况。但是这种情况必须符合如下条件：从上下文语境中人们可以推断出该成分的核心词是什么。这种特殊省略在手语和有声语言中都会出现（→*省略*）。

☛ 另见*形容词性成分*、*状语成分*、*结构的中心或核心词*、*修饰语*、*名词性成分*、*动词性成分*

Constituent function　成分功能

成分功能是指在手语和有声语言中，不同句子成分具有各自特定的功能。句子的成分功能可分为以下三种：论元、附加语、谓语或谓词。

☛ 另见*附加语*、*论元*、*谓语或谓词*

---

[1] 原著在介绍“双语”相关概念时，交替使用了很多意义相近的形容词（如 consecutive, successive），来修饰同一核心词（如 bilingualism），对于这类情况，本书参照陆谷孙先生《英汉大词典》（第二版）直译为主，意译为辅。

📖 澳大利亚手语请参阅 Johnston，Schembri（2007）；英国手语请参阅 Sutton-Spence，Woll（1998）；美国手语请参阅 Sandler，Lillo-Martin（2006）；其他请参阅 Baker，Pfau（2016）

Constructed action　故事重现

故事重现[1]是指手语者使用身体不同部位（如双手、头部、躯干、眼睛）来描述一个或多个角色（如人、动物、物体）的活动或动作，即他扮演该角色，从该角色的视角将发生在其身上的故事还原重现。例如，手语者扮演老虎这个角色，去跟踪它的猎物，或者扮演一个步行机器人的角色。在手语中，这种现象称为故事重现。

☛ 另见*角色视角*、*角色扮演*

📖 Metzger（1995），Quinto-Pozos（2007），Hendriks（2008）

Constructed dialogue　对话重现

对话重现[2]是指手语者将其他人的情感、想法和（或）其他人的言语（或手语）等，模仿与重现出来，而不是分享他本人的情感、思想、言语或手语（→ *角色视角*）。对话重现可以通过很多方式来实现，如通过身份变换（身体转动），通过改变目光注视的方向、改变头部朝向和位置，或者借助面部表情变化。

☛ 另见*角色视角*、*故事重现*、*角色扮演*

📖 Hendriks（2008）

Content word/sign　实词　手语实词或实义手势词

当单词或手势词本身具有各自的意义，且其意义独立于句子语境时，这些单词或手势词就是实词（实义词）或手语实词（实义手势词）。实词可以是名词、形容词、副词或动词。儿童学习母语时，在语言习得的单个词阶段，他们最先学会产出的主要是实词。如例 C–28 所示，当被问到是否想睡在车里时，

---

[1] 也可直译成“构建活动”。

[2] 也可直译成“构建对话”。

小女孩安德烈娅的答话中都是实词，没有功能词。

例C-28　儿童母语习得例句

Andrea　car　sleep　not.

安德烈娅　汽车　睡觉　不

‘安德烈娅不想睡在车里。’

实词包括名词（如“房子”“男人”）、形容词（如“好”“有趣”）、动词（如“看”“走路”）和副词（如“也许”“明天”）。

☛ 另见*功能词或手语功能词*、*词类*

📖Baker，Pfau（2016）

Context effect　语境效应

语境效应是手势词和单词识别时出现的一种现象。它是一种语义启动，具体是指某个手势词或单词被更快地识别出来，因为语境中另一个与它意义距离很接近的手势词或单词首先被表达出来。语境效应令该手势词或单词被更早启动。例 C-29 荷兰手语句子是在讲手语故事。在第 2 句处，我们可以插入任何句子。

例C-29　荷兰手语

第 1 句：【这个　早晨　指代词$_1$　指代词$_{3a}$ $_1$行走$_{3a}$。】

‘今天早晨我走到了鸡舍。’

第 2 句：（……）

第 3 句：【指代词$_1$　看见　公鸡　啄食。】

‘我看见公鸡正在啄食。’

当看到手语者打出第 1 句话时，会话对象的大脑激活了手势词【鸡舍】，激活的扩散导致手势词【公鸡】也被激活，这是因为【公鸡】和【鸡舍】语义距离很近，它们都在相同的语义网络中。所以与没有语境效应的情况（即语境中没有手势词【鸡舍】）相比较，手势词【公鸡】在此例中出现语义启动，更早地被激活，进而更早地被识别出来。

☛ 另见*启动*、*语义网络*

Contextual inflection　语境屈折

语境屈折是指受语境制约的屈折变化，它是屈折变化的一种。与内在的屈折变化不同，语境屈折变化受限于句法语境。手语中的一致关系就是语境屈折的例子。如例 C–30 所示，在荷兰手语例句中，动词【给予】最多可以与两个论元保持语法一致，即主语和间接宾语（→ *论元*）。

例C–30　荷兰手语

【扬 指代词 $_{3a}$ 皮耶 指代词 $_{3b}$ 书 $_{3a}$ 给予 $_{3b}$。】

'扬把这本书给皮耶了。'

在有声语言中，如例 C–31 法语例子所示，受语境制约的屈折变化主要指在"数"（单数或复数）和人称（第一人称、第二人称和第三人称及其单数或复数）上的语法一致。

例C–31　法语

法语及译文	人称	数
Je *parle*　'我说'	第一人称	单数
Tu *parles*　'你说'	第二人称	单数
Il/elle *parle*　'他 / 她说'	第三人称	单数
Nous *parlons*　'我们说'	第一人称	复数
Vous *parlez*　'你们说'	第二人称	复数
Ils/elles *parlent*　'他们 / 她们说'	第三人称	复数

另一种受语境制约的屈折变化来自荷兰语。荷兰语形容词"hoog"（高）仅在用作修饰语时才有屈折变化（见例 C–33 的 a 句和 b 句中用加黑字体凸显的单词），然而当它是谓语核心词时（见例 C–32 中的 a 句和 b 句中用加黑字体凸显的单词），"hoog"（高）并不发生屈折变化。

例C–32　荷兰语

a. De brug is **hoog**.　'这座桥高。'

b. De brug is erg **hoog**. ‘这座桥很高。’

例C-33 荷兰语

a. Dat is een **hoge** brug. ‘那是一座高桥。’

b. De **hoge** brug was beschadigd. ‘这座高桥被毁坏了。’

☛ 另见*一致关系*、*屈折*

Continuative aspect 持续体

持续体是延续体的另一个术语表达形式。

☛ 另见*延续体*

Continuous signal 连续性信号

在手语和有声语言中，打出来的手语和说出的话都是一个连续性的语言信号，也就是说，在手势词和单词之间并没有停顿，并不像书面语言那样，单词之间都被空格隔开。当然，在语流中，表达者也会略有停顿，因为会有单词提取问题、成分之间停顿等情况。但是在语流中的其他地方，手势词和单词都是流畅地前后相连，连续不断。当一个人在看（或听）自己的母语或另一门熟悉的语言时，在这些连续性的语流信号中，他可以毫不费力地识别出不同的手势词或单词。然而，不懂这门语言的人却无法将这些手上的动作或声音识别为单独的手势词或单词。

Continuum 连续统

连续统是语言学中的一个通称术语，它泛指在语言变异中不同语言形式彼此间的连续统一体关系，即由一种语言形式逐渐过渡、逐渐转变到另一种语言形式。这些语言形式在连续统上彼此相连，不会出现中断或突兀变化的情况。连续统有不同的呈现方式：地理上的连续统、历时上的连续统、共时上的连续统。对不同方言区而言，它们也存在不同的连续统，在其方言连续统上，各种语言形式逐渐变化。所以一种方言突然变化成几英里之外的另一种方言，这种情况一般来说是不存在的。当观察语言演变时，我们可以看到一个语言有不同的发展演变阶段，这也可以被理解为一个连续统。语言的演化是缓慢的，如

50 年无法演化出一种全新的语言（请查阅罗曼语族的语言是如何从通俗拉丁语演化而来）。然而，确实有一些语言有例外情况，如克里奥尔语，它可以在一代人的时间里由洋泾浜语言发展而来。斯拉南通戈语（苏里南共和国）是一种克里奥尔语，它就是这样在半个世纪内演化出来了。

从手语到有声语言，其间所有交际形式也构成一个连续统。有声语言（如英语）是连续统的一端，手语（如美国手语）是连续统的另一端。两端之间的则是将英语和美国手语，或者说是将单词和手势词融合使用的各种融合语言类型（→ *语码融合*、*手势符号支持的口语表达*）。尽管当前文献已经提出了语言应用领域的概念，但这些领域之间的边界仍是模糊和未定义的，所以这些语言形式彼此间仍然是一个连续统。

Contour Sign　描绘物体轮廓的手势词　轮廓勾勒手势词

描绘物体轮廓的手势词（或轮廓勾勒手势词）是在大多数手语中都有的特定手势词，它具有形容词的功能，可作为自由语素与另一个名词性手势词连用，而不像实体和操持类标记（→ *实体类标记*、*操持类标记*）那样作为黏着语素来使用。轮廓勾勒手势词用来说明和限定另一名词性的手势词，因为它的运动参数可描绘出该名词所指对象的轮廓，尤其是刻画出该名词所指的外形（或轮廓线）。轮廓勾勒手势词的其他名称还有“轮廓描画类标记”或大小和形状限定词（→ *大小和形状限定词*）。例 C-34 中的轮廓勾勒手势词可以说明它所修饰和限定的对象“桌子”是圆形的。

例C-34　荷兰手语

【桌子 圆形。】

‘这张桌子是圆形的。’

📖 Zwitserlood（2003），Pfau（2016b）

Contra factual conditional clause　反事实型条件状语从句

反事实型条件状语从句是条件状语从句的一种，它所表达的条件情况是非真实的，也就是说，是不符合事实的。

☛ 另见*条件状语从句*

Conventional　规约性

语言形式和意义之间的关系既可以是任意的，也可以是约定俗成的。规约性是指语言形式和意义之间的约定俗成，即就一个手势词或一个单词而言，人们对其形式和意义的关系有（心照不宣的）约定及相同意见，或者大众逐渐形成其形式和意义的固定关系。

☛ 另见*任意性*

Conventional Lexicon　规约词汇

规约词汇是用来表达固定词汇的另一个术语。

☛ 另见*固定词汇*

Conversational implicature　会话含义

会话含义是指人们从会话对象的言语行为中所领会到的隐含的话语意思。有时，这一话语意思无法从言语行为中直接获得。以下例子将说明什么是会话含义。假设一个人在除夕时问她的邻居她丈夫是否会去燃放烟花爆竹，该邻居的回答是“威廉躺在床上发着高烧”。在这次对话中，无论是用有声语言讲出，还是用手语打出，邻居似乎都没有遵循相关准则，所以她是在违反合作原则（→ *合作原则和相关准则*）。但事实并非如此。尽管这位邻居没有直接回答这个人的问题，但她的话是在暗示“威廉病得太重了，不能起床，因此不能燃放烟花爆竹”。问她问题的人在理解她的回答时不会有任何困难，因为基于常识和经验，以及对世界的了解，问话人能够将会话含义与女邻居的回答相互关联起来。问话人知道这个女邻居的回答是在暗示威廉不会去燃放烟花爆竹。

Conversational maxim of manner　会话中的方式准则

方式准则是会话合作原则里的准则之一，它规定为了会话顺畅，会话双方应确保话语清晰易懂，也就是说，双方的会话应该有序、简洁、不晦涩、不含糊不清。

☛ 另见*合作原则*、*言语行为*

Conversational maxim of quality　　会话中的质量准则

质量准则[1]是会话合作原则里的准则之一，它规定会话双方应该说真实准确的内容，以使会话顺利继续下去。

☛另见*合作原则*、*言语行为*

📖 Grice（1975）

Conversational maxim of quantity　　会话中的数量准则

数量准则[2]是会话合作原则里的准则之一，它规定会话双方应该提供足够的信息，以保证会话顺利进行，但切忌在信息数量上把握不当（如说得太多或说得太少）。

☛另见*合作原则*、*言语行为*

Conversational maxim of relevance　　会话中的相关准则

相关准则是会话合作原则里的准则之一，它规定会话双方为了使会话顺利继续下去，应该作出这样的假设和努力，即假设会话对象所说的内容是与会话话题进展相关的信息，也努力说与会话话题相关的话。

☛另见*合作原则*、*言语行为*

Conversion　　转化

转化[3]是指手势词或单词无须添加另一个语素就转化到另一词类的现象。手语中也有转化。如例 C-35 的 3 组转化例词所示，每组中两个手势词打法完全相同（两者区别仅在于仿话口型），但它们分属名词和动词两个不同的词类，这就是转化。然而，当手语者省略该手势词的口头成分时，词类转化现象就不可能被观察到。

---

[1] 《现代语言学词典》第 87 页的译法是“质真准则”。

[2] 《现代语言学词典》第 87 页的译法是“适量准则”。

[3] 原著句首的描述是“转化是一种特殊类型的派生”，为不影响读者理解该词条，本书将此句放在注释中。

例C-35 荷兰手语

组别	动词	名词
第 1 组	【拎着】	【袋子】
第 2 组	【推】	【猛推】
第 3 组	【坐】	【椅子】

在例 C-36 中，有声语言转化的这些例词既可以是动词，也可以是名词，但我们无须确定该单词的基本形式究竟属于哪个词类。

例C-36 英语转化的例子

record, dance, hammer, cough, fall, sail, hit, love, paint, taste, walk...

'记录、（跳）舞、锤（子）、咳嗽、跌落、航海、打击、爱、油画、（尝）味道、行走……'

☛ 另见*派生*

Cooperation principle 合作原则

合作原则是为使会话顺利进行会话双方共同坚持的规则。例如，合作原则中有一则"质量准则"，该准则要求会话双方在交际过程中不说谎。另一则"数量准则"则要求会话双方为彼此提供充分的信息。假设有一个人问另一个人是否知道邮局在哪里，而另一个人仅回答说他确实知道邮局在哪里，那么他的回答就没有满足数量准则，因为提出问题的第一个人可能期望得到邮局的确切地址。此外，合作原则中还包括相关准则，它规定会话双方所谈及的事情，都应该是有助于会话继续下去的相关内容。

☛ 另见*言语行为*

Coordinate compound 并列式复合词

两个手势词或两个单词可以合成在一起，构成一个复合词。并列式复合词是指两个组成部分地位相等的复合词，也就是说，并列式复合词中既没有中心成分，也没有修饰和限定中心成分的那一部分。只有偏正式复合词才有中心成分和修饰成分（→ *偏正式复合词*）。可见，正因为它的两个组成部分是对等并列的关系，所以它被称为并列式复合词。这类复合词的另一个英文名称是“copulative compounds”。例 C–37 荷兰手语表示“父母”和“感知”的手势词都是并列式复合词。

例C–37 荷兰手语

【父亲^母亲】‘父母’

【看到^取回】‘感知’

例 C–37 中的复合词是离心结构，因为它没有结构的中心，也没有对中心进行限定和说明的组成部分。

许多有声语言中都有类似的复合词。英语的“bittersweet”（苦乐参半）和“washer-dryer”（洗衣烘干两用机）都是并列式复合词。

☛ 另见*复合词*

Coordinate conjunction　并列连词

并列连词是指可以连接两个对等成分，使两者处于平等和独立关系的词。并列连词所连接的两个相等的部分可以是句子、分句或成分。荷兰手语有并列连词【但是】。英语有“and”（和）“but”（但）“or”（或）“for”（因为）和其他并列连词。

☛ 另见*复句*、*连词*

Coordination　并列句

并列句或并置句（juxtaposition）是指借助连词或停顿将两个分句连接起来的句子。如例 C–38 所示，荷兰手语的并列句通常由一个非手控型语法标记，如身体倾斜，来标记和表达。

例C–38 荷兰手语

身体倾斜 –3a　身体倾斜 –3b

【父亲 指代词 $_{3a}$ 工作 去，儿子 指代词 $_{3b}$ 学校 去。】

‘爸爸去工作，儿子去上学。’

当打第一个分句时，手语者的身体稍微向位置3a倾斜。当打第二个分句时，手语者的身体稍微向位置3b倾斜。这种非手控型语法标记可以省略，但当它省略后，句子就不再是并列句。相反，它变成两个独立的简单句。

有些手语有若干连词，但荷兰手语只使用连词【但是】（用于并列关系）和【因为】（用于主从关系）。例C-39是澳大利亚手语中的并列句，它的两个分句是通过连词【但是】连接在一起的。

㊕C-39　澳大利亚手语

【父亲 喜欢 猫，但是 母亲 偏爱 狗。】

'爸爸喜欢猫，但是妈妈更喜欢狗。'

☛ 另见*复句*

📖 澳大利亚手语请参阅Johnston，Schembri（2007）；其他请参阅Pfau（2016a）

Corpora of sign languages　手语语料库

对语料库手语语言学来说，研究者有必要将大型手语语料库用于语言学研究。归功于现代技术，当前研究者已经在互联网上建立起数个手语语料库，它们除了用于手语研究，也可以用于跨语言研究。这些手语语料库通常包括元数据和手语视频剪辑数据库，这些手语视频数据往往已经用英语或其他有声语言的文字进行了转写和（或）翻译。

Corpus callosum　胼胝体

胼胝体是指连接大脑左右两个半球宽而平的神经纤维束。

☛ 另见*脑干*、*大脑半球*

Created location　创建位置

当会话双方所讨论的实体并不真实出现在会话现场时，会话者将在手势空间中给他（它）们定位，这时实体在句法空间的位置也被创建出来，因为随后会话者会用这些位置来指代他（它）们所对应的实体，可见创建位置是指会话者在手势空间中为不在场实体所创建的句法空间位置。

Creative Construction hypothesis 创造性建构假说

创造性建构假说认为第二语言习得几乎不受母语的影响。相反，它认为与第一语言一样，学习者在习得第二语言时同样使用了自身创造性的语言习得能力。学习者会有创造力地形成关于第二语言的各种假设，然后在新的语言不断输入的情况下验证自己的假设，进而调整这些假设。创造性建构假说的支持者认为二语学习者在语言发展中所犯的错误与他习得第一语言时的发展错误有许多相似之处，所以这些错误并不能追溯到二语学习者的母语结构，也就是说，二语学习并不受母语影响。因此创造性建构假说有时也被称为"普遍语言习得假说"。

Creole language 克里奥尔语

克里奥尔语[1]起源于洋泾浜语。当一群操不同母语或本族语的人不懂彼此的语言，却又不得不在很长的时间内相互交流时（如他们有时必须一起工作），这时一个简化的语言系统（其词汇和语法都非常有限）就会出现，尽管它并非任何人的母语。这样的语言交际系统称为洋泾浜语。随着接触的继续，他们的交流系统进一步发展，词汇继续扩展，简单的语法结构也开始出现。当这个群体中的孩子们把这种洋泾浜语作为母语来学习时，这种交流系统就发展成了一种成熟的语言，称为克里奥尔语。克里奥尔语是成熟和自然的语言。克里奥尔语的例子有斯拉南语（苏里南共和国）、新美拉尼西亚语（新几内亚）、帕皮阿门托语（阿鲁巴、博奈尔岛、库拉索岛）。克里奥尔语可以在相对短的时间内发展，而其他自然语言则是在较长的时间内发展。

一些研究者认为手语是克里奥尔语，且手语是从聋童的听人父母和聋童双方的接触中产生的。在洋泾浜语（将手势词和有声语言单词混合在一起）的基础上，聋童们依靠自己先天语言习得能力，在彼此交流中发展出克里奥尔语。有一个有趣的例子是不同的家庭手势（→ *家庭手势*）最终演变为一门手语——尼加拉瓜手语。这一新兴手语的形成过程与有声语言中克里奥尔语的形成过程非常相似。

☛ 另见*家庭手势*、*天生语言习得能力*

---

[1] 《语言学名词》第 194 页还提供了"民族混合语"这一译法。

📖 Arends，Muysken，Smith（eds.）（1995）；Senghas（1995）；尼加拉瓜手语请参阅 Senghas，Kita，Ozyurek（2004）

Critical period　关键期

关键期这个术语既用于第一语言习得，也用于第二语言习得。关键期理论认为学习者应该在青春期之前学习第一语言，否则将不可能学好第一语言。第二语言学习也是如此，学习者开始学习第二语言的年龄越小，他达到这门语言母语者水平的机会就越大。尤其是对语音技能来讲，情况更是如此。例如，学习者年龄越小，他二语的发音和语调或手语的面部表情等语音技能，会学得更好。语音技能习得的关键期也是在青春期之前，因为研究者认为如果在青春期之后习得语言，人们很难摆脱母语口音。但是确实有人是在青春期之后年纪较大时学习第二语言，而且第二语言的水平非常高，语音也非常好。可见，一方面，第一语言习得和第二语言习得有所不同；另一方面，不同二语学习者之间也各有差别。这些差异在很大程度上取决于语言学能、语言接触、语言输入等因素。因此，我们可以说诸如以下这种关键期其实是不存在的，即“在某个时期之后习得或学习另一种语言是不可能的”。然而，一个显而易见的情况是：一个人学会并使用一门新语言的水平，莫名其妙地与他习得这门（新）语言的年龄有关。美国手语习得研究显示，将美国手语作为第二语言的不同年龄的聋童学习者中，那些在 5 岁至 10 岁开始学习美国手语的往往最终语言能力达到了与美国手语母语者相似的水平。在青春期之后才开始习得美国手语的聋童情况却不是这样。

☛ 另见*语言僵化*

📖 Van Boxtel（2005）；Bhatia，Ritchie（2006）

D

Deaf　聋

在习得有声语言方面，重听人可借助残余听力和助听器，经额外努力习得有声语言。与重听人不同，聋人几乎没有残余听力，传统助听器对他们的帮助也非常有限。因此，为了与听人交流，聋人通常依靠手语翻译的支持。当没有这些翻译支持时，聋人则不使用手语，这时他依赖“唇读”来“看”懂话语。然而，并非所有的语音或单词都能借助唇读术识别。

听力损失的程度以分贝（dB）表示。根据医学标准，听力损失超过一定分贝的是聋人。然而，定义耳聋的分贝数在不同国家是不同的。确认听力损失必须根据测听得出的听力图。

人们在任何年龄都可能出现重听或变聋的情况，且致聋原因不同。通常致聋原因是不明的。早期聋是指一出生就是聋人，或者指尚未获得语言习得的基础就变成聋人。在后一种情况下，儿童变聋时尚未习得有声语言，或仅部分习得了有声语言。此处我们不使用“语前聋”这个术语。一方面，“语前”在语言习得研究中的用法（即它是指1岁之前的阶段）是不同的。另一方面，有些人反对使用“语前聋”一词，因为父母是聋人的聋童确实已经发展出了一种语言，即手语。

术语“语后聋”是指那些在习得第一语言后才变聋的人。语后聋有两种情况。当一个人一刻前还可以听到，后一刻突然听不到了，我们通常称之为“突然失聪者”。当失聪过程是缓慢发生的，即在听力损失逐渐增加，经过一段时间之后才变聋时，我们称之为“较晚失聪者”。

根据听力学定义，聋的意思是“听不见”。然而，耳聋被许多聋人视为一种特征或一种差异，就像皮肤的颜色有差异一样。持这种观点的聋人通常出生时就是聋人，或者他们年龄很小时就变聋了。为了表明“聋”这个特征是他们身份认同的一部分，他们自称为聋人，“聋”采用首字母是大写“D”的“Deaf”。借此，他们表明自己是这样一群人（聋人社群）中的一员，即拥有属于自己的语言（手语）和文化（聋人文化）的人。对他们来说，聋并不是残疾，而是一种区别于听人的差异，甚至不是一个负面的差异。父母是聋人的那些听人孩子，根据他们各自在聋人和手语世界的成长经历，也可以将自己认同为聋人社群的一员。

Deaf-blindness　聋盲

聋盲[1]是指一个人同时存在听觉和视觉上的障碍。“聋盲”一词实际上是一个集合名词，它涵盖所有出现重听（或聋）和视觉障碍（或盲）的情况及各种组合情况。与聋盲人交流，人们可使用不同交流方式，如唇读、手语、触摸手势、打在手心上的指拼，或者布莱叶盲文等。就像耳聋一样，聋盲有不同的原因，并且可能发生在生命的任何时候。通常在出生时或在年龄很小时，聋盲人的听觉（或视觉）障碍就已经存在了，另一个障碍会晚些时候开始发展。当然这两类障碍也可能同时显现，或是在人们一出生或年龄很小时，或是在年龄稍大些之后。

☛ 另见*打在手心上的指拼*、*触摸手势*

📖 Bosman（2006），Jansen，Rødbroe（2007），Knoors，Vervloed（2011）

Deaf community　聋人社群

聋人社群是一个少数人的群体，其社群成员在年龄很小时就失聪。他们不认为聋是一种残疾，相反，他们觉得“聋”只是自己不同于听人的一个特点。聋人社群成员享有自己专属的手语和文化（聋人文化）。

☛ 另见*聋人文化*、*聋*

📖 Padden，Humphries（2005）

Deaf culture　聋人文化

归属于早期聋的聋人，他们对耳聋的体验是“聋”不是残疾，而是与

---

[1] 也有学者将“deaf-blindness”译为盲聋。

"听"不一样的特点，所以"聋"就像是他们自我认同的一部分。早期聋的聋人称自己为文化上的聋人，即开头字母是大写"D"的"Deaf"，从而表明他们属于聋人社群这个少数群体。聋人社群拥有自己的语言和文化，有自己的传统、价值观和艺术表达。这些都是聋人文化的构成部分。

☛ 另见*聋*

Deafhood　　聋人身份

术语"聋人身份"是帕迪·拉德（Paddy Ladd）在 20 世纪 90 年代初提出的，此后这一术语被许多聋人和研究者采用。"聋人身份"的确切定义很难找到，但总的来说，它是基于这样的观念，即聋人把自己看作在文化和语言上的少数群体，此群体曾遭受（或正遭受着）听人多数派殖民侵入式的影响。

聋人身份涵盖以下内容：第一，过去、现在和未来，"聋"这一词语所包含的全部积极意义；第二，所有使用手语的人，他们过去、现在和未来是什么样子，他们是谁，他们将成为什么，即手语人全部意义的最大外延。

总之，聋人身份包括聋人在世界中所创造的一切、聋人创造出来但已消失不见的（由于殖民式侵入）、聋人将来可能创造的一切。

📖 Ladd（2003），Grushkin（n.d. retrieved 7 July 2013）

Declarative sentence　　陈述句

陈述句是三种句子类型中的一种。如例 D-1 所示，陈述句用于叙述或说明情况。

㊒D-1　佛兰芒手语

【明天　男人　来。】

'那个男人明天过来。'

☛ 另见*句子类型*

Deictic reference　　直指

人们在会话中可以直接指示或称代那些出现在会话现场的会话参与者，这是直指。直指所使用的指称词，其用法遵循常用指称规则。这些指示、称代或指代词的作用是说明当前所谈的要点。例 D–2 中的直指是借助两个指代词（第一人称和第二人称）。

例D–2　荷兰手语

【今天 指代词$_1$ 指代词$_2$ 看见。】

‘今天我要去看你。’

荷兰手语可用来直指的其他词语还有【这个（那个）】【这些（那些）】【这里】和【现在】等。有声语言荷兰语的直指情况也是如此。

☛ 另见*回指*、*代词化*

Deletion　　删音　删除

删音[1]是指一个音位成分被删除的音系现象。在一些双手手势词中，特别是像荷兰手语【火车】这样的对称型手势词，辅手上的手势动作可能被删除，不再打出。这种形式的删音称为辅手脱落（→ *辅手脱落*）。删除情况也可以发生在句法语境中。例如，一个并列结构中相同的成分可以被删除，这种删除称为缺空（或缺位）。在省略现象中（→ *省略*）删除也会出现。代词脱落也是删除（→ *代词脱落*）的形式之一。

Denotation　　指称义（外延）

指称义是指一个概念的固定意义和字面意义，该意义不受语言使用者情况等因素影响。以英语单词“rugby”（橄榄球）为例，它的中心意思（指称义或者说外延）是“一种特定的球类运动”。基于人们对这项运动的经验，橄榄球可以与男子气概、粗野行为等内涵义联系起来，所有这些关联内容都是橄榄球这个词的内涵义的一部分。

☛ 另见*内涵义（内涵）*、*同义关系*

Derivation　　派生

派生是指通过添加黏着语素从一个手势词或单词（词干）派生出来另外一

[1] 英文术语“deletion”对应汉语中“删音”和“删除”两个术语。

个手势词或单词的过程。派生与合成不同，合成是将两个实词成分，即两个手势词或两个单词，组合在一起。

如表 D–1 所示，在荷兰手语派生词【房子 + 非手控成分】中，词干是【房子】，黏着语素是一个非手控的表情成分，即舌尖刚好在收紧为圆形的嘴唇之间露出（另见例 D–6）。这个“舌尖”表情也可以与名词之后的表示房屋大小的手势词（如手势词【小】）同时打出来。下文还会给出更多的序列性派生过程的例子。

表 D–1　手语和有声语言的合成与派生

合成
手势词 / 单词 + 手势词 / 单词→ 手势词 / 单词 英国手语复合词的例词：【男人 ^ 女人】→【人们】
派生
手势词 / 单词（词干）+ 黏着语素→ 手势词 / 单词 荷兰手语派生词的例词：【房子 + 非手控成分】→【小房子】

与屈折变化不同，派生的一个重要区别是其可以导致词类发生变化，而屈折不会改变词类。派生和屈折之间的另一个重要区别是屈折总是在句法上有含义（→*屈折*），而派生仅发生在词的层面上。

如表 D–1 所示，荷兰手语表示“小房子”的手势词是从手势词【房子】派生出【小房子】，这是一个同时性的派生过程。在手语中，派生也可以是序列性的。以例 D–3 美国手语否定后缀为例，后缀【 – 零】是一个用来否定动词的黏着语素。手势词【吃】【感觉】【看见】等动词经常与该黏着语素组合使用。

例D–3　美国手语

【看见 – 零】‘什么都没看见’

黏着语素【 – 零】是一个单手手势，用手指搭成数字零的外形（→ *否定后缀*）。以色列手语中有相似的否定语素（→ *语素变体*）。例 D–4 是另一个序列性派生词的例词，它来自美国手语，【PM】是用在动词【行动】之后的人称标记（符号“PM”的意思是人称标记，“Person Marker”），添加【PM】后派生出名词“演员”。

例D-4 美国手语

【行动 +PM】‘演员’

如例 D-5 所示，在美国手语中，为了表达“女演员”这种阴性名词意义，手语者在动词之前使用了另外一个手控型黏着语素【GM】作为阴性标记（符号“GM”表示性别标记，即“Gender Marker”）。

例D-5 美国手语

【GM+ 行动 +PM】‘女演员’

从例 D-3 到例 D-5 都是序列性的派生过程。但是正如前文表 D-1 所示，手语中也有同时性派生。同时性派生可以在小称和大称结构中观察到。在这两个过程中，相关手势词都伴随着一个非手控型修饰语，它起着语素的作用。腮帮内凹而露出“舌尖”的非手控表情是指小标记，而腮帮鼓起是指大标记。

例 D-6 中的“腮帮内凹”和“腮帮鼓起”等非手控标记是紧随名词同时打出来的，它们也可以与那些修饰房子大小的词（如【小】）同时打出。

例D-6 荷兰手语

腮帮内凹

a.【指代词$_1$ 房子 看见。】

‘我看到一个小房子。’

腮帮鼓起

b.【明天 指代词$_1$ 父亲 房子 买。】

‘明天我爸爸要买一个大房子。’

📖 美国手语请参阅 Sandler，Lillo-Martin（2006），澳大利亚手语请参阅 Johnston，Schembri（2007），英国手语请参阅 Sutton Spence，Woll（1998），其他请参阅 Pfau（2016b）

Descriptive grammar 描写语法

描写语法是指对母语者如何使用该门语言进行客观描写，而对词汇或句子层面上的变体和差异形式不做任何主观评价（即只做全面忠实记录）。这种客观描写的工作方式被认为是科学方法的基本原则。例如，在荷兰手语的课堂上，特殊疑问句的疑问词是在句尾。然而在实际交流时，也有特殊疑问词放在句首的情况（见例 D-8）。在描写语法中，例 D-8 这种疑问词在句首的句子就不会被丢弃，而是将它作为例 D-7 句子的变体，描写和记录下来。当然，记录和描写是有条件要求的，即这类结构应是较常出现的结构。

例D-7 荷兰手语

特殊疑问（上标横线覆盖整句）

【明天 房子 买 谁？】

‘明天谁要买房子？’

例D-8 荷兰手语

特殊疑问（上标横线覆盖整句）

【谁 明天 房子 买？】

‘明天谁要买房子？’

Deutsche Gebärdensprache（German Sign Language） 德国手语

德国手语（DGS）是指德国的国家手语。虽然德国聋人教育中有很强的口语教学传统，但德国手语在 2002 年就被官方正式承认，此后德国聋人在任何涉及政府部门的事务中都有法律赋予的使用手语翻译的权利。德国手语使用单手手指字母进行指拼，它的手指字母打法是从 18 世纪法国手语中的法语手指字母发展而来。德国手语有非常丰富的地域变体，其中差异最大的是前东德手语和西德手语。

📖 Leuniger，Happ（2005）

Developmental mistakes 语言发展中的错误

在习得语言的过程中，儿童会遇到许多障碍。在特定时期内，儿童在其语言产出时作出许多改变和调整，这些语言改变和调整不会出现在成人语言中，而且随着时间流逝也会消失。这些出现改变和调整的形式被称为“语言发展中的错误”，它们可以发生在句法、语义、语音和形态层面。语言发展中的错误广为人知的有如下几种：一是“过度扩展”，即过多的概念都与某一特定形式相关联；二是“扩展不够”，即某一特定形式只与很小的概念相关联；三是“过度概括”，即一则语法规则被应用得过于广泛（→ *扩展不够*、*过度扩展*、*过度概括*）。

Diachronic language description　历时语言描写

历时语言描写是指对跨越一定时间段的语言变化进行描写与研究。它不同于共时语言描写，共时语言描写是描写和研究特定时间点的语言。

☛ 另见*语言学*、*共时语言描写*

Dialect　方言

术语“方言”有很多含义，它可以指源自一种共同语言的任何语言。例如，属于罗曼语族的语言（如意大利语、西班牙语），它们源自共同的基本语言——通俗拉丁语。通常人们用方言来表示一个地区的语言。从地区语言这个意义上，荷兰手语（或其他手语）也有不同的变体。因此，荷兰既有标准荷兰手语，也有来自不同地区的荷兰手语变体。人们在教育场合中学习标准荷兰手语，当前已经积累了大量的标准手势词。然而，一般而言，这些变体无法称为方言，因为它们的差异主要是在词汇上，而且人们更愿意使用荷兰手语变体这个术语。对其他手语来说情况也是如此。与有声语言一样，影响和制约手语变体的因素不仅是地域，还有年龄、种族、性别等。

☛ 另见*地域背景*、*标准语*

📖 Sutton-Spence，Woll（1998），Schembri，Johnston（2012）

Differentiation phase　分化阶段

在儿童第一语言习得过程中，分化阶段是指从 2 岁 5 个月到 5 岁。在分化阶段，听童开始产生更为复杂的句子，复句的习得也包括在其中。儿童此时产出的词，在结构上变得更加复杂。在这个阶段儿童还会发展他们的语用技能。此时儿童发现了母语的形态和句法规则，过度概括是他们在这一时期的特点。

在分化阶段，聋童开始习得手语中那些特有的语法方面，并进一步发展和巩固手语语法。例如，聋童越来越多地使用面部表情、头部和肢体动作等来达到特定语法目的，而且聋童开始使用手语中的一致动词，这时聋童也会出现过度概括的情况。

☛ 另见*第一语言习得*

Diglossia 双言现象 双言制

双言现象（或双言制）是不同语言（或不同语言变体）具有社会功能区分的一种社会语言状态。在一些社群中，人们既有用于正式场合的官方语言（高变体，它并不是任何人的母语），还有一种用于非正式场合的日常语言（低变体）。因此这两种语言都有各自的功能。这种不同语言的功能区分称为双言。以德语中的双言现象为例，高变体是标准德语，低变体是瑞士德语。有人认为，手势英语是正式场合使用的，而美国手语是非正式场合使用的，但现在有充分的证据证明情况并不是这样。美国手语不仅用于非正式场合，还用于其他很多场合。

Diminutivation 小称 添加指小语素

小称是一个形态过程。在这个过程中，名词的所指通过添加一个黏着语素来表示其“微小”这个意思。以例 D-9 荷兰手语为例，表达苹果“很小”这个意义是通过添加非手控修饰语“腮帮内凹”来实现的。在荷兰语中，“微小”意义是通过添加后缀来实现的（如添加小称后缀“tje”的荷兰语单词“appel*tje*”，词义变为“小苹果”）。

例 D-9 荷兰手语

腮帮内凹

【指代词$_1$ 苹果 吃。】

‘我正在吃一个小苹果。’

☛ 另见*大称或添加指大语素*、*派生*

Direct object 直接宾语

直接宾语是句子中实体的一种语法角色。它是句子谓语所描述动作的直接作用对象，即该动作直接作用在这个实体上。在例 D-10 荷兰手语句子中，【男孩】是直接宾语。

例D-10 荷兰手语

【女孩 指代词 $_{3a}$ 男孩 指代词 $_{3b}$ $_{3a}$取笑 $_{3b}$。】

‘这个女孩正在取笑那个男孩。’

Direct speech-act 直接言语行为

直接言语行为是言语行为的一种，通常它会在句子中使用施为动词。如例D-11所示，句子“明天我要（或保证会）把这本书带着”[1]，说话的同时完成了承诺的行为。说话者直接执行了动词所包含的承诺意义。

例D-11 荷兰手语

【明天 书 拿-介词“和” 指代词 $_1$。】

‘明天我要（或保证会）把这本书带着。

Directional verb 方向性动词

许多手语中都有方向性动词，方向性动词是一致动词中的一种，另一种是位置性动词。在这些动词中，一致关系是通过动词从一个位置移动到另一个位置（即从来源到目标）来表达的。一致关系最多体现在句子的两个成分上（主语和直接宾语、主语和间接宾语、主语和用作状语的附加语），请见例D-12、D-13。

例D-12 佛兰芒手语

主语和直接宾语保持语法一致

【$_1$取笑 $_2$。】

‘我取笑你。’

---

[1] 施为动词包括“感谢、承诺、建议、警告”等，为使例句直接引语的特点更为突出，译者根据句子语境添加施为用语“保证会”来解释这个例句。

例D-13 荷兰手语

a. 主语和间接宾语保持语法一致

【扬 指代词 $_{3a}$ 皮耶 指代词 $_{3b}$ 书 $_{3a}$给予 $_{3b}$。】

‘扬给了皮耶一本书。’

b. 主语和用作状语的附加语保持语法一致

话题

【房子 指代词 $_{3a}$ $_{1}$去 $_{3a}$。】

‘我要回家。’

在例 D–12 和例 D–13 中，句子的一致关系都得到充分标记，即每句中都有两个句子成分保持语法一致。在佛兰芒手语或荷兰手语中，手语者也可以只对句子中一个论元标记一致关系，或者甚至可以完全不标记一致关系。在后一种情况中，动词使用其基本形式，然而这类情况必须与“部分方向性动词”区分开来，因为在“部分方向性动词”中，只与部分句子成分保持语法一致是不可避免的。以例 D–14 荷兰手语动词【告诉】为例，因为该手势词的起始位置是打在手语者的下巴上（即“我”的下巴上），它无法与句子中的主语（即“你”）保持语法一致，所以就这种“部分方向性动词”而言，它在特定情况下也无须标记语法一致。

例D-14 荷兰手语

/op/

【指代词 $_{2}$ 告诉 $_{2}$助动词 –OP（……）$_{3a}$ *$_{2}$告诉 $_{3a}$（……）。】

‘你告诉他（……）。’

有些方向性动词（即反向一致动词），它们的运动方向是由宾语到主语（→ *反向一致动词*）。请再回到例 D–14，该句动词【告诉】与【助动词 –OP】一起使用。有时在荷兰手语中，方向性动词可与助动词一起使用，非一致动词情况也一样。在荷兰手语中，一致动词【唠叨】也可以伴随【助动词 –OP】，而且【助动词 –OP】的起始位置是句子施事的位置，说明该施事就是唠叨的人（→【*助动词 –OP*】）。另外，方向性动词经常会出现代词脱落（→ *代词脱落*）的情况（如荷兰手语动词【拜访】）。

☛ 另见*一致动词*、*一致关系*、*助动词*、【*助动词 –OP*】、*位置性动词*

Discourse　语篇

语篇是指一连串儿的言语行为，这些言语行为构成了前后关联的整体。语篇既可以指书面文本，也可以指用手语或有声语言来表达的独白或对话。语篇的前后衔接是通过不同方式实现的。

☛ 另见*衔接*

Distal　远端　远离身体中心的　远身手势空间

远端是一个解剖学术语，当它用于手语语音学时，是为了说明手臂或手的各个部分（或者这些部分的运动）与躯干的相对距离。当肢体动作的位置远离肩关节时，称为远端。例如，肘部的运动相对于肩部的运动，肘部是远端，而手腕或手指的运动相对于肘部的运动，手腕和手指是远端。

☛ 另见*远端化*

Distalization　远端化

当手势词是用手腕和手指这样更远端的关节部位打出时，而不是用肩关节这样更接近身体中心的部位（更近端）打出时，我们称之为远端化。借助这种远端化方式，手语者可表达手语中的“窃窃私语”。

☛ 另见*远端*、*音系简化*、*语用适当*、*近端*、*近端化*

Distinctive feature　区别特征　区别性特征

在人类言语中，区别特征（或区别性特征）是指对音位特征的形式表征。这些音位特征是二元对立的，这意味着一个特征要么有，要么无。例如，音位 /o/ 具有以下特征：[+浊音][+连续][+圆唇][+后元音][–低元音][–高元音]。这说明该元音是浊音，发音时声带必须振动。另外，/o/ 是连续的音（圆唇的中后响元音），说明该元音在形成过程中，口腔内的气流从未被完全阻塞（而 /p/ 和 /z/ 则是气流被阻塞）。此外，发 /o/ 时嘴唇需嘟成圆形。最后三个特征是对该元音发音时舌头位置的描写。

音位由一组区别特征组成。与有声语言中的音位一样，手语的基本构成成分手型，其音位也是由以下区别特征组成：一是手指的选择（如手型，只选

1 根手指；手型，选了 4 根手指）；二是被选手指的姿态（弯曲，如手型；伸展，如手型；拇指相对于其他手指的位置和开合情况，如手型）。

☛ 另见*手型*、*音位*

📖 Van der Kooij，Crasborn（2016）

Ditransitive predicate　　双及物谓词

双及物谓词是三价谓词。在当前文献中，研究者对谓词的划分有时使用二分法，即分为不及物的（一价）和及物的（多价）谓词。还有研究者使用三分法，即分为不及物的（一价）、及物的（二价）和双及物的（三价）谓词。

Dominance condition　　主导条件

主导条件是手语中的发音限制规则，它用来限定主手和辅手手型不同的双手手势词的发音，它有两条具体的发音限制条件：第一，当一只手（动态手）在移动时，另一只手（静态手）应保持不动；第二，静态手的手型是从数量有限的几个手型中选择出来的，这说明在手语中，很多手型组合是不可能出现的。

静态手的手型通常包括以下手型：。以荷兰手语动词【写】为例，它的打法是动态手在静态手的手型上做模仿写字的动作。

一些双手手势词，尽管两只手手型相同，却只有一只手在移动，这时静态手只要和动态手的手型一样，那么静态手就不必遵守主导条件。荷兰手语的动词【同意】（手型）就是这种情况。

☛ 另见*对称条件*、*双手手势词*

Dominance reversal　　主导手变换

主导手变换是一种语法现象，它是指通常用作非主导手的辅手变得活跃起来，开始主导整个手语表达，即它变换为主导手。

有时，使用左手还是右手，是由以前在空间中分派给所指对象的位置决定的。如果使用左手，或许是因为所指是空间中左侧的事物。如果使用右手，说明所指是空间中右侧的事物。

另外，主导手的变换也可以这样：首先打出一个事物，随后将辅手变为主导手，开始对刚刚打出的事物发表意见或表达情感。可见通过主导手的变换，陈述和对该陈述的意见或感受这两者之间的默契关联就建立起来了。

最后，手语者讲故事时可以用他的另一只手（非主导手）插入这样的话语，如“我还没讲完”。通过这种主导手变换的方法，手语者可以继续用主导手讲故事，而另一只手则用来预防其他人干扰他讲故事。

📖 Frishberg (1985)

Dominant hand　主导手

通常人们有一只手是惯用手，即他们习惯使用和倾向去用的那只手。右利手的人更喜欢用右手，左利手的人更喜欢用左手，在手语表达中情况也是如此。打单手手势词时，手语者通常使用他们的惯用手。这只惯用手就是主导手。

☛ 另见*对称条件*、*双手手势词*

Double articulation　双重发音　双重调音　结构的二层性

双重发音[1]（或双重调音[2]）可以定义为是一个纯粹的发音现象。它是指在发出某个音素或打出手语中某个音素成分时，有可能同时出现两个调音成阻部位，这称为双重调音。这两种可能部位和方式对音素的性质和身份确认具有同等的作用。然而该英文术语也可以指人类自然语言的一个重要特征，即结构上的二层性[3]。例如，单词或手势词本身具有各自特定的含义，但当它与其他手势词或单词组合在一起时，会形成一个新的复杂信息。

📖 Crystal (2008)

Downwards metaphor　“向下”的隐喻

在手语中，一些手势词的意义与特定运动有关。通常带有否定或消极意义的手势词在手势空间中都有一个向下的运动，称为“向下”的隐喻。

☛ 另见*语言的比喻用法*、*“向上”的隐喻*

---

❶《现代语言学词典》第 27 页，“double articulation”译为“双重发音”。

❷《音法演化：发声活动》第 488~489 页，“double articulation”译为“双重调音”，指上声道内的双重成阻。该书于 2012 年在商务印书馆出版发行，著者是朱晓农先生。

❸《语言学纲要》第 41 页将“double articulation”译为“结构的二层性”。

Duality of Patterning　结构的二层性

☛ 另见*双重发音或结构的二层性*

Durative aspect　延续体

通常手语中的“体”借助动词的屈折变化来表达。在大多数手语中，手语者都可以通过动词屈折来表明一个发生的动作延续了较长时间。这种动词屈折变化的具体形式如下：手语者重复打出动词的运动参数，他的重复动作可能相当快，但也可能是缓慢和动作幅度很大（强调时）。这种体类别称为延续体[1]。它与重复体[2]的区别是，后者在运动重复时会有停顿（手势的持平不动）。许多手语还可以用实义词来表达延续体，如使用【持续地】【一直】或【很久】等手势词。

☛ 另见 *“体”*、*重复体*

📖 澳大利亚手语请参阅 Johnston，Schembri（2007），英国手语请参阅 Sutton-Spence，Woll（1998），美国手语请参阅 Sandler，Lillo Martin（2006）

---

❶ 延续体，请参阅《语法调查研究手册》（第二版）第 473~474 页。

❷ 重复体，请参阅《现代语言学词典》第 149 页。

E

Early linguistic phase 早期语言阶段

在第一语言习得中，早期语言阶段是指儿童从大约 1 岁到 2 岁 6 个月这段时间。标志着这个阶段开始的事件是儿童学会打出（或会说出）第一个有意义的手势词（或单词）。在单个词阶段，儿童开始产出句子，他们的一个手势词（或一个单词）就代表整个短语。随后，儿童进入双词阶段，开始产出由两个手势词（或两个单词）组成的句子。这两个词是在表达特定的语法关系（即双词句）。此后不久，儿童产出了由两个以上的手势词（或单词）组成的句子。这一时期儿童语言的特点是省略、替换、过度扩展和扩展不够。儿童手语表达中的指代词逐渐获得词义，因为他们使用的指代词开始具有指示代词和人称代词的功能。由于手部运动技能比言语运动技能更早地在神经学上成熟，因此研究者假定这一时期儿童手语习得会发展得更早些。

☛ 另见*语言发展中的错误*、*第一语言习得*

ELAN ELAN 语言学标注工具

ELAN 是一个专业的语言学标注工具，它用于创建视频和音频语言资源的复杂标注内容。借助 ELAN，用户可以为音频和视频流添加语言学标注，数量和内容能够无限多。一则标注可以是一句话、一个单词或注释、一条评论、一项解释或翻译，或者是基于对多媒体语言资料的观察，对所发现的任何特征进行描述。语言学标注可以在多个层上进行创建，这些层称为标注层。ELAN 的标注层是固定和彼此相连的层级结构。这些标注既可以与多媒体音视频语料在时间线上对齐，也可以与其他现有标注相互对应和关联。ELAN 标注的文本内容始终使用 Unicode，转录文件是以 XML 格式存储。另外，ELAN 还为用户提供了几个不同的视图，每个视图都连接并同步到多媒体播放头。

💻 https：//tla.mpi.nl/tools/tla-tools/elan/

Ellipsis　　省略

省略是指话语中省略了一个或多个成分，而这些被省略的成分可以从上下文情境或句子结构中“推断”出来，因此省略和缺空的效果是一样的（→ *缺空或缺位*）。但是省略句中的省略并不是并列结构的省略，省略句中被省略的成分有时可从话语产出的情境中推导出来。通常人们可以用不同的方式把一个省略句补充完整。例如，一个人向酒吧服务员打【二　啤酒】或者说“两杯啤酒”，这个省略句可以用“请给我两瓶啤酒，好吗”“我想要两瓶啤酒”等很多不同的话语方式来补充完整。另外，省略句中被省略的成分可能在特定上下文情境下早已提及，为了让该成分再次成为句子焦点，说话者即便没再明说，也会选择适当的句子结构，帮助会话对象领会到被省略的成分，因而会话中必要的衔接也得到保证。如例 E–1 所示，手语者首先询问会话对象是否想要一杯葡萄酒，然后在例 E–2 省略句中，他补充道他有红（葡萄酒），手势词【葡萄酒】并未打出。例 E–1 和例 E–2 可以不是相邻语句，因为会话对象可能会反问手语者“这是什么酒”，或者手语者问完第一句话（例 E–1）后，中间又和其他人说了两句，然后才返回与会话对象的沟通（例 E–2）中。

例E–1　荷兰手语

　　　　　　　　　是非疑问

【指代词 $_2$　　酒　　想要？】

‘你要不要来杯葡萄酒？’

例E–2　荷兰手语

【红色　有。】

‘（这）有（一杯）红（葡萄酒）。’

☛ 另见*衔接*

Endocentric compound　　向心复合词

在复合词中，两个手势词或单词合成在一起形成另一个手势词或单词。例

E–3 中的两个复合词是具有结构中心的复合词，因为它们谈及的是房间类型中的某一种、老板中的某一类，复合词的中心分别是房间和老板。这样的复合词称为向心复合词。

例E–3

【睡觉^房间】　（荷兰手语和佛兰芒手语）　‘卧室’

【修道士^老板】　（德国手语）　‘男修道院院长’

有声语言中也有向心复合词，如英语的“bedroom”（卧室）、“wheelchair”（轮椅）。有声语言复合词还有“redskin”（印第安人）、“paleface”（白人）等，它们也是偏正式复合词，结构的中心也在右边。然而，这两个复合词的词义并不是描述皮肤的种类或苍白的类型。这类复合词整体上看其实是转喻或隐喻用法。以上两个例词右边的构词部分是部分代替整体（即某个实体）的借代修辞，左边的构词部分则修饰和限定该实体的形象。所以，“redskin”一词是美洲殖民者用来描述美洲土著居民印第安人的（组成部分直译的话是“红皮肤”），而“paleface”一词（含贬义）则是北美印第安人用来形容白人的（组成部分直译的话是“苍白的脸”）。与以上两个例词用法接近，例 E–4 是美国手语中含隐喻用法的复合词。

例E–4　美国手语

【黑色的^姓名】‘坏名声’

【思考能力^掉落】‘昏倒’

复合词中还有离心复合词，即那些没有（语义）中心的复合词（→ *离心复合词*）。

☛ 另见*复合词*

Entity　实体

实体是指手语（或有声语言）中一个语言形式所对应和指称的现实对象（如人、动物、事物及想法等抽象事物）。此概念的另一术语是“所指”（即指称对象或所指对象）。

☛ 另见*指称对象或所指*

Eponym　名祖　以某人名字来命名

名祖[1]是指一个事物或现象的名称是以一个历史人物的名字或姓氏来命名的。汉斯·阿斯伯格（Hans Asperger）、保罗·布罗卡（Paul Broca）、谢尔盖·科萨科夫（Sergei Korsakov）、詹姆斯·帕金森（James Parkinson）和卡尔·韦尼克（Carl Wernicke）等人的姓氏均是指一种疾病或一种综合征，如阿斯伯格综合征、布罗卡失语症、韦尼克区、帕金森病。在医学世界里，有数以百计的名祖型专有名词。其他领域也有名祖词，如“普尔曼”是指“非常舒适的列车车厢或客车”[以美国发明家普尔曼（Pullman）的姓氏来命名]，“尼克博克”是指膝盖处宽松、膝下扎紧的“灯笼裤”[以华盛顿·欧文（Washington Irving）虚构的人物迪德里希·尼克博克（Diedrich Knickbocker）[2]的姓氏来命名]。

📖 Grauls（2001）

Ethnic background　种族背景

一些语言变异形式与语言使用者所属的种族群体有关。有声语言中，受种族背景影响而出现语言变异的一个例子来自美国英语。非裔美国人似乎更喜欢说“She nice”（她很好），而不是像美国白人那样说成“She's nice”（她很好）。对这种“种族背景”社会因素诱发下的语言变异，手语中还没有太多相关研究，尽管人们猜测这种语言变异形式可能存在于像纽约这样的大城市。

☛ 另见*语言变异*

📖 McCaskill，Lucas，Bayley，Hill（2011）

Etymology　词源学

词源学的概念可以用以下两种方式来理解：第一，词源学研究每个手势词

---

[1] 名祖和名祖词的拓展了解，可参阅丁夏林教授（2007）的文章《英语中的名祖词趣谈》和苏柳梅教授等（2012）的文章《真实性原则下的英语名祖词分类》。

[2] 迪德里希·尼克博克是华盛顿·欧文《纽约外史》《睡谷的传说》《瑞普·凡·温克尔》等作品的笔名。“他”是华盛顿·欧文虚构的《纽约外史》手稿的作者，这位活泼矮小的老绅特别喜欢打探和辩论，是荷兰籍纽约人、历史学家。请参阅刘荣跃先生译著《纽约外史》，清华大学出版社，2015 年，第 15 ~ 45 页。

（或单词）的起源和历史；第二，词源学是一门研究手势词和单词的起源与历史的学科。

语言中的每个手势词或单词都有自己的故事。许多有声语言研究者可以根据很久以前的文献材料来进行词源研究。然而，手语研究中非常缺乏这样的资源，显然这是手语词源学研究中的一大障碍。

☛ 另见*语言演变*

Euphemism　　委婉语

委婉语是指经过修饰后的词语或表达。它让一些事物呈现得比真实样子更好一些，或者让一些表达有所避讳，不那么直接。借助委婉语，人们可以掩盖特定想法的真正和更为消极的意义。许多委婉语都涉及一些人们不愿谈论的话题。例如，人们使用委婉语“to pass away”（去世）而不是直接说“dying”（濒临死亡），使用“border incident”（边境事件）而不是“a war between adjoining countries”（邻国之间的战争），使用“love-handles”（爱的把手）而不是“fat around the hips”（臀部周围的赘肉）。人们使用委婉语来谈论令人颇感尴尬的事，如“to go to the toilet”（上厕所）是用委婉语“sanitary stop”（卫生间）或“wash your hands”（洗手）来代替。这些委婉表达借助了敏感话题中不那么令人尴尬的具体行为。职业也可以用委婉语来表示，如用“rodent officer”（负责啮齿动物的官员）代替“a rat-catcher”（捕鼠的人），用“cemetery operative”（墓地工作人员）代替“a gravedigger”（掘墓人）。

手语中也有委婉语（→ *语用正确*）。委婉语往往采用不同的手势词，面部表情更为平和。如果你想避免使用生硬的手势词【离婚】（荷兰手语），那么你可以使用它的委婉语【分开】，这是一个不同的手势词，面部表情也不同。【现在 电话 指代词$_1$】是另一个委婉语例子，它来自佛兰芒手语，意思是“我要上厕所”。另外，手语中还可以通过改变发音位置和使用更为委婉的指拼形式来表达那些有视觉理据性和位置很敏感的词。例如，用英国手语表达“睾丸”这个意思时，手语者可以采用指拼手势词这样的委婉表达，同时将手势词移到手语者身体前面的空间中打，而不是打在这一身体部位附近。

☛ 另见*语用正确*

📖 英国手语请参阅 Sutton-Spence，Woll（1998）

Exclusive interpretation of personal pronouns　人称代词的排除式解读

在许多有声语言中，上下文语境决定了人称代词“我们”所指代的对象究竟是谁。对“我们”的解读，有两种可能性：第一，“我们”指代的是说话者和听话者；第二，“我们”指代的是说话者和谈及的第三人，不包括听话者。

第二种解读下的人称代词“我们”就是将听话者排除在外的排除式解读。第一种解读下的“我们”包括听话者。在一些有声语言中（如波利尼西亚语支的托克劳语、厄瓜多尔印第安人使用的克丘亚语），人称代词的这两种解读分别有不同的代词。在许多手语中，“我们”的多种含义可用不同的手势词来表达，如【我们－二】【我们－三】【我们－所有人】【我们－和－不是－你】，等等。这些例词有的包括听话者，有的排除了听话者。

Exocentric compound　离心复合词

离心复合词是指没有（语义）中心的复合词。在复合词中，两个手势词或两个单词结合在一起，形成另一个手势词或单词。例 E–5、例 E–6 是离心复合词，它们的构词结构并不聚焦于一个词义中心。

例E–5　荷兰手语

【父亲 ^ 母亲】‘父母’

【看到 ^ 取回】‘注意到’

例E–6　美国手语

【脸 ^ 强】‘长得像 / 相似’

【错误的 ^ 发生】‘意外地 / 事实证明 ......’

例 E–5 和例 E–6 中的复合词都没有中心，因为我们用这些词并不是去表达“父亲或母亲中的某种类型”，或者去说明是哪种类型的“强”或“发生”。所以这种离心结构的复合词与向心复合词有根本上的区别（→ *向心复合词*）。

☛ 另见*复合词*、*向心复合词*

Expressive aphasia　表达性失语症

表达性失语症是布罗卡失语症的另一个名称。

☛ 另见*布罗卡失语症*

Extraposition　外置

在手语中，一个从句可以从它的正常位置移动到句子的末尾，这就是语法中所说的外置现象。例 E-7 是荷兰手语单句，方括号里的【房子】是动词【看到】的宾语，单句中宾语在动词之前，动词在句子的末尾。

例E-7　荷兰手语

【男人　[房子]　看到。】

'那个男人看见这所房子。'

例 E-8 和例 E-9 是复句。当动词的宾语是一个从句时，该宾语从句通常放在主句动词之后，即从句外置。

例E-8　荷兰手语

【指代词 $_1$　希望　[明天　威廉　指代词 $_{3a}$　$_{3a}$拜访 $_1$]。】

'我希望明天威廉来看我。'

例E-9　荷兰手语

【指代词 $_2$　知道　[指代词 $_2$　挡风玻璃　破碎]。】

'你知道你的挡风玻璃裂了。'

在英语中，我们也观察到与手语一样的情况[1]。请比较例 E-10 和例 E-11。

例E-10　英语

I have [something] heard.

'我听说了一些事。'

---

[1] 英语中，我们经常使用的是"I (have) heard (of) something"。

例 E-11　英语

I have heard [that Peter is going to say something tomorrow].
'我听说彼得明天要说些什么。'

有声语言也有外置现象，而且这种语法现象已经被充分研究过。在所有语言中，外置似乎都是强制性的。所以外置似乎是语言的一个普遍规则，它不仅适用于有声语言，而且（很可能）也适用于手语。外置很可能是受我们大脑工作方式影响，尤其是受我们的短时记忆影响，我们的大脑机制强化了这种外置结构。请比较例 E-12 和例 E-13 中的两个句子结构，它们的句义是一样的。

显然，例 E-13 中的话语是不可理解的。新的小句在前一个小句没有结束之前就开始了。这些未讲完的小句的信息必须保存在我们的短时记忆中，然而例 E-13 这个病句让我们明白这些被割裂且不完整的小句是很难被记住的。相反，在例 E-12 中，当从句外置时，每个小句都依次讲完，我们仅需将每个小句的意义存储在我们的短时记忆中。最后，整个复句的意义也是清晰明确的。与复句的理解一样，在复句的产出中，短时记忆的工作情况也是如此。正如前面所提到的，外置这一普遍规则很可能也适用于手语。

例 E-12　英语

I have heard that Peter has said that John did not go to school.
'我听说彼得说过约翰没去上学。'

例 E-13　英语

* I have that Peter that John did not go to school said heard.
'我听说彼得说过约翰没去上学。'

F

Facial expression　　面部表情

通常，面部表情是指每个人都有的、自然的面部表情。当然，面部表情也可以是一个手势词所必需的非手控部分，它可以实现特定语法功能。面部表情还包括句子层面上的非手控型语法标记这类面部表情，以及角色扮演（或故事重现）时的面部表情，它们都发挥重要的语法功能。

☛ 另见*基本构成成分*、*非手控型语法标记*

Factual conditional subordinate clause　　事实型条件状语从句

事实型条件状语从句是条件状语从句的一种，它表达的主句条件是真实存在或发生的事。

☛ 另见*条件状语从句*

Figurative language　　比喻语言

在比喻语言[1]中，语言形式的意义不应该从字面意义上理解。例 F-1 是英国手语例句。

例F-1　英国手语

【男人　指代词$_3$　跳－向上－和－向下。】

‘这个男人上下跳跃着。’

例 F-1 中的句子，其字面意义是“这个男人上下跳跃着”。然而，从比喻义上看，此句的意思也可以是“这个男人非常快乐”（例 F-2）。

---

❶ 《语言学教程》（第三版中文本）第 211 ~ 213 页。

例F-2 英国手语

【男人 指代词$_{3}$ 跳－向上－和－向下。】

‘这个男人非常快乐。’

比喻语言有很多类型，但对其的讨论似乎大多数都基于有声语言研究。关于手语中的比喻语言，我们主要讨论习语和隐喻这两种类型。习语是固定的表达，其意义并不是它各个独立部分意义的叠加，所以我们无法基于它的构成部分去预测习语的意义（→ *习语*）。隐喻也是比喻语言的一种形式。在隐喻中，指称对象、指称对象的特点，或者指称对象所做的事情，都可以被比作其他事物（→ *隐喻*）。

📖 Schermer（2016b）

Figure ground principle 图形－背景原则

图形－背景原则是一个适用于方位处所句的原则。该原则有以下规定：在手语句子中，最先在手势空间中打出的并不是图形（即表示主语的那个论元），相反，首先打出和定位的是空间占位最大、移动最少、几乎静止的背景论元。请见例 F–3。

例F-3 荷兰手语

【桌子 书 躺－在上面－类标记：（）。】

‘桌子上放着一本书。’

☛ 另见*方位处所句*、*手语的语序*

Figure of speech 修辞格

修辞格是对常规语言用法的一种偏离，其目的是赢得特殊表达效果。委婉语、反语和反问等都是话语风格方面的修辞格。

Finger selection 手指的选择

手指的选择是指从主手（或辅手）的五个手指中选择出若干手指，以构成特定手型。如  手型和  手型，它们被选定的手指分别是五根和三根。而

手型，被选定的手指是两根。为了确定一个手型中，哪些手指是被选定的手指，研究者使用以下三个标准：第一，被选定的手指可以接触身体、头部、另一只手或另一只手臂；第二，被选定手指可以弯曲、闭合或伸展；第三，被选定的手指可以张开或合拢。

☛ 另见*手内动作*、*手型*

Fingerspelling　　指拼

在许多手语中，来自有声语言的那些词都是用手指字母拼打出来的，这称为“指拼”或“书空”。实际上，指拼是有声语言书面形式的代码。有声语言的每一个字母或音节（如日语的音节）都对应一个特定的手型。当某个单词、术语或名称没有对应的手势词时，或者当手语者（或会话对象）不知道该手势词时，这时我们就需要使用指拼把那个概念或单词拼写出来。人们用指拼来表征有声语言，就像书面语一样，指拼也是手语里人们常用到的工具。每个手型都对应着字母表中的一个字母，这是因为许多有声语言都有字母表。然而日本手语却没有由字母组成的字母表。它的手指字母其实使用的是日语的音节（片假名和平假名）。手指字母可以用单手打出（如荷兰手语），也可以用双手打出（如英国手语）。

☛ 另见*打在手上的指拼*

Fingerspelling on the hand　　打在手上的指拼

如图 F–1 所示，打在手上的指拼通常用于聋盲人，即既听不到也看不到的人。这种指拼系统是从普通聋人使用的手指字母表直接派生而来。会话对象在聋盲人的手掌上按压出或描划出字母。沟通时双方需要遵循的一个规则是：会话对象如果使用右手，那么发话者就要在聋盲人的右手上进行指拼。尽管受过训练的人能更快地感知字母，比眼睛扫过字母要快，但指拼是一个非常耗时的交流方式，因为每个词都不得不被拼写出来。手语翻译员通常会将所谈及的内容总结一下，这会导致部分交流信息（如意义的细微差别、有趣的笑点）出现缺失。

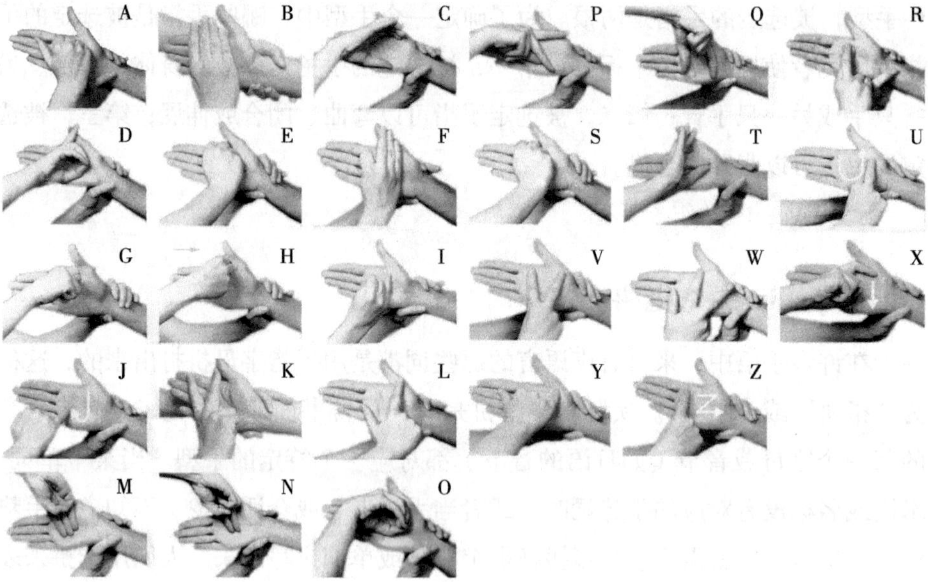

图 F-1　聋盲人使用的打在手上的手指字母

☛另见*指拼*

First language acquisition　　第一语言习得

第一语言习得是在婴儿出生之后就立即开始的语言发展过程，甚至在婴儿出生之前该过程其实就已经开始。婴儿一出生，那些在他直接环境中的人就开始与他交流。有研究认为，大约在 5 岁时，儿童就已经掌握了母语（或第一语言）的基础。这一语言习得过程有如下 4 个阶段：第一阶段，前语言阶段（0 岁至 1 岁）；第二阶段，早期语言阶段（1 岁至 2 岁 6 个月）；第三阶段，分化阶段 I（2 岁 6 个月至 5 岁）；第四阶段，分化阶段 II（5 岁至 9 岁）。我们将在不同术语条目下讨论各个阶段。

有些儿童从出生起就接触两种第一语言。这两种第一语言可能都是有声语言；也可能一种是有声语言，另一种是手语。这种情况称为同时性语言习得和共时双语，或者双模态双语。儿童可能两种语言都同样熟练，但更经常出现的情况是，他对其中一种语言掌握得更好，一种语言更占优势。至于哪一种语言能习得得更好，这是由几个因素共同决定的，如儿童所生长于的国家（及其语言政策），或者每种语言的使用频率等。同时接受荷兰语和荷兰手语输入的儿童，我们可以描述出如表 F-1 所示的 3 种可能情况。

表 F-1 接受荷兰语和荷兰手语输入的儿童

所属情况	儿童	父母
第 1 种情况	聋人	聋人（一方或双方）
第 2 种情况	聋人	听人
第 3 种情况	听人	聋人（一方或双方）

从何时开始向儿童提供每种语言输入，以及所提供语言的输入量，这些都极大影响儿童最终习得语言的水平。父母都是聋人的听童处于最佳的语言习得条件下，如表 F-1 中第 3 种情况提到的，听童长大后荷兰语和荷兰手语都可以达到第一语言的水平。当父母是双语者时，父母可以从一开始就密集地跟儿童使用手语，也可以使用有声语言。当然，除了父母输入有声语言之外，儿童还经常接触到其他来源的有声语言。习得两种语言与习得一种语言情况非常相似。在儿童还没有学会区分这两种语言的语法规则时，两种语言的构成成分会混在一起。例如，儿童发出的是荷兰语单词，但却使用英语语序把单词组合在一起，这种现象称为“语言迁移”或“语言干扰”，这个术语也用于外语习得研究。对同时习得手语和有声语言的双语儿童来说，来自这两种语言的语言干扰都可能出现。

语言习得有几种不同理论，我们将在不同的术语条目中加以讨论。

☛ 另见*联结主义理论*、*功能主义理论*、*天生论*、*第二语言习得*、*斯金纳理论*

📖 Crystal（2008），Gillis，Schaerlaekens（ed.）（2000），Clark（2009），Baker，Van den Bogaerde，Jansma（2016）

Fixed lexicon 固定词汇

固定词汇“fixed lexicon”是“frozen lexicon”（固定词汇）的另一个说法，两者都是指固定词汇。

☛ 另见*心理词库*

Focus　　焦点

焦点在句子的信息结构中起着重要的作用，它是句子（或从句）中带有新信息的部分。焦点的另一种术语表达是评述。

☛ 另见*信息结构*

Foreign language acquisition　　外语习得

外语习得是第二语言习得的一种，它是指学习者在自己国家学习一门外语，即目标语言。

☛ 另见*第二语言习得*

Formal register　　正式语体

在沟通交流中，人们都要使用与情景（如场合和情境等）相适应的语体。例如，一个人在求职面试时，会选择一个更为正式的语体，而不是使用他和朋友在露台上相聚时的语体。在这两种情景下，他选择的手势词（或单词）是不同的，不仅如此，他所采用的手语（或有声语言）表达和句子结构也是不同的。

☛ 另见*语用正确*

Form lexicon　　形式词库

研究者认为人类的心理词库包含如下两方面内容：第一，全部词目，它们是抽象的意义，并没有具体的语音描写；第二，不同词目的语音形式。前者称为意义词库，后者称为形式词库。至于这些概念究竟如何用在语言产出中，我们将在术语条目“编码”中加以说明（→*编码*）。

☛ 另见*心理词库*

Fossilization　　僵化现象

僵化现象是指第二语言学习者在语言发展中出现的（在一定程度上的）停滞现象，此时二语习得过程陷入一个又一个中期阶段，这些阶段有时称为中介语阶段。

僵化现象即学习者的第二语言习得出现停滞，并不少见，二语学习者几乎没有或很难取得任何进展，他一直“游逛”在中期阶段，可能也有一点进步，但一直无法摆脱很多错误的语言形式。对不同学习者来说，语言僵化的程度会有不同。语言僵化现象经常发生在那些较晚学习第二语言的人身上。手语的僵化是指当手语二语习得出现停滞时，二语学习者不停地在手势词的发音和手语句子上犯同样错误。僵化阶段中的错误非常顽固，如一个荷兰语的二语学习者可能永远学不会正确使用“er”这个词，或者继续在冠词“de”和“het”的选择上犯错误。有时僵化发生在非常早的阶段，如许多土耳其和摩洛哥工人在学说荷兰语时，僵化现象就出现得很早。他们在青春期之后移民到荷兰，没有上过荷兰语的二语习得课程，而且在他们的环境中荷兰语输入几乎为零。

Fragment buoys　　片段浮标

片段浮标是在语流中自发生成的有关话语内容和话语结构的标示符号，它并没有固定的词汇形式。片段浮标的功能是表明一个语言片段（它可以是单个手势词）在当前话语中具有重要的作用。片段浮标的建立是指将手势词的意义与它最后的词形（或词形的一部分）建立起关联，即当人们看到这个手势词的最后词形（如该手势词的结束手型）时，能够联想到它的词义。以英国手语的手势词【文化】为例，它是一个双手手势词，打法是主手（ 手型）围绕辅手（手型）打出一个弧型。为了建立起一个片段浮标，在打出【文化】一词后，手语者将主手的 手型停留在手势空间中的适当位置，目光凝视着它，并用辅手指向它，从而将“文化”的意义与空间中的 手型联系起来，最终建成一个标示话语关键词的片段浮标。

☛ 另见*列举浮标*、*时空点浮标*、*要点浮标*、*主题浮标*

📖 Liddel，Vogt-Svendsen，Bergman（2007：208）

Free morpheme　　自由语素

自由语素是指可以单独使用，并且用作一个手势词或单词的语素。如例F–4 所示，在荷兰手语中，两个自由语素可以构成一个复合词。

例F-4 荷兰手语

【睡觉】+【房间】→【睡觉^房间】‘卧室’

【头部】+【一道菜】→【头部^一道菜】‘主菜’

☛ 另见*黏着语素*

Frequentative aspect 重复体

手语中的“体”表达通常是借助动词的修饰性变化来实现的。以荷兰手语为例，通过重复荷兰手语动词【观看】的运动参数，同时在动词每次打出之间伴以停顿或手型的维持不动，这时我们就构成了一个重复体，即【观看－接连地】。重复体的另一个名称是反复体[1]。重复体与延续体的不同是后者的手势词没有停顿。当然，如果手语者想表达同样的重复或反复意义，他也可以使用【再次】或【每次】等手语实词。

☛ 另见*“体”*、*延续体*

Frozen lexicon 固定词汇

固定词汇是手语者储存在心理词库词汇的一部分，它包含所有具有固定意义及其固定基本形式的手势词。

☛ 另见*心理词库*、*能产性词汇*

Function word/sign 功能词 / 手语功能词

功能词 / 手语功能词也称语法词，几乎没有独立使用的词义，相反，它表达语法关系。冠词、介词、连词和助动词等都是功能词。如果把一个句子比作一堵墙，那么功能词（手语功能词）就是固定实词（手语实词）这些砖块的砂浆和黏合剂。

与有声语言相比，手语几乎没有功能词。有些手语中含有手势词【但是】和【因为】，有些手语中含有类似于英语介词“with”的【和】(或释义

[1] 《现代语言学词典》对重复体和反复体的定义分别见第 149 页和第 193 页。更多关于反复体的讨论请参阅刘丹青先生《语法调查研究手册》(第二版)第 470 ~ 472 页，陈前瑞先生《汉语体貌研究的类型学视野》第 74 ~ 88 页。

为【用】)。美国手语有连词【当时】与【因为】。在荷兰手语(和其他一些手语)中,【助动词 -OP】被认为是一个功能词,因为它不是实词且没有意义,所以只有一个语法功能,即它只用作一致关系的标记(→ *助动词*、*【助动词 -OP】*)。从其功能上看,连动动词也可看作助动词,它们与同句中的主要动词保持语法一致。就标记语法一致而言,连动动词[1]的功能与【助动词 -OP】的功能是相同的。

☛ 另见*实词或实义词*、*手语实词或实义手势词*、*词类*

📖 Muysken(2008),Bos(1994)

Functional learning theory　　功能派学习理论

在杰尔姆·布鲁纳(Jerome Bruner)和列夫·维果茨基(Lev Vygotsky)的功能派学习理论中,语言被认为是社会文化语境中的一种交际形式。在儿童语言习得过程中,成人对儿童起着重要的社会支持作用,他们积极地帮助儿童掌握语言的不同方面。功能派学习理论重视语言之外的一般语言激励与促进因素,成人为习得该语言的儿童提供这些激励与促进因素。

📖 Vygotsky(1962, 1978)

Future tense　　将来时

在语法描写中,将来时是"时"的一种。

☛ 另见*"时"*

[1] 原著勘误:"noun"应该是"verb"。

G

Gapping 缺空

缺空是指在并列结构中删除或省略掉相同的谓语。缺空在语篇中所起的作用与省略（→*省略*）相同。例 G–1 和例 G–2 在回指和代词化词条中出现过。

例G–1 荷兰手语

【男士 指代词 $_{3a1}$ 女士 指代词 $_{3a2}$，$_{3a1}$ 他们－二者 $_{3a2}$ 机构 工作 $_{3a1}$ 他们－二者 $_{3a2}$。】

‘The man and the woman work at the Institute.’

‘这位男士和那位女士他们两位都在这家机构工作。’

例G–2 荷兰手语

【指代词 $_{3a1}$ 语言学 教，指代词 $_{3a2}$ 聋 文化 教。】

‘He teaches linguistics, she Deaf culture.’

‘他教语言学，她教聋人文化。’

我们把这两个例句打给许多荷兰手语的母语者，他们的反馈是例 G–2 是并列句，其第二部分中的动词【教】不能省略，即在荷兰手语中，这个并列结构不允许有缺空现象。显然，这与英语的情况截然不同（请见例 G–2 的英语翻译）。请比较例 G–3 和例 G–4。

例G–3 荷兰手语

【男士 指代词 $_{3a}$ 女士 代词 $_{3b}$，他们－二者 购物 他们－二者。】

‘The man and the woman are shopping.’

‘这位男士和这位女士他们两个人在购物。’

例G-4 荷兰手语

【指代词$_{3a}$ 上衣 购买，指代词$_{3b}$ 裤子（购买）。】

'He is buying a coat, she trousers.'

'他要买一件上衣，她要买一条裤子。'

从例G–4可见，并列句的第二个分句可以省略手势词【购买】，这与英语的结构非常相似。从例G–4句子英语翻译可见，删除并列句第二个分句的谓语"is buying"在英语中也是允许的（即它是非强制性的，可删也可不删）。

☛ 另见*连贯*

📖 Baker，Hengeveld（2012）

Gender 性别

人类的生物性别差异（男性或女性）可以在语言变异中发挥作用。女性说话或打手语时，在某些方面与男性都存在不同。例如，研究者发现，在爱尔兰，来自女生聋校和男生聋校的女性聋童和男性聋童的手语是有区别的。同样的情况也出现在佛兰德斯（比利时）。佛兰德斯曾经为失聪的女孩和失聪的男孩分别开设聋校，这种情况持续到20世纪70年代，所以佛兰芒手语的词汇变异也在性别差异的影响下不断发展。现在佛兰芒手语中常用的一些手势词是源自最初的男性聋童或女性聋童的手势词。

☛ 另见*语言变异*

📖 荷兰手语请参阅 Nijen Twilhaar（2014）

Generative linguistics 生成语言学

生成语言学认为母语能力是每个人生来就具有的，这使一个人能够下意识地发现他的第一语言或母语的语法。这种语法包括一套数量有限的规则。凭借这种语法，一个儿童在他很小的时候就能用他的母语产生无限多样的言语行为。在生成语言学中，"柏拉图问题"一词是用来指一个基本的研究问题，即"在这么短的时间内，一个儿童学会像他第一语言这样复杂的语言系统，这究竟是怎么实现的"。柏拉图问题这个术语被用来解释"输入贫乏"的问题（→*柏拉图问题*）。我们提供给儿童语言习得者的语言输入不足以解释儿童最终所具有的那么多语言知识。母语能力假设可以解释语言输入与语言知识之间的鸿沟。该假设同样可以解释为什么所有儿童的第一语言习得都是一个如此快速和相似的过程，无论他们的智力情况有多么不同。

Gestuno　世界通用手势

世界通用手势是一种国际手势系统，它创立于 1973 年，是由一个委员会制定和加以标准化的。世界通用手势的目的是促进不同手语语言使用者之间的交流。在制定世界通用手势时，人们试图从不同的手语中选择意义最透明的那些手势词，以使这个手势系统易于学习和理解。该委员会还出版了一本书，书内大约收录 1500 个手势词。世界通用手势“gestuno”这个名字来自意大利语，意思是“所有手语的统一形式”。世界通用手势没有具体的语法。

☛ 另见*人造语言*

Gestures　手势

人们在讲话时通常会无意识地添加一些手势，用以辅助和支持自己的话语表达。在科研文献中，人们将以上这种非言语行为称为伴随话语的手势（或简称为手势）。这种手势形式应该与约定俗成的常用手势区分开，常用手势并不是用来辅助话语的，而且常用手势的意思通常广为人知。图 G–1 是常用手势“好”。

图 G–1　常用手势“好”

许多文化中都有这个表达“好”的手势，它是一个竖起拇指且拇指指尖朝上的动作。此外，在有声语言手势中，还有一些手势是某一文化所特有的，它们在不同文化和语言中意义并不相同。这些手势的意义取决于它被用在哪种文化中。例如，约旦手势“疯狂”，它是一只手所有指尖朝上，张开手掌，把手放在脸颊附近。荷兰也有这个手势，但它的意思是“可口的”。这类手势有时会被当地的手语采用，成为该手语中一个“真正”的手势词。这种现象称为手势的词汇化。与手语中的手势词一样，手势有时也伴有相关面部表情。

手势的另一大类别，即伴随话语的手势，是指在讲话时说话者的手部、手臂和头部等的动作和身体姿态。从现有的对这一类手势形式的不同定义上，我们清晰可见的是，伴随话语的手势，其内涵远大于身体部位的动作。这些动作可以承载意义，并且有一定目的。在这种情况下，伴随话语的手势和手势词经常一起被提及，这并不奇怪。然而，我们必须将这些伴随话语的手势与常用手势和手语语言明确区分开。研究结果已经证实，伴随话语的手势从很多方面来看都不是手语。例如，与手语语言不同，这些手势不具有手语所特有的组合性，也不能构成更复杂的结构。

当前很多人都在研究手势。在荷兰奈梅亨市的马克斯·普朗克心理语言学研究所里，有一个规模很大和非常活跃的手势研究小组。

📖 Orgassa（2003），Kendon（2004），Vermeerbergen（2006），Streeck（2009）

Global aphasia　　完全性失语症

完全性失语症是失语症的一种。在这种形式的失语症中，失语症者的语言产出能力几乎全部缺失，语言理解能力也严重受损。

☛ 另见*失语症*

Gloss　　释义　注释

最初“gloss”（注释、解释、评注）这个词是指在文本中进行书面注释，为该文本提供解释或评注。在手语研究中，“gloss”（释义）是指，当说明一个手势词的意义时，我们是从有声语言中选出一个与该手势词意思大致相符合的词，以此来注释和说明该手势词的意义。通常在英文文献中，我们采用缩小版的大写英文字母来注释和记录一个手势词的意义，这样的字体格式差别是为了把该手势词与行文中的英文单词区分开。所以，“gloss”是人们为该手势词的意义选出的一个名称或标签（如采用有声语言中的一个词），用来注释该手势词的词义。所选的意义名称必须尽可能地反映该手势词的基本意义，但通常此名称无法表达这个手势词的全部意义及其细微差别。本书中，我们将这类为手势词注释其意义的“gloss”翻译为“释义”，把其他不涉及意义标注的“gloss”

称为“注释”[1]。如例 G–5 所示，借助释义，我们可以转写出所有的手势词和手语句子。

例G–5 佛兰芒手语

【下一个 周 约翰 来。】
‘下周约翰将要过来。’

从例 G–5 中可见，表达“下一个”“周”“约翰”“来”这些意义的手势词分别用【下一个】【周】【约翰】和【来】来表征其意义，但这些释义并没有给出这些手势词的形式信息[2]，即我们没有任何语音信息，不知如何打出这些词。

Goal 目标

目标是语义角色的一种。如例 G–6 所示，论元【学校 指代词$_{3b-目标}$】所指称的实体是谓语动词【$_{3a}$去$_{3b}$】所表达的动作的目标（目的）。

例G–6 荷兰手语

【男孩 指代词$_{3a}$ 学校 指代词$_{3b-目标}$ $_{3a}$去$_{3b}$。】
‘那个男孩要去学校。’

☛ 另见*语义角色*

Grammatical coding 语法编码

语法编码是语言的编码形式之一。为了表达手语或有声语言的句子，进行语法编码是必须的。在语法编码中，语言使用者将带有句法特征的词目与语前信息中的不同概念联结起来。就这样，一个符合语法的句子编码出来。语法编码后，下一步是必须对这个句子进行语音编码。

---

[1] “gloss”是手语语言学标注的基础和重要类型，对它的翻译比较困难。作为注释，它很简单，既不包含语音和音系信息，也不包含任何形态 – 句法信息，它其实只涉及意义；作为释义，它又非常简洁，并非对意义的详细解释。另外，它也不是严格意义上的“翻译”，因为处理手语数据时，研究者还须使用单独的 ELAN 分层，即翻译层，进一步翻译被释义的手势词。考虑到手语数据特点和该词条的实际应用，本书用“释义”和“注释”解释此术语。

[2] 形式信息可包括手势词的基本构成成分，即手势词发音中所包含的音位等。

☛ 另见*编码*

Grammatical feature　　语法特征

语法特征是形态句法特征的另一种术语表达。

☛ 另见*形态句法特征*

Grammatical role　　语法角色

除了具有语义角色外，句子的成分还具有语法角色。在例 G–7 至例 G–11 的句子中，具有施动者语义角色的句子成分，其语法角色是句子主语，如【男孩】【女士】【消防员】和【儿童】。另一种语法角色是宾语，例 G–8 至例 G–10 中的【狗】【书】和【门】都是直接宾语，而例 G–9 中的【男士】是间接宾语。

例G–7

【[男孩]　英式足球。】‘这个男孩[踢]英式足球。’

例G–8

【[男孩]　[狗]　看见。】‘这个男孩看见了这只狗。’

例G–9

【[女士　指代词 $_{3a}$] [男士　指代词 $_{3b}$] [书] $_{3a}$　$_{3a}$ 给予 $_{3b}$。】
‘这位女士给了那位男士一本书。’

例G–10

【[火 – 男士　指代词 $_{3a}$] [门　指代词 $_{3b}$] [助动词] $_{3a}$ 打破 – 向下 – 介词“用” – 助动词 $_{3b}$】
‘消防员用斧子把门砸开。’

例G–11

【[儿童　指代词 $_{3a}$] [房子　指代词 $_{3b}$]　$_{3a}$ 去 $_{3b}$。】
‘孩子们要回家了。’

许多语言都有类似的语法角色，但有一个例外情况，许多但不是所有语言都有被动结构。目前研究者对手语被动句的研究还不多，人们对其形式的了解也不多。在英语例句“The boy sees the dog”（男孩看到狗）和“The dog is seen by the boy”（狗被男孩看到）中，单词“dog”（狗）的语义角色是受事。在这两句中，单词“the boy”（男孩）的语义角色都是施事。论元的语义角色是固定的。然而，这些句子表明，论元的语法角色可以改变。在主动句中，“the boy”是句子的主语，“the dog”是句子的宾语。但是在被动句中，“the dog”是句子主语，而“the boy”是附加语“by the boy”的一部分。

📖 Pfau，Bos（2016），Janzen，O'Dea，Shaffer（2001）

Grammatical word/sign　语法词　手语语法词

语法词是功能词的另一个名称。

☛ 另见*功能词或手语功能词*

Grammaticalization　语法化

在有声语言中，语法化通常是指一个独立自主的单词变成了一个语法标记这种语言现象。在手语和有声语言中，实词成分（有具体实际意义的词或短语）可以随着时间的推移，变成语法成分。如例 G–12 所示，荷兰手语中的手势词【结束】最初仅具有实义动词的意义。然而，现在它还具有了语法功能，可以用作一个体标记。如例 G–13 所示，【结束】的含义并不是字面意义上的“做完”“结束”或“达成”；相反，它主要用作功能词，是标记一个动作的结束。

例G–12　荷兰手语——【结束】的词汇功能

【清洗 – 干净　结束。】

‘已经做好清洁了。’

例G–13　荷兰手语——【结束】的语法功能

【指代词$_1$ 报纸　阅读 结束，指代词$_1$　睡觉。】

‘我读完这份报纸后，就去睡觉。’

语言中还有其他语法化路径。基于范围较广的多样手语数据，有研究者已经令人信服地证实了在手语中也存在从实词演化为语法成分的语法化现象，这与有声语言是相同的。然而，在近些年的研究中，研究者发现手语还有另外一种特殊的语法化路径，就是直接从手势发展演化出语法标记。这些手势来自聋人周围的听人社群。例 G–14 是德国手语例句，动词【给予】与表征长而纤细物体的类标记手型组合使用，它可以看作一个已经语法化了的手势。

例G–14　德国手语

【男孩　指代词$_3$　花　$_3$给予–类标记（长形–纤细）$_1$。】

‘那个男孩要送我一枝花。’

☛ 另见 *“体”*、*形态演化*

📖 语法化经典文献请参阅 Narrog，Heine（2011），手语的语法化请参阅 Pfau，Steinbach（2011），意大利手语的语法化请参阅 Wilcox，Rossini，Antinoro Pizzuto（2010），其他请参阅 Janzen（2012）

H

Habitual aspect　惯常体

惯常体是一种体类别。

☛ 另见*延续体*、*“体”*

Hamburg Notation System for Sign Languages　汉堡标音转写系统（用于手语）

汉堡标音转写系统（简写为 HamNoSys），是基于斯多基标音转写系统、专门用于手语的标音和转录的系统。手势词的手型、位置、手部朝向和运动参数可以用大约 200 个符号来标记和转写，它们构成统一码（Unicode）里的字体，因此其电子文档是可搜索的。汉堡标音转写系统所得到的标注要比其他书写系统更为详细（语音记录方面），这使它们不仅适用于描写手语词条，还适用于支持许多种类的音系与形态研究。然而，汉堡标音转写系统不太适合去标注较长的手语文本，因为这时会出现非常复杂且难以读取的符号串。

☛ 另见*伯克利转写系统*、*标音系统*，*手语书写*、*书写系统*

HamNoSys　汉堡标音转写系统

“HamNoSys”是“Hamburg Notation System”的简写形式，它是一种标注手语数据的系统。

Hand internal movement　手内动作

手的内部动作是指手指的活动动作，从一个手型变成另一个手型。然而这并不是说两个手型组合在一起，打出来就是手内动作。对手内动作而言，仅手指的姿势可以发生改变，手指的选择并不可以出现变化。以荷兰手语单手手势词【鸡】和【说】为例（见图 H–1),【鸡】和【说】都有手内动作，但它们的手指选择是不变的。这种限制规则称为被选手指的限制。另外，有的手势词既有手的内部动作，也有手的路径运动，如荷兰手语的手势词【花】结合了路径运动与手的内部动作（→*复杂运动*）。

【鸡】的起始手型

【鸡】的结束手型

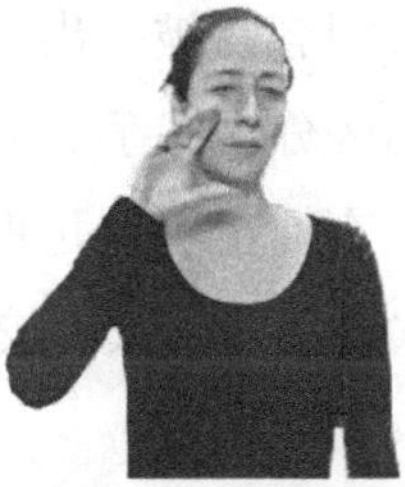

【说】的起始手型

【说】的结束手型

图 H–1　荷兰手语的手势词【鸡】和【说】

☛ 另见*运动*、*路径运动*

Handling classifier　　操持类标记

操持类标记是一个可以在（类标记）动词中出现的、可用作黏着语素的手型，它反映了手语句子中及物动词的宾语，即被操持对象或物体的某些外形特征。组并到动词【给予】中的类标记手型能够间接地呈现所操持物体的形状（如怎样操控或持拿该物体）。因此，类标记刻画了手语者手中正拿着和（或）移动的实体。如例 H–1 所示，当手语者拿着一个很纤细的物体时，他需使用手型。而当手语者拿着的是一个小的、圆形物体时，他需使用手型。通常操持类标记的施事是人（但不排除其他情况）。

例H-1 德国手语

【男孩 指代词$_3$ 花 $_3$给予 - 类标记（长形 - 纤细）$_1$。】
‘那个男孩要送我一枝花。’

☛ 另见*类标记*

Handshape 手型

手型是手势词的基本构成成分（或参数）之一。根据最近的研究，荷兰手语大约有 30 个可以区分意义的手型，美国手语大约有 40 个。大多数手语语音学家区分如下两个与手型相关的范畴：一是选定的手指，如（食指）和（除拇指外的 4 根手指）；二是手指的姿态（手指的弯曲或伸展、拇指和所选手指之间的开合关系）。

有一些手型可以出现在许多手势词中，而且很容易被打出来。这些手型称为无标记手型（→ *无标记手型*）。双手手势词区分动态手和静态手。静态手通常都采用无标记手型。与无标记手型不同，有标记手型是更难打出的手型，它在语言习得后期才被学会和掌握，而且它出现的次数比较少（→ *有标记手型*）。

☛ 另见*音位变体手型*、*基本构成成分*

📖 美国手语请参阅 Sandler，Lillo-Martin（2006），澳大利亚手语请参阅 Johnston，Schembri（2007），英国手语请参阅 Sutton-Spence，Woll（1998）

Handshape anticipation 手型提前打出

手型提前打出是手误的一种，它是指后一个手势词的手型被提前打出，因而错误地出现在前一个手势词中。有时很难区分当前的现象究竟是手误，还是同化，就像我们在术语手型同化中讨论过的瑞典手语手型同化所面临的问题一样（→ *手误*）。德国手语的手误例子如下：【他（她）的 父母】是名词短语，其正确打法是首先打表示“他（她）的”，即手型的属格代词，然后双手打表示“父母”的名词，其手型是手型。然而，当出现手误时，属格代词会被误打成手型，这就是手型提前打出的手误。例 H-2 是另一个德国手语手误例子，它来自文献且经过简化。请注意，该句并没有出现自我纠正（符号

XXX 代表此处出现手误，括号之内的是正确和原本想打出的目标词）。

例 H-2　德语手语

【父母 二者　×××（坐），咖啡 – 喝。×××（男孩）问 哪里 我的 第二 鞋。】

‘爸爸妈妈都坐（在桌子旁），喝咖啡。男孩问：我的另一只鞋呢？’

例 H-2 中的手势词【坐】实际上是弯曲的手型。手势词【咖啡 – 喝】是手型。当出现手型提前打出的手误时，【坐】（在【咖啡 – 喝】的影响下）也被打成手型。例 H-2 中的【男孩】其实是手型的手势词，动词【问】是手型的手势词。但是在手误中，【男孩】也被打成了手型。这可能是受【问】影响，【男孩】处出现了手型提前打出的手误。另一种可能是【男孩】受前面的手型手势词【咖啡 – 喝】干扰，出现了手型迟滞打出的手误。可见，在这个【男孩】手误中，手型提前打出和手型迟滞打出都是可能的，因为它既可能是由【咖啡 – 喝】导致的，也可能是由【问】导致的。

☛ 另见*同化*、*手误*

📖 Keller，Hohenberger，Leuninger（2003）

Handshape perseveration　　手型迟滞打出

手型迟滞打出是手语的一种手误现象，它是指前一个手势词的手型没有及时变换到下一个手型，而是发生延迟或后滞，并且错误地出现在接下来的手势词中（→ *手型提前打出*）。

☛ 另见*迟滞*

Hands-on signing　　打在手上的手语　亲“手”体验的手语

打在手上的手语，即亲“手”体验的手语，是指用于聋盲人的手语。在这种形式的手语中，聋盲人放松地握住会话对象的手，以便能感觉到对方的手语，会话对象相应地把聋人手语的手势词打在聋盲人的手上。打在手上的手语的另一术语名称是触觉手语。就像那些可以看见手势空间中手势词的聋人一样，聋盲人以这种方式清楚地感知大多数手势词。在仿话口型和自然口动都很重要的手势词中，手语者可以将这些手势词的打法稍作改动。例如，手势词【行走】不是打在身体前方，而是变为打在话语接收者的手上。如果是坐姿的会话对象，手语者可以把手势词定位在他的腿上，而不是手势空间里。有些聋盲人不会手语，这时交际者可以采用其他的交际系统（→*聋盲*）。

图 H-2　打在手上的手语

📖 Mesch（2001）

Head external relative clause　先行核心名词在关系从句之外

先行核心名词在关系从句之外（即中心语外置），是指在关系从句中名词性中心语（从句的先行词）在关系从句之外。例 H-3 和例 H-4 是德国手语关系从句，具有限制性含义。

例H-3　德国手语

眉毛扬起、身体倾斜 -3a

【明天　男人 $_{3a}$（指代词 $_{3a}$）［关系代词 - 指人 $_{3a}$　昨天　汽车　购买］ 结婚。】

‘昨天买车的那个男人明天要结婚。’

例H-4　德国手语

眉毛扬起、身体倾斜 -3a

【女人　指代词 $_{3b}$　狗　［关系代词 - 非人 $_{3a}$　指代词 $_{1}$　昨天　发现］ 清洗 $_{3a}$。】

‘那个女人给我昨天找到的狗洗澡。’

先行核心名词【男人】和【狗】都在关系从句之外，手语数据表明，它们也的确不在从句非手控型语法标记（即眉毛扬起，身体微微转向手势空间中分配给先行核心名词的位置）的覆盖范围之内。另外，请注意，由例 H–3 和例 H–4 句子可见，德国手语有两个不同的关系代词，【关系代词 – 指人】是指代人类实体（使用的类标记手型是表示人的手型），而【关系代词 – 非人】是指代非人类的实体（食指手型）。

☛ 另见*复句*、*关系从句*

📖 Pfau，Steinbach（2005）

Head internal relative clause　　先行核心名词在关系从句之内

先行核心名词在关系从句之内（中心语内置），是指在关系从句中名词性中心语（从句的先行词）就在关系从句之内。例 H–5 和例 H–6 是意大利手语的限制性关系从句。

㊖H–5　意大利手语

眉毛扬起

【［昨天　男人 $_{3a}$　汽车　购买　关系代词 PE_{3a}］明天　结婚。】

‘昨天买车的那个男人明天要结婚。’

㊖H–6

眉毛扬起

【［昨天　狗 $_{3a}$　指代词 $_{1}$ 发现　关系代词 PE_{3a}］女人 $_{3a}$　洗 $_{3a}$。】

‘那个女人给我昨天找到的狗洗澡。’

细方括号中的小句并不能单独出现，因此我们可以认定它们是从句。先行核心名词【男人】和【狗】都在关系从句之内。非手控型语法标记“眉毛扬起”覆盖了细方括号之间的所有成分，因此它也覆盖先行核心名词【男人】和【狗】。从这一事实我们可以明确判断出细方括号之内的是关系从句。【关系代词 PE】是一个手控型语法标记，它总是用在关系从句的末尾，并且与先行核心名词相关，即指代先行核心名词（使用符号“PE”来标注这个关系代词是因为伴随该手势词的口动成分是 /p/）。

☛ 另见*复句*、*关系从句*

Head nod 点头

在手语中，点头有多种语法功能。它可以标记一个句子是肯定意义（→*标记肯定句的点头*）；也可以用来强调它所肯定的内容，但在强调用法中点头的方式很重要，这时的点头动作幅度更大，发音更加明显。

Head of a construction 结构的中心 结构的核心词

结构的中心❶，或者说结构的核心词❷，是指句子中每个（由若干单词组成）成分或者结构都有一个强制性的必须要有的部分，即中心、中心语、核心、核心词（→*成分*）。这个结构的中心决定了该结构属于哪类成分。像复合词这样的词汇层面的形态结构，也可以包含一个中心。生成语言学认为，结构的中心在结构中的位置是普遍语法中的一个参数，在儿童第一语言习得过程中，不同的第一语言会为这个参数填充不同的参数值。例如，在荷兰语中，复合词的中心是在结构的右侧。然而，这一普遍语法是否也适用于手语是值得怀疑的，因为，以荷兰手语和佛兰芒手语为例，复合词的中心既可以在结构的右侧，也可以在左侧，甚至在一些表达相同概念的复合词中，其结构中心的位置也会出现不固定的情况。请比较例 H–7 和例 H–8 中的两组例词。

例 H–7 复合词的中心在右侧

【睡觉^房间】‘卧室’

【头部^一道菜】‘主菜’

例 H–8 复合词的中心在左侧

【鼻子^血液】‘流血的鼻子’

【石头^步行街】‘砖’

例 H–7 中的复合词表征的是某一种类型的房间或菜，左侧的成分描写和说明右侧的核心词（即中心）。例 H–8 中的复合词情况正好相反，但在佛兰芒

---

❶ 《语言引论》（第八版）第 520 页。

❷ 石定栩先生期刊文章《复合词的结构与汉语语法的最小单位》（《汉语学报》，2020 年第 4 期，第 2 ~ 15 页）。

手语中，【血液^鼻子】这种结构的复合词也是可能的（→ *偏正式复合词*）。在荷兰手语和佛兰芒手语中，（一些）核心词在右侧的复合词可能受到荷兰语的影响。

☛ 另见*复句*、*派生*、*屈折*

Hearing status　　听力状况

听力状况是指一个人是否能够听到声音及听到声音的清晰程度。

☛ 另见*语用正确*

Hemisphere　　大脑半球

大脑的两个半球部分称为大脑半球。人脑是最复杂的器官。我们的认知功能就位于大脑半球中，大脑半球是我们的感知中心。大脑由颅骨保护着，它由大约 100 亿个神经元（神经细胞）和连接这些神经元的数十亿个神经束组成。位于最上面的是大脑。在大脑之下，靠后面位置的是小脑，小脑负责我们的身体平衡。大脑的灰色外层称为皮层，上面包含着神经细胞。在大脑皮层下面的是白质，它主要由神经束构成。

大脑由两个半球部分组成，分别称为左半球和右半球。左半球和右半球是由一束神经束连接，该神经束称为胼胝体。在大脑左半球，有两个重要的专门负责语言的区域，即布罗卡区，以及更靠后一点儿的韦尼克区。这些大脑语言区的创伤或损伤将导致各种类型的失语症。其他位置的脑损伤也会导致语言障碍。比韦尼克区更靠后一点儿的是角回，它是将视觉信息和听觉信息建立关联的重要脑区。角回受损通常会导致说话者在自发语言和为事物命名时，出现严重的单词提取困难。另外，他的阅读和写作也会出现问题。

当手语使用者大脑左半球相同语言区域出现脑损伤时，损伤所导致的手语语言障碍与有声语言中布罗卡失语症和韦尼克失语症是完全一样的。这表明手语和有声语言在大脑中的语言功能区域定位一定是在相同位置。

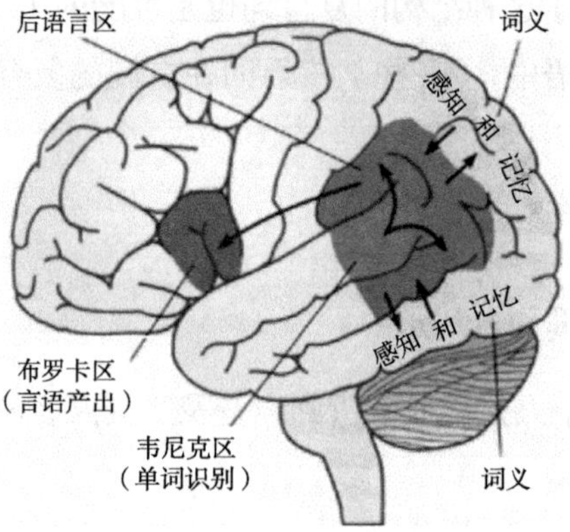

图 H–3　大脑中的语言区域

Homesigns　　家庭手势

家庭手势是指聋童及其家人在家庭中所使用的一种手势沟通形式。这些手势通常具有独特的含义，象似性往往很高。家庭手势这种沟通系统并不是手语。这种形式的交流通常只被家庭（或包含祖父母的大家庭）成员所理解。家庭手势包括一套灵活的手势，仅用在家里，很少或并无真正的语法。当一大群使用家庭手势的聋人经常见面时，如在学校见面沟通，一种新的手语可能会出现。

📖 Goldin Meadow（2003）

Homonymy　　同形异义

同形异义现象和一词多义现象都是指单词只有一个形式，但该形式关联了数个概念。 在同形异义词中，同词形单词的数个意义彼此之间并没有什么关联，如英语单词“bear”，这个词形不仅有“一种动物”（即“熊”）这个意思，还有“携带”这个意思。这两种同形但不同义的“bear”，还有其他类似的同形异义词，它们在词典中都会被列为不同词目，需逐个单独列出。这两个词只是碰巧具有相同的形式。然而，在一词多义现象中，多义词的意义是彼此相关联的。例如，在英语多义词“plain”中，它有“清楚的”和“直截了当的”等多个意义。如果是这种多义情况，那么象“plain”这样的多义词，其不同的意义必须列在词典中同一词目下，因为它们是同一词的不同意义。同形异义和一词多义的区分标准涉及如何分析这个问题，理论探讨对这两者的区别也有一些影响。

一些研究者认为手语中也有同形异义词和多义词。也许对一些手语来说，这个判断是正确的。同形异义词和多义词是否存在仍是值得怀疑的，以荷兰手语为例，它的同形异义和一词多义现象都可以通过仿话口型来避免。

☛ 另见*一词多义*

Hyponymy　上下义关系

上下义关系是指表达类属意义的一般词和表达该类属实例的具体词之间的关系，具体词被“包括”在一般词（所指事物的集合）之内。上下义关系的例子有【花】和【玫瑰】（玫瑰是花的一种，所以玫瑰是花的下义词之一），【树】和【橡树】（橡树是树的一种，所以橡树是树的一个下义词）。有声语言中也有类似的下义词。

I

Iconicity　　象似性

象似性是指一个手势词（或单词）其词形与意义之间有一定关联（→*有理据手势词或有动因手势词*）。有时，第一次看到该手势词的语言使用者并不能立刻清楚地看出这种形式和意义的关联，他们只有在学习这个词的意义之后，才会开始理解其形式和意义之间的关联。手语中存在不同程度的象似性（→*象似性手势词*、*意义透明的手势词*；→*任意性手势词*）。

对某个概念应采用哪种手势词形式，全世界并非全都一样。相反，文化差异对词形选择的影响非常大。以表征“水”的手势词为例，它在不同的手语中是不同的。然而，这些有差别的词形都是在描绘“水”这个概念的不同方面。因为这些手势词形式与其意义都有一定的关联，所以它们都具有一定程度的象似性。

正是因为顾及象似性，一个手势词也可以随着时间流逝发生改变。荷兰手语早期的手势词【电话 1】是一个拳头状的手型，放在头部右侧，作出一个旋转动作。后来这个手势词被另外一个表示“电话”的手势词【电话 2】取代，【电话 2】是将手型放在面颊附近，手型是在描绘和模仿当时新一代电话的接收器的外形。再后来，移动电话和手机出现了，相应地，最新的手势词【电话 3】也出现了，荷兰手语【电话 3】是单手手型贴放在耳朵附近，手型代表手机的天线。

长期以来，人们一直认为就形式与意义关联来说，有声语言单词的任意性更强，因此象似性更弱些。然而，有声语言中确实有一种类别的词具有象似性，它们词形的发音与所表征概念的声音有些相似，这种语言学现象称为拟声。以英语为例，单词“chickadee”（山雀）、“chiffchaff”（棕柳莺）和“cuckoo”（布谷鸟），这些拟声词的发音可能与鸟的鸣叫声相关。另外，英语动词，如“hissing”（发出嘶嘶声）和“growling”（咆哮），有时也被认为是拟声词（→*有理据手势词或有动因手势词*）。

一些研究者，如弗里希伯格（Frishberg，1975）发现，随着时间的推移，手语往往会失去其象似性的一面，任意性会变得更强。在更新近的研究中，学者们正关注这样一个事实，即目前被认为不具有象似性的那些手势词，在特定语境下和出于特定目的，可以经历一个重新获得象似性的过程（→*象似性重建*）。

📖 象似性请参阅 Frisberg（1975），美国手语请参阅 Sandler，Lillo-Martin（2006），澳大利亚手语请参阅 Johnston，Schembri（2007），英国手语请参阅 Sutton-Spence，Woll（1998）

Iconic localization　　象似性定位

在词汇层面上，手势词具有不同程度的象似性。在句法层面上，研究者也观察到了象似性现象。例如，手势空间的定位可分为象似性定位和任意性定位。前者是指手势空间的句法定位必须是真实情景的表征。句子所涉及的全部实体，其在句法空间中的位置关系，就是这些实体在真实世界中的位置关系。

☛ 另见*任意性定位*

Iconic sign　　象似性手势词

象似性手势词是指词的形式和词的意义之间有关联的词。如【吃】这个手势词，很多手语中【吃】的打法都是打在嘴前，用手作出一个吃东西的动作。手势词有不同程度的象似性，像【吃】和【喝】这样的手势词通常象似性相当高。像荷兰手语【牛奶】或【猫】这样的手势词象似性也比较高，前者模仿挤牛奶的动作，后者是描绘猫的胡须。如果不了解这两个词的词形是取自挤牛奶的动作和猫的外形，那么手语者还是很难猜出这两个词的词义。有些手势词象似性非常高，高到非手语者也可以猜到这些词的意义，即使他们事先并不知道词义（→*意义透明的手势词*）。

Idiolect　　个人语型

一群人可以使用相同的语言或方言，但每个个体，无论是手语者或说话者，都有一个自身专属的语言系统，即个人的方言，这称为个人语型。

☛ 另见*语言变异*

Idiomatic expression　习语　惯用语

习语是特定形式的、具有修辞性的言语，即固定的表达。习语的意义不能根据它的不同部分来预测，因此必须将它作为一个整体来学习。习语的另一个名称是惯用语。有声语言中有无数蕴含一定修辞的习语，如英语的“in the eye of the storm”（处在风暴中心），“kick the bucket ”（去世），“raining cats and dogs”（瓢泼大雨）。人们对手语习语的研究并不多，但一些手语中确实有习语。荷兰手语的习语【女孩　钓鱼】意思是成功赢得女孩的芳心。佛兰芒手语的习语【现在 打电话 我】意思是“我要去洗手间”。

☛ 另见*语言的比喻用法*、*隐喻*

iLex　iLex 词典编撰及语料库分析工具

iLex 词典编撰及语料库分析工具[1]是在标音和转写工具 SyncWriter 的基础上发展出来的，它的目标是基于语料库的手语词典编纂。与 ELAN（→ *ELAN 语言学标注工具*）等其他多模态语言学标注工具不同，iLex 使用服务器 - 客户端结构。HamNoSys（→ *汉堡标音转写系统*）的所有功能都嵌入到整个 iLex 工具中。因为其文献记录受限且设置复杂，iLex 通常用于更大的研究中心，这些中心与汉堡大学手语小组合作。

☛ 另见*ELAN 语言学标注工具*、*SignStream™ 语言学标注工具*

💻 http：//www.sign-lang.uni-hamburg.de/ilex

---

[1] 该词条的译名是根据 iLex 官方网站（http：//www.sign-lang.uni-hamburg.de/ilex）上开发者汉克·托马斯博士本人的介绍。

Illocution　以言行事（即示意）行事行为

以言行事（即示意）或行事行为，是指话语具有“命令”“承诺”“警告”等不同语内目的，说出一段话的同时，也是在执行“命令”或“承诺”等。言语行为，说话就是在行事。

☛ 另见*言语行为*

Imbedding　嵌入关系

嵌入[1]关系是主从关系的另一种表达。

☛ 另见*复句*、*从属关系*

Imbedded sentence　嵌入句

嵌入句[2]是从句（或处于主从关系的从句）的另一个名称。

☛ 另见*复句*

Imperative sentence　祈使句

祈使句是三种句子类型之一，它可能出现在所有语言中。祈使句和是非疑问句一样，都借助非手控型语法标记。在祈使句中，很难确切描述其标记是什么样子，如一个命令型祈使句可能在语气强度上差异很大。但是无论怎样，祈使句的非手控标记都包括一个强有力的点头和特定面部表情（如皱眉）。祈使句通常将宾语作为句子的话题，如例 I–1 所示。

例I–1　荷兰手语

话题　　祈使句

【书，　$_2$给予$_1$。】

‘把那本书给我！’

在例 I–1 中，主语“你”没有用具体实词来表达，相反，它是以黏着语素这种语法形式标记在动词【给予】上，位置 2 就是祈使句被省略主语“你”被

---

[1][2]《现代语言学词典》第 125 页，相应词条的英文拼写是“embedding”和“embedded”，分别译为“嵌套”和“嵌套的”。

分配的空间位置，它是“给予”动作的起点。如例 I–2 所示，英语和荷兰语等其他语言祈使句的主语也是被省略的。

例I–2 英语 荷兰语

Give me the book! Geef mij het boek!

‘把那本书给我！’ ‘把那本书给我！’

☛ 另见*句子类型*

Imperfective aspect 非完整体

当一个活动被描述为仍然进行，这种体类别称为非完整体[1]。在许多手语中，非完整体的表达都是通过把动词重复打出若干次，以表明此活动仍继续（如例 I–3 吸烟的活动一直继续）。与那些表示一个活动已结束或完成的句子相比，非完整体所使用的面部表情和身体姿势都是不同的（→*完整体*）。

例I–3 荷兰手语

【昨天 男人 雪茄 – 吸烟。】

‘昨天那个男人一直吸雪茄。’

☛ 另见*“体”*

Inchoative aspect 起始体

“体”可以表达一个活动的开始或过程。英语句子“John started laughing”（约翰开始大笑起来）是一个非完整体，它所表达的事件有特定内部结构（它仍在继续）。这种非完整体是一种起始体[2]，它凸显该活动事件刚刚开始。

☛ 另见*“体”*

Inclusion 融合

融合是指基于权利和义务平等理念，将被忽视群体融合到社会之中。融合和融入有时被认为是同义词，但实际上，在现代社会中更好的做法是将这两

---

[1] 关于非完整体，请参阅《语法调查研究手册》（第二版）第 465 ~ 468 页。

[2] 关于起始体，请参阅《语法调查研究手册》（第二版）第 469 页。

者解释为互补的概念。在融入这一概念中，调整和改变的责任主要在于少数群体，而融合概念则强调社会作出调整和改变，逐步清除那些阻碍少数群体参与社会的障碍。融合在各社会部门中都发挥作用。

Inclusive education　融合教育

在融合教育中，学校依据学生们各自的潜能来作出教育上的调整和改变。融合教育注重平等性，接受多样性。融合教育的倡导者支持有特殊需要的儿童去主流的普通学校，而不是在特殊学校接受教育。融合和融入的差异仍然发挥作用：在融入教育中，儿童必须作出调整，使自己适应现有的学校环境；融合教育则要求学校作出调整，来适应每个儿童。

在聋童双语教育中，无论聋童是在特殊教育学校以自己的语言（手语）接受聋教育，还是他们获得了财政或其他支持进入到主流学校学习，融合都发挥着重要作用。

☛ 另见*融合*

Inclusive interpretation of personal pronouns　人称代词的包含式解读

在许多有声语言中（如荷兰语、德语、英语），上下文语境可以清楚表明人称代词“我们”指代的对象究竟是谁。对“我们”的理解有以下两种可能：第一，说话者和听话者；第二，说话者及话语中所谈及的第三者（不包括听话者）。

在第一种情况下，人称代词“我们”就是包含式的解读，这个“我们”也包括了听话者。在第二种情况下，“我们”则是一个排除式的解读，因为“我们”不包括听话者。这两种解读的人称代词“我们”，在一些有声语言中是分开表达的，它们各有一个表达词形。如托克劳语，它是一种波利尼西亚语支语言，“我们”两种解读的例子请见表 I–1。

表 I–1 人称代词“我们”的两种解读

包含式解读	排除式解读
ki taua/ki ta ‘你和我’	ki maua/ki ma ‘我和另一个人，不包括你’
ki tatou ‘你、我，以及其他一些人’	ki matou ‘我和其他一些人，不包括你’

许多手语都有表达不同“我们”义的手势词，如【我们 – 二】【我们 – 三】【我们 – 所有人】【我们 – 和 – 不是 – 你】等，其包含式与排除式解读也是有区别的。

Incorporation　组并

组并是一种语言现象，它是指将一个有意义的成分，如类标记手型、运动参数或手势词的非手控部分并入当前成分中。例如，手语者可以将一个数词并入【小时】【周】【月】【年】等手势词中，通过这样的调整和改变把数词及其意义与这些表示时间段的手势词组并起来。以词组【4 – 周】和组并形式【4^周】为例，手语者可以先打数词【4】，再打名词【周】，构成【4 – 周】这种组并形式。然而，想表达同样的“4 周”这个意义，使用数词并入这种组并形式也是可以的。数词并入后只需打出一个手势词，具体打法是将数词【4】的手型代替【周】的  手型，然后手语者用【4】手型去做手势词【周】的运动。

有声语言也有组并现象。但是组并不是像派生或复合词那样，属于词汇层面的语言现象，相反，组并发生在句子层面。在有些语言中，动词的宾语是独立和脱离于动词的成分，但宾语也可以并入动词中，由此动词和它的宾语组并为同一个成分。

📖 Pfau（2016b），Zwitserlood（2012）

Index　指代词

“index”来自拉丁文，意思是“食指”，它用来表达“指明某物”这个概念。在手语中，【指代词】是一个指点手势，它通常打法是伸出食指并指向特定方向。【指代词】有数个不同的语法功能，其中一个是指代当前已经在说话现场的实体，如说话者和听话者，还可以指代手势空间中已经被定位的实体。

在使用【指代词】指代一个已定位的实体时，必须先用【指代词】将该实体定位。当使用该指点手势定位时，通常手语者目光注视的方向也与该指点手势所指向的方向完全一样。每一个【指代词】都与分配给它的位置相互关联。以表示第一人称代词“我”的手势词为例，该词的打法是手语者指向自己，即用食指指着自己的身体，那么他的胸前或前胸附近就是“我”被分配的位置 1。指向位置 1 的手势词称为“指代词 1”，标注为【指代词 $_1$】。靠近听话者的位置称为位置 2，那么表达第二人称单数“你”的【指代词 $_2$】的打法就是手语者用食指指向听话者被分配的位置 2，同时目光注视听话者所处的位置 2。第三人称单数的打法则是食指指向身体前方稍微向右前方的位置（位置 3a），或者稍微向左前方的位置（位置 3b），这两个手势词分别标注为【指代词 $_{3a}$】和【指代词 $_{3b}$】，词义是“他”“她”或“它”。当两个所指被分派的空间位置非常接近时，我们可以用【指代词 $_{3a1}$】或【指代词 $_{3a2}$】来区分这两个不同的指代词。

Indirect object　间接宾语

间接宾语是句子的一个语法成分。与直接宾语相反，间接宾语的语法角色是它只受谓语所表达动作的间接影响，而不是谓语动词的直接作用对象。通常间接宾语的语法角色是动作的受益者，如例 I–4 所示，【男人】是“给予”这个动作的受益者，因此句中【男人】是间接宾语。

例 I–4　荷兰手语

【指代词 $_1$ 男人 指代词 $_{3a}$ 书 $_1$给予 $_{3a}$。】

‘我给那个男人一本书。’

Indirect speech act　间接言语行为

与含有施为动词的直接言语行为不同，间接言语行为是指不使用施为动词的一种言语行为。❶

☛ 另见*施为动词*、*言语行为*

---

❶《现代语言学词典》第 181 页对“间接言语行为”的解释是：“一个话段的语言形式不直接反映其信息传递的目的。例如，I'm feeling cold（我觉得冷）可用来要求别人关上门。”

Inflection 屈折

有声语言和手语中都有屈折这一形态变化。在这两种语言模态中，屈折变化有一些相似之处，但也有不同之处。在手语中，以下屈折现象很重要，我们将在一致关系、复数、“体”等不同的词条中讨论它。与派生类的形态变化截然不同，屈折是句法层面的形态变化，直接受句法制约。表达复数的屈折变化比较隐蔽，它与句法的关联性不太容易被辨识出来，而表达“体”这一语法范畴的屈折变化，从本质上看，它的语义性较强。屈折变化可分为两种，即语境屈折和内在屈折。前者是由句法语境决定的，后者不是由句法语境决定的。

☛ 另见*一致关系*、*“体”*、*语境屈折*、*内在屈折*、*复数*

📖 Pfau（2016b）

Informal register 非正式语体

不同的情景都有其特定的语体。例如，在餐馆里和朋友坐在一起吃饭时，人们所使用的语体要比求职时的语体非正式得多。两种情景下人们所选用的手势词或单词都是不同的。同样，他们说出的句子及其表达方式也有差别。

☛ 另见*语用正确*

Information structure 信息结构

句子的结构与其信息价值之间存在着一定的一致关系，这就是信息结构。在大多数语言中，新信息是在句子结构中比较往后的位置，而已知信息是在句子结构中比较靠前的位置。句子中表达新信息的部分称为评述或焦点（→ *焦点*），表达已知信息的句子成分称为话题（→ *话题*）。因此，在大多数有声语言中，焦点位于句子的末尾处，而话题通常位于句子的开头处。

在手语中，句子信息有多种交流方式。例如，如果手语者想要呈现关于新的所指的信息，那么他需要首先引入该所指。这可以通过在句法空间中给所指对象定位来达成，如使用【指代词】来定位这个新的指称对象。在之后的会话中，当提到该所指时，只需使用这一【指代词】。【指代词】通常被认为是一个代词（→【*指代词*】、*代词化*）。另外，手语中也经常使用话题化这个语法手段，它是指手语者将一个句子成分（包含已知信息，即话题）提到句子结构的最前面，同时指明该成分是此会话的主语，接下来将提供有关该主语的更多的信息（→ *话题化*）。在许多手语中，故事重现（→ *故事重现*）也是传递信息的特定形式。手语者扮演另外一个人物（或动物，甚至一种物体），表达该人物（动物或物体）的思想和话语，模拟他们的行为，或者以这些身份和角色来转述正在发生什么。借助故事重现，手语者可使用特定的身体姿势和面部表情，他可以转动身体朝向，面部朝下看或朝上看，分别扮演成人和儿童的视角，借此重现故事情景，如成人和儿童之间的对话，或两个身份地位不同的人在对话。因此，在故事重现中，手语者可以从故事主人公的角度来讲述一个故事（→ *角色视角*）。在故事重现中所构建的对话（→ *对话重现*）类似于有声语言中的直接引语。

📖 Baker，Van den Bogaerde（2012）

Inherent inflection　　内在屈折

与语境屈折相反，内在屈折这种屈折形态变化并不依赖于句法语境。例如，语言使用者可以自主选择使用一个名词的复数形式，但这种屈折变化并不是由语境所规定的，它并不像语境屈折那样受限于上下文语境。但是，在有声语言中，内在屈折与句法也有一定关联。例如，当名词性成分变为复数时，相应的限定动词也需要变为复数形式（→ *语境屈折*）。手语中具有内在屈折变化的例子是手语的“体”，这种标记在手语动词上的“体”屈折变化，并不受句子语境中论元究竟是一个还是多个影响，它的屈折变化形式是内在的。

☛ 另见 *“体”*、*屈折*

Initialized sign　　单词首字母指拼词

单词首字母指拼词是一种手势词类型，它使用手指字母指拼出它所对应的有声语言单词的首字母。例如，荷兰手语手势词【计算机】就是由“computer”的首字母  手型构成，而手势词【葡萄酒】则是由“wine”的首字母  手型构成。

Innate language acquisition ability　　天生的语言习得能力

一些语言学家认为习得和使用语言是每个人与生俱来的能力，这种天生的语言习得能力还包括他们一出生就掌握了所有语言都遵循的普遍原则。母语能力天生论假说认为儿童出生时并不是头脑空白的状态，相反，他们一出生就拥有了语言习得能力，每个人都是如此。

这一观点来自美国的诺姆·乔姆斯基（Noam Chomsky）的生成语言学研究。他是20世纪最有影响力的语言学家之一，被认为是生成语言学的创始人。他的专著《句法结构》（1957）为生成语言学派奠定了理论基础。

母语能力天生论假说可解释为什么儿童在出生后的前五年里，可以按照固定的模式，在没有接受显性教学的情况下，就拥有了基本的第一语言能力。当然，为了达到这个能力，儿童需要语言输入。另外，儿童必须在特定的关键时期内学会他的第一语言（→*关键期*）。生成派认为儿童与生俱来的语言原则是以遗传基因的形式锚定在儿童的“语法”中，这种语法称为“普遍语法”（Universal Grammar, UG），而天生的语言原则是语言共性。普遍语法中有很多开放的插槽（要往插槽中填入不同参数），在语言习得过程中，习得不同母语的儿童会为插槽填充上不同的值（→*参数*）。

语言研究的目的之一是发现语言共性。当然，只有我们去着手研究尽可能多的语言，这种共性研究才可能成功。在手语研究中，我们必须调查清楚手语和有声语言都适用的语言共性是什么及不同手语是否具有其语言模态所专有的共性。

☛ 另见*柏拉图问题*

📖 Chomsky（1981，1986），Pinker（1994），Kerstens et al.（1997）

Input　语言输入

语言输入是指在语言习得过程中人们为儿童所提供的语言信息。

Instrument　工具格

工具格是语义角色的一种，它是指在执行由谓语所表示的动作时人们所借助的工具实体。请见例 I-5，【石头$_{工具格}$】是一个工具格例子。

(例)I–5　荷兰手语

【约翰　指代词$_{3a}$ 窗户$_{3b}$ 石头$_{工具格}$　$_{3a}$打破 – 介词“用” – 石头$_{3b}$。】

‘约翰用石头打碎了玻璃。’

☛ 另见*语义角色*

Intake　　语言吸收

语言吸收是指在语言习得过程中儿童从语言输入中作出选择，将一些语言信息进一步吸收与领会。

Integrative motivation　　融合型动机

融合型动机是语言学习动机的一种，它是指二语学习者学习语言的目的是成为目标语社群中的一员，进而能够融入及参与到目标语文化中。

☛ 另见*动机*

Interference　　语言干扰

语言干扰是语言迁移的另一个术语。

☛ *语言迁移*；另见*第一语言习得*、*第二语言习得*、*语言迁移假说*

Interference Hypothesis　　语言干扰假说

语言干扰假说是语言迁移假说的另一个名称。

☛ 另见*语言迁移假说*

International Sign　　国际手势

国际手势是一个宽泛概念，它不仅指国际会议上人们共同交流时使用的一种手势形式，还指来自不同手语背景的聋人彼此交流时所使用的全部交流形式。在大型活动中，人们会迅速形成共同使用的国际手势的词汇。在西方，英国手语和美国手语通常影响力较大，但手语使用者究竟选择使用哪一种手语的手势词，一定程度上还是取决于使用者本人。从拥有自己的固定词汇和语法这一点看，国际手势绝对称不上是“国际手语”，因为它与拥有固定词汇和语法的手语，如美国手语、英国手语，以及其他国家的手语并不一样。

Interpretation　　解读

在对儿童语言输出进行解读时，人们可以假设儿童的语言产出就是他的语言知识的精确复制，这种对儿童语言输出能力的解读称为语言能力贫乏解读。相反，当人们假设一个孩子的语言输出并不是他语言知识的准确反映，儿童对他主要语言所掌握的知识要比他语言产出时所表现的多得多，这种对儿童语言输出能力的解读称为语言能力丰富解读。以儿童所使用的电报式语言为例，借助语境（如对话内容和儿童所经历的世界等），成人可想象出儿童想要表达的多种含义可能是什么，这就是儿童语言能力丰富解读。

Interrogative sentence　疑问句

手语中也有疑问句这种句子类型。手语疑问句包括是非疑问句（或一般疑问句）、特殊疑问句等。

☛ 另见*是非疑问句或一般疑问句*、*特殊疑问句*

Intransitive predicate　不及物动词

不及物动词通常用作一价谓词。

☛ 另见*一价谓词*

Iterative aspect　反复体

反复体[1]是重复体的另一个名称。

☛ 另见*重复体*

---

[1] 《现代语言学词典》对重复体和反复体的定义分别见第 149 页和第 193 页。更多关于反复体的讨论请参阅刘丹青先生《语法调查研究手册》（第二版）第 470 ~ 472 页，陈前瑞先生《汉语体貌研究的类型学视野》第 74 ~ 88 页。

J

Jargon　　行业专门用语　行话　黑话

行业专门用语是一个特定群体（如专业兴趣小组、某种业余爱好群体、年轻人群体等）里所有成员都使用的专属语言。它是这个群体所特有的、一套专用和特点鲜明的话语。

L

Language acquisition　语言习得

语言习得有第一语言习得和第二语言习得，两者并不一样，我们将用单独的词条分别讨论这些不同的语言习得形式。

☛ 另见*第一语言习得*、*第二语言习得*

Language change　语言演变

与语言变异一样，语言演变也是一种语言学现象，它可以出现在语言学各个层面，如词汇、音系、形态、句法和语义，另外，语言演变还包括语用演变。手语和有声语言中都有不同形式的语言演变。我们将在相关词目下分别讨论这些语言演变形式。不同因素导致了语言演变，包括语言学因素和社会因素。

☛ 另见*语言变异*、*词汇演变*、*形态演变*、*语音演变*、*语义演变*、*句法演变*

Language family　语言谱系

通常人们会根据语言的历史发展，为语言描画出语言谱系，将语言分为不同的语系。在语言谱系树上的所有语言都有一个共同的原始语言，因而可以说这些语言之间有亲属关系。手语也已经建立起不同的手语语系，这说明手语之间也有亲属关系。为了确定这些语言的亲属关系，研究者可以使用词汇统计比较法（→ *词汇统计比较法*）。在词表的基础上，研究者比较不同手语的词汇，以便找出不同手语中的相同手势词。借助这种方法，研究者已经发现美国手语和法国手语之间有亲属关系。

有声语言的语系和语族等主要分类大约有 300 种。有的语系和语族很大，有的则很小。荷兰语和英语都属于印欧语系（以前称为印度日耳曼语系）。

☛ 另见*语言类型学*、*词汇统计比较法*

Language of communication　交际语言

交际语言有不同的含义，它可以指在官方或正式场合中所使用的语言。例如，在美国，英语是人们交际时所使用的官方语言，在荷兰是荷兰语，在比利时则是法语、佛兰芒语或德语。在国际会议上英语通常用作交际语言。在教育领域，交际语言是人们在自由交流时所使用的语言，因此它是指在课堂教学之外的其他场合下人们使用的语言，如在双语学校午餐时间学生们会使用交际语言。为了实现自由交流，学生们只需较低的认知强度和语言能力就够了（这与他们在课堂教育中所使用的语言能力不同）。在双语情况下，人们可以借助这样的自由交流时刻向学生输入其较弱的那门语言。

Language of instruction　教学语言

教学语言是指教师所使用的语言，教学语言不仅用于指导学生或传递知识和信息，还用于激活与促进学生的认知发展。因为使用教学语言需要学生投入大量认知活动，所以教师应该使用学生最容易掌握的那门语言来进行教学。在聋童双语教育中，手语似乎是最合适的，它可以使更高层次的学科讨论成为可能。

Language pathology　语言病理学

语言病理学是语言学的一个分支，它研究有语言障碍者在语言发展和语言使用中的语言产出和语言感知情况。例如，它可研究失语症。

☛ 另见*神经语言学*

Language politics　语言政治

语言政治积极介入语言的自然发展过程。这种介入和干预有很多方式。以语言本体规划为例，它处理语言的结构，如语法书和词典的编撰、手语转写系统的开发等。而语言地位规划是处理一门语言的地位。在语言本体规划中，政府不发挥作用。这与语言地位规划情况不同，后者需要政府的力量，如政府对一门语言的官方认可。政府可以对少数民族（或群体）语言（→ *少数民族语*

言）采取不同的立场。他们可以通过禁止使用这门语言来限制该语言，可以忽视这门语言，也可以通过承认和鼓励使用这门语言来支持该语言。

📖 Schermer（2012）

Language psychology　语言心理学

语言心理学和心理语言学这两个术语通常是一样的。这两门学科的共同点是它们都主要基于实验方法，对语言习得、语言感知和语言产出时认知过程所发挥的作用进行研究。这两门学科有许多重叠之处，然而我们仍有必要对它们加以区分。心理语言学是语言学研究领域之一，它基于语言学和心理学中的技术和发现，重点研究语言规则和语言单位，如短语、文本、句子、单词、字母、声音等的记忆存储与使用等。语言心理学属于心理学研究，它聚焦于作为语言使用基础的认知心理过程。

☛ 另见*心理语言学*

📖 Harley（2008）

Language typology　语言类型学

通常自然语言可以根据其历史发展而被分为不同语系的语言，但自然语言也有其他的分类方法。研究者可以基于其语言结构的相似性对语言进行分类，而这种结构共性与语言历史发展及其亲属关系都没有关联。语言类型学就是研究语言结构共性的科学。可以根据辅音和元音系统、音节结构、手势词和单词的结构及语序等，对不同语言进行分类。以下英语、汉语和拉丁语的例子可以说明类型学的语言分类与语言亲属关系无关。英语和拉丁语都属于印欧语系，而汉语并不是印欧语系语言。然而，当以屈折变化作为语言类型的分类标准时，并无亲属关系的英语与汉语则是相近类型，因为英语在屈折变化上更像汉语，而不是拉丁语。

就手语而言，语言学家也着手研究不同手语在结构上的共性和差异，试图给出语言类型学上的分类。

☛ 另见*语言谱系*、*词汇统计比较法*

📖 Coppola，Crasborn，Zeshan（2011）

Language variation　语言变异

语言变异是一种语言现象，它有几种不同的理解。语言变异可以指特定地区的多语情况，也可以指该地区所使用的几种语言，或者指一门标准语及一个或多个地域方言。许多国家有大量的少数民族语言，也有许多地域方言。

在一门语言中，人们可以观察到语言变异。这种变异可以发生在所有语法层面上。另外，它还有语用变异和语音变异（→*语音变异*、*语用变异*）。

许多因素在语言变异中都发挥作用，它们可分为三类，即语言因素、社会因素和实践因素。在语言因素中，手势词或单词发生变异是因为它处在特定语言环境中。人们已经对手语中语言因素导致的变异做了相当多的研究，更多的信息请参见语音变异和音位改变这两个词目。从社会因素导致的语言变异中，手语和有声语言都可以归纳出很多社会因素（→*社会因素*）。实践因素导致的语言变异，其具体例子可见语音变异（→*语音变异*）。

📖 Chambers et al.（2002），Schembri，Johnson（2012）

Large signing space　较大的手势空间

较大的手势空间和较小的手势空间一样，两者都与当前要打出的手势词幅度大小有关。通常在舞台上手语者要使用更大一些的手势空间，这类似于听人站在舞台上时必须提高自己的声音，所以此时手语者打出的手势词要比平时动作幅度更大。一般说来，当手语者想要与较远距离的对话者进行手语沟通时，他会使用更大的手势空间。因此，是否使用较大的手势空间取决于语言使用时的语境和目的因素。

☛ 另见*手势空间*、*较小的手势空间*

Late deaf　较晚失聪的聋人 较晚失聪者

较晚失聪的聋人是指随着年龄增长而逐渐耳聋的人。

☛ 另见*聋*

Left dislocation　左移位结构

左移位结构是句子的一个成分，它通常是一个出现在句子起始位置的名词短语。在后面的主句（句子的评述部分）中，该左移位结构的内容信息又以一个共指代词的形式再次出现。也就是说，该左移位结构和主句中代替该结构出现的代词，两者所指对象是同一个事物。左移位结构是一种话题化形式（→ *话题化*）。例 L–1 是常规语序的句子，例 L–2 则是包含左移位结构的例句。

例L–1　荷兰手语

【傍晚　兄弟　指代词$_{3}$　（指代词$_{1}$）　$_{3}$拜访$_{1}$。】

‘我弟弟今晚要来看我。’

例L–2　荷兰手语

【属格$_{1}$　兄弟　指代词$_{3a}$，傍晚　指代词$_{3a}$　$_{3a}$拜访$_{1}$。】

‘我弟弟，他今晚要来看我。’

☛ 另见*话题化*

📖 Kimmelman，Pfau（2014）

Left hemisphere　　大脑左半球

大脑（含大脑皮层）由两个半球部分组成，这两个部分称为大脑半球。在左部的大脑半球称为大脑左半球。

☛ 另见*大脑半球*

Lemma　　词目

在本书中，一个术语的词目（单数形式 lemma，复数形式 lemmas）是指在词典中每一个词条最上方的那一项。关于这个术语，大家更为熟悉的一个说法是“headword”（词目或标题词）。词条的标题词就是词目。

Lexical change　　词汇演变

随着时间流逝，手语词汇经常发生演变。例如，目前已经不再使用的象似性手势词【电话（古旧）】，其词形是模仿挂在墙上，必须转动手柄才能拨号的那种电话。当前使用的【电话】一词是手型，词形是模仿当前固定电话听筒的外形。荷兰手语中甚至还有更新的手势词【手机】，它是手型，伸出的

食指是模仿第一代手机的天线。对一些语言学家来说，词汇演变是一个涵盖性很广的概念，如当一个词的意义变得更加宽泛时，这也是一种词汇演变。单词所发生的演变到一定程度时甚至可以对语法产生影响。例如，某一个单词历经演变，获得了类似后缀一样的特征，它与其他单词组合的可能性增加了（→ *语法化*）。从语音层面看，单词的语音也会发生演变。

此处的术语“词汇演变”是指以下两种情况下的词汇演变：第一，无明显原因的单词或手势词的消失，或者因为单词或手势词所指称的概念不再被广泛使用而导致的单词或手势词的消失；第二，新词或手语新词的出现，新词出现是为了要表达新出现的概念，这些新词或者是借助自己的语言创造而来，或者是从另外一门语言借用或派生而来。

Lexicalization　词汇化

手语中的词汇化通常是与这类现象有关，即随着时间流逝，一个类标记结构变成了一个规约性手势词。以荷兰手语的手势词【见面】为例，它的打法是用两个实体类标记手型（指代两个人形的类标记）做相向移动。最初，它只是一个类标记结构，含义是“两个人正在走向对方”。在此之上，它经历了词汇化，变成了具有词汇性质的规约性手势词，它词汇化之后的新词义是“见面”，意义变得更为宽泛，它可以指两个以上的人或两个群体的见面，还可以指互联网上的见面。与类标记结构中的运动参数一样，词汇化而来的【见面】一词，其运动参数也起着重要作用。另一个词汇化例子是荷兰手语动词【发生】（→ *“时”或时态*）。我们没有发现任何一门手语用动词屈折变化来标记“时”。然而荷兰手语的动词【发生】确实有两种不同的形式，它区分现在时和过去时。但是动词【发生】的这种情况是偶然的现象，荷兰手语中并无这类屈折变化规律，所以【发生】的两个形式只是特例。手势词【发生 – 现在时】的打法是：双手相互环绕着，同时做远离身体和向前移动的运动。【发生 – 过去时】的打法是：双手相互环绕着，同时做向后移动，移向身体的动作（→ *时间线*）。因为这两种特殊词形并不是遵循动词屈折变化这类语法规则，所以人们需要单独记忆和学习这两个词。所以【发生 – 现在时】和【发生 – 过去时】是词汇化后的规约性手势词。

与手语情况类似，有声语言中也有这类词汇化[1]而来的规约性词形或表达形式，如荷兰语、法语和德语中的名词的性，我们必须去背诵识记。另外，手语和有声语言中都有习语，我们还必须单独记忆许多习语的比喻性意义，如“It is raining cats and dogs”（下着倾盆大雨）（→ *比喻语言*）。

Lexical sign　手语实词　实义手势词

手语实词是实义手势词的另一个说法。

☛ 另见*实义手势词*

Lexical variation　词汇变异

在手语和有声语言中，词汇变异现象非常频繁。对很多概念来说，手语者可以使用不同的手势词来表达同一个概念，如“腕表”这个概念就有很多手势词。顺便说一下，它同时也说明了一个要点，即释义类型的标注（如【手腕－手表】）并不反映手势词本身，它只是将表示此“腕表”的手势词用文字解释或硬译了一下，如硬译成如上的“手腕”加“手表”。在荷兰手语中，“腕表”这个手势词通常是打在手腕上戴手表的位置。可是这个手势词有词汇变异，它的一个地域变体是模仿人们从胸前的上衣口袋里取出一只怀表的动作。词汇变异取决于许多因素，如年龄、性别、社会阶层或地域。在地域变体中，手势词往往只是词形上的差异，它们的外延和内涵是相似的。然而出现词汇变异的一些手势词确实会外延相同，但内涵不同。例如，荷兰手语表达“死亡”的同义手势词（→ *语用适当*），这些同义词尽管都是“死亡”的意思，但它们在内涵上是不同的。

☛ 另见*内涵*、*外延*、*语用适当*、*同义关系*

Lexical word/sign　实词　手语实词

它是实义词和实义手势词的另一个名称。

☛ 另见*功能词*、*词类*

---

[1] 词汇化请参阅董秀芳先生《汉语的句法演变与词汇化》（中国语文，2009 年第 5 期）。

Lexicography　词典编纂学

词典编纂学是研究词典编纂原则在实际词典编纂中的具体实施的学科。该学科的目的是使单词信息（词义、词形、词的发音和用法等）以负责任的方式传递给词典用户，让用户尽可能方便地获取单词信息，并充分理解这些信息。在手语词典编纂中，这些类似的关注点也同样重要。

☛ 另见*词汇学*

Lexicology　词汇学

词汇学是语言学的一个分支，它聚焦于如何基于科学见解而找到编纂词典的最佳方式。[1] 词汇学必须回答的问题之一是：词典中应该包括哪些单词和表达，应该提供哪些单词信息。在手语词典编纂中，这些类似的问题也同样重要。

☛ 另见*词典编纂学*

Lexicon　词库　词典　词汇

术语“lexicon”有多个意义。一方面，它可用于“mental lexicon”（心理词库）一词中，心理词库[2] 是指语言使用者在他的大脑中所储存的全部单词或手势词（→ *心理词库*）。另一方面，“lexicon”也可以指一本实用的收录手势词或单词的词典或词汇表，在该词典或词汇表中，人们可以查找手势词、术语，或单词的含义及其发音（打法）。研究词典开发与编纂的语言学分支有词汇学（→ *词汇学*）和词典编纂学（→ *词典编纂学*）。

词典在结构和主题上差别很大。都按字母顺序排列的单语词典和双语词典，两者差别较大。前者可以找到词的含义，后者可以找到一个词在另一种语言中的对应词。通常这些词典收录的是用于日常交流的词汇。还有一些按字母顺序排列的词典可用于特定主题或领域，如收录鸡尾酒饮料名称的词典、收录

[1] 原著刊误：本书原著对此词条的定义疑有偏误。《语言学名词》第 76 页对词汇学的核心定义是“主要研究词的性质、单位、构造、形成、发展、演变、词义等”。

[2] 《现代语言学词典》第 204 页。

医学术语或音乐术语的词典、收录圣经语言的词典，或者收录莎士比亚戏剧相关词语的词典等。

手语词典形式也比较多样。在单语词典中，每个手势词都是一个基本词目，用它们各自的词形表征出来，也就是使用图画和（或）录像记录，有时还配上标注和转写内容，如使用汉堡标音转写系统（→ *汉堡标音转写系统*）或手语书写软件（→ *手语书写*）给手势词增加标音和书面记录。词典还可以根据基本词形对这些手势词进行分组和排序。为了找到一个手势词，使用者恐怕必须知道一些有关该词的具体信息，如该手势词究竟是单手手势词，还是双手手势词，它的手型或运动参数是什么。如果这部手语词典是真正意义上的单语词典，那么对手势词意义和用法等的所有解释都是用该门手语来描述和记录的（即录制为手语视频）。

手语中更常见的是双语词典，在搜索词语时，人们可以使用该手势词所对应的有声语言的释义（→ *释义或注释*）或者使用书面语形式的关键词。接下来的搜索步骤也是按照字母顺序寻找相关词。手势词的词形描述可以跟单语词典的做法一样，但其解释性信息，如关键词、基本含义和例子等，通常都使用有声语言的书面语形式。

最近，信息和媒体技术的迅速发展使数字版手语词典的发展成为可能，越来越多的数字版手语词典基于目标用户的需要，其词目排序越来越不重要，因为在计算机可读取版本中，无论手势词被放置在哪里，它都是可以被找到的。

术语“lexicon”的另一个意思是词汇，它可以进一步二分。具有固定形式和意义的那些手势词是固定（或常规）词汇。而二分法中的另一部分词汇则包括很多类标记形式，它们是能产性词汇。

能产性词汇中的手势词并没有约定俗成的“词典形式”，其形式依赖于上下文语境，所以每个词都是独特的。例如，常规的手势词【驾驶】属于固定词汇，因为它具有固定的词典形式，而且即使没有语境人们也清楚它的词义。然而，当手语者讲述如下故事时，如在非常颠簸的道路上驾驶汽车，他可以一边使用一个能产性词汇［即一个与【驾驶】看上去相似（但不是【驾驶】）的操持类标记手势］，表示自己在开车，一边模仿汽车上下颠簸的样子。

💻 http：//www.spreadthesign.com/gb/members/multilingual，http：//www.auslan.org.au/，http：//www.signbsl.com/

Lexicostatistics　词汇统计比较法

在语言学研究中，人们试图确定不同语言在历史上的亲属关系，还致力于弄清一门语言是何时出现的。为了实现以上目标，人们使用词汇统计比较法来观察相关语言中的词汇变化。按照此方法，人们可能得出一个语言谱系，如划分出印欧语系。词汇统计比较法也适用于手语。人们可以使用一个手势词的词表，依据该表逐一比较一下不同手语的词汇，以找出哪些手语具有亲属关系。用这个方法，人们发现美国手语和法语手语是亲属语言。

☛ 另见*语言谱系*

Linear order　线性顺序

在不同语言中，当语言构成成分（如词、语素、音素等）一个接一个地按排序前后衔接为一列时，这是一种线性顺序。衔接后的成分具有序列性。手语在一定程度上存在线性顺序，如手语句子是由手势词按先后顺序接续而成。但是，手语又与有声语言存在重要差异。除了线性顺序之外，手语结构中还具有高度的同时性（→ *同时性*）。

☛ 另见*语言构成成分的顺序*

Lingua franca　通用语

通用语是指使用不同第一语言的人在彼此交流时最常用的语言。例如，在菲律宾或许多非洲国家，英语是一种通用语言。在印度，通用语则是英语和印度斯坦语。[1] 在手语中，一个手语通用语的特殊例子是北美的平原印第安手语，它被当地印第安部落用作人们彼此交流的通用语，这些部落占地面积超过了100 万平方公里，不同部落所讲的有声语言各不相同。

Linguistic competence　语言能力

语言能力是指语言使用者的语言知识体系。

☛ 另见*能力*

---

[1] 由于印巴分治等历史因素，1965 年印度确立的官方语言是英语和印地语。

Linguistic universals　　语言共性

在生成语言学中，语言共性这个术语是指所有语言共有的特征。

☛ 另见*母语或本族语*

Linguistics　　语言学

从传统视角看，语言学研究语言的如下方面：句法学（研究语法），语义学（研究意义），形态学（研究构形和语言形式），音系学和语音学（聚焦于声音），词汇学（聚焦于词汇量）。这些领域构成了语言学研究的分支学科，它们是语法中的独立模块，但已有很多证据证明这些模块在语言使用中是高度协作的。

语用学、心理语言学和社会语言学是不同的语言学研究领域。此外，还有神经语言学，它进一步延伸到失语症学。另外，还需提及一下病理语言学，它主要研究语言障碍。

语言描写既可以是共时的，也可以是历时的。共时语言描写是刻画某个时间点该语言（或语言的一部分）是什么样子，历时语言描写则记录在特定时间段中该语言（或语言的一部分）的发展和演化。

语言描写可以是语言现实的反映，这称为描写语法（→ *描写语法*）。与描写语法不同，规定语法制定相关规则来规范语言的使用。在规定语法中某些语言变体形式被认为是不正确的（→ *规定语法*）。此外，语言学中还有一种教学语法，它在教育场合中使用。作为一种语言使用指南，教学语法是为了教育目的，在一定程度上它类似于规定语法（→ *教学语法*）。

Lip reading　　唇读

唇读[1]是看话的另一种术语表达。

☛ 另见*看话*

List buoys　　列举浮标

列举浮标是指在话语表达时，当手语者需要将 1~5 个（或 1~5 组）有关

---

[1] 也有人将其译为“读唇”“读唇术”等。

联的实体进行列举时，他所使用的辅助性手势词。例如，当他们要介绍一个很长的列表上的内容时，就需要使用列举浮标。在打列举浮标时，手语者辅手保持静止，用主手去打其他手势词。主手的食指依次点击一下辅手的第一（拇指）、第二（食指）、第三（中指）、第四（无名指）或第五根（小指）指头，通过这种依次点击，手语者依次列出他要讨论的几个相互关联的事项。

☛ 另见*片段浮标*、*时空点浮标*、*要点浮标*、*主题浮标*

📖 Liddell，Vogt-Svendsen，Bergman（2007），Vermeerbergen et al.（2007）

L2-acquisition　　二语习得

“L2-acquisition”是二语习得或外语习得的缩写。

☛ 另见*二语习得*

Loan sign　　手语借词

手语借词是指从另一种手语借用而来的手势词，或者指那些指拼而来的手势词（一部分或大部分词形都必须指拼有声语言单词的字母）。例如，荷兰手语中的借词有【树】【研究】（均借自美国手语），【姜】（借自中国手语）和【基因】（借自瑞典手语）。

荷兰语从英语中借用词汇的情况是最常见的，尤其是借用英语中的信息和计算机技术领域的词汇。在所有的有声语言中，借词都要作出调整以符合借入语言的语法。例如，从英语借用来的动词，进入到荷兰语后，往往马上遵循荷兰语的动词变位规则。从英语借用来的名词则必须遵循荷兰语的小称规则。有些手语借词其构成部分（或很大部分）都包含指拼，如例 L–3 和例 L–4 所示，这两个指拼手势词是基于荷兰语的单词。

例L–3　荷兰手语

手势词　　手势词的结构

【蓝色】　　先打手型，再变为手型，然后手型逆时针转动一下（字母 B、L、U）

例L–4　荷兰手语

【身份】　　先打手型然后手型向胸前移动并接触胸部（字母 I）

Loan word 借词 外来语

借词（或外来语）是指从另一种语言中借用而来的词或词语。例如，在过去荷兰语从拉丁语中借用了许多词。然而从荷兰语借用词语的语言多达 140 种，它们遍布全世界各大洲。它们大概借用了 18 000 个荷兰语单词。表 L–1 至表 L–4 是其他语言从荷兰语借词的情况。

表 L–1 英语中来自荷兰语的借词举例

英语单词（来自荷兰语的借词）	荷兰语单词	词义
dry	droog	干
iceberg	ijsberg	冰激凌
snack	snak	快餐
tide	tij	浪潮

表 L–2 日语中来自荷兰语的借词举例

日语单词（来自荷兰语的借词）	荷兰语单词	词义
biru	bier	啤酒
garasu	glas	杯子
kokku	kok	做饭
masutu	mast	桅杆
soppu	sop /soep	泡沫或汤
Kuappusukaatsu （近年来很新的借词）	klapschaats	脱位冰刀鞋

表 L–3 意大利语中来自荷兰语的借词举例

意大利语单词（来自荷兰语的借词）	荷兰语单词	词义
stoccafisso	stokvis	鳕鱼干
kermesse	kermis	露天集市

表 L-4 俄语中来自荷兰语的借词举例

俄语单词（来自荷兰语的借词）	荷兰语单词	词义
bakbort	bakboord	港口
farvater	vaarwater	水域或航道
kajuta	kajuit	小屋或客舱

Haspelmath，Tadmor（2009），Van der Sijs（2010）

Localization 定位或分派句法空间位置

在手语会话中，那些就在说话现场的有形实体可以借助指点手势进行定位和指称。但是当所指对象不在现场时，手语者必须在句法手势空间中为它们创建一个位置（→ *创建位置*、*在场参与者的位置*）。定位或分派空间位置是指手语者在句法空间中为一个或多个不在场的所指对象定位，如借助【指代词】来定位。该位置在之后的话语中还会被用到，【指代词】会指向这个位置。这是代词化的形式之一，因为此处的【指代词】具有人称代词的功能（→ *代词化*）。另外，手语者还可以使用类标记结构来指代一个对象，在荷兰手语和佛兰芒手语中都有这样的例子。如例 L-5 所示，手语者可以先打出手势词【男人】，再使用类标记结构手型为“男人”在句法空间中定位。为所指对象“女人”分派空间位置也是如此。

例 L-5 荷兰手语

【男人 类标记 -$_{3a}$ 女人 类标记 -$_{3b}$ $_{3a}$看$_{3b}$。】

‘那个男人看着那个女人。’

手语中区分象似性的空间定位和任意性的空间定位（→ *象似性定位*、*任意性定位*）。

Location 位置

出现在会话现场的所指（即手语者及其会话对象）和不在现场（但手语者为其分派了空间位置）的所指，这两类所指在手势空间中占据的位置，称为位置（也称“locus”，复数形式是“loci”）。

☛ 另见*定位*、*分派句空间位置*

Location of articulation　　发音位置

发音位置是手势词的基本构成成分之一，即该手势词在手势空间中的哪一个位置被打出来。

☛ 另见*基本构成成分*

Location of present participant　　**在场参与者的位置**

当被谈及的实体（手语者、手语对象、会话涉及的第三者）确实出现在会话现场时，我们称之为在场参与者的位置。另一个名称是“在场的所指”。对这些实体的指称从本质上讲都是直指。

☛ 另见*直指*

Locative sentence　　**方位处所句**

方位处所句是一种特殊类型的句子结构。如例 L-6 和例 L-7 所示，在方位处所句中，两个所指对象相对于彼此的空间方向和位置信息等在句子中得以清晰表达。

例L-6　荷兰手语

【桌子　书　躺 – 在上面 – 类标记 –。】

‘书在桌子上。’

例L-7　荷兰手语

【男人　床　躺 – 在上面 – 类标记 –。】

‘男人躺在床上。’

☛ 另见*手语语序*、*图形 – 背景原则*

📖 Coerts（1994），Pfau，Bos（2016），Vermeerbergen，Nijen Twilhaar，Van Herreweghe（2013）

Locative verb　　位置性动词

许多手语有两种类型的一致动词，即位置性[1]动词和方向性动词。在位置性动词中，动词的位置参数可以根据句子的成分（主语、直接宾语、间接宾语或者状语附加语）进行调整和变化，以便该动词可以表征出该句子成分在手势空间中的位置信息。例如，用手语表达“某人正在抚摸狗”，动词【抚摸】将在“狗”被分派的空间位置处打出。所以在此句中，位置性动词【抚摸】与直接宾语【狗】保持句法一致（见例 L–8 和例 L–9）。

例L–8　荷兰手语

话题

【狗　指代词 $_{3a}$，指代词 $_{1}$ 抚摸 $_{3a}$。】

‘我在抚摸这只狗。’

表达同样意思的佛兰芒手语例句其句子结构见例 L–9。

例L–9　佛兰芒手语

话题

【狗　指代词 $_{3a}$，抚摸 $_{3a}$　指代词 $_{1}$。】

‘我在抚摸这只狗。’

一些位置性动词与主语保持句法一致，如荷兰手语动词【开始】。如例 L–10 所示，两个男孩想要玩一个游戏，而这个游戏是彼得先提出要玩的。彼得是句子主语，手语者首先将两个男孩分别定位在手势空间中的位置 3a 和位置 3b，然后在彼得被分派的位置 3a 处打动词【开始】，使动词【开始】与主语【彼得】保持一致。

例L–10　荷兰手语

【彼得　指代词 $_{3a}$　约翰　指代词 $_{3b}$　开始 $_{3a}$。】

‘彼得和约翰（在那边）。是彼得最开始（提出想打游戏的）。’

位置性动词也可以与充当句子状语的附加语连用。如例 L–11 所示，荷兰

[1] 手语动词的分类与有声语言略有不同，位置性动词的译法主要是为了强调该类动词的空间位置性，同时与有声语言中的方位名词、处所动词等相近名称相区分。

手语的位置性动词【系词－那里】就是这种与状语类附加语连用的情况。

例L－11 荷兰手语

【昨天，学校 指代词$_{3a}$，指代词$_{1}$ 系词－那里$_{3a}$。】

‘我昨天是在学校。’

例 L–11 中位置性动词【系词－那里】是在学校被定位的空间位置处打出，它释义处的下标 3a 表示附加语【学校】在手势空间中的位置。

在以上例子中，句子都最大限度地实现了一致关系。然而在荷兰手语和佛兰芒手语中，在某些情况下，句子也可以省略所有的一致关系标记。在这种情况下，动词的位置参数不做任何修饰和调整，动词以其基本形式打出来。

☛ 另见*一致动词*、*一致关系*、*方向性动词*

Locus 位置

“locus”（地点、中心、轨迹[1]）是位置“location”的另一个名称（请注意“locus”的复数形式是“loci”）。

☛ 另见*位置*

Locution 以言述事（即发话）

以言述事（即发话[2]）是指从话段的字面意义去理解的句子。当分析以言述事的句子时，人们需关注和区分的只是发话行为说了什么，如这段话语从形式上看是陈述句、疑问句还是祈使句。

☛ 另见*言语行为*

---

❶《英汉大词典》第 1126 页。

❷《现代语言学词典》第 211 页，《语言学教程》（第三版中文本）第 186 页。

M

Manual affirmative marker　　手控型肯定标记

手控型肯定标记是手语中表示肯定意义的手势词，它与标记肯定句的点头结合使用。虽然非手控型肯定标记是手语中表达肯定意义的最常见方式，但也有一些手语，如约旦手语和荷兰手语，它们是同时使用非手控和手控型标记。当回应一个被否定的陈述时，约旦手语或荷兰手语会采用一个表示肯定意义的手势词，同时还会点头，进而明确这个陈述肯定是真的。例 M-1 是约旦手语例句，标记肯定句的点头覆盖了全句（→ *非手控型标记的覆盖范围*），同时句子中还有一个手控型肯定标记。

例M-1　约旦手语

　　　　　　　　　　　　点头
【今天　市场　去－到　肯定　指代词 $_1$。】
'今天我的确要去市场了。'

☛ 另见*标记肯定句的点头*

📖 Hendriks（2004）

Manual alphabet　　手指字母表　手指字母　手指字母方案

指拼时人们必须用到手指字母。手指字母表是指一组指式动作，每个指式动作对应有声语言拼音字母表中的一个字母。指拼不是也无法独撑一门语言，指拼是对手语的补充。手指字母表里的一些指式动作刚好也是手语中常用的手型。不同国家的手指字母表和方案是不同的。有些国家的手指字母是用单手打出的，有些国家的则是用双手打出。手指字母方案与有声语言的记音符号或拼音字母的书写系统有关。在荷兰语手指字母表中，每个指式动作都对应不同的拼音字母（荷兰语采用的是拼音字母书写系统）。日语不使用字母，但它有音节书写系统。相应地，日语手指字母表中的每个指式动作对应的是日语的音节。日语手指字母表有 47 个基本指式动作，这些指式动作可以借助运动来表示音节的音高重音变化。

☛ 另见*指拼*

Manual conjunction　　手控型连词

手控型连词是指具有连接功能的手势词，如荷兰手语连词【但是】和【因为】。

☛ 另见*复句*

Manual negation particle　　手控型否定小品词

手控型否定小品词是指像【不】这样专门表达否定意义的手势词。很多手语都使用否定小品词。不同手语中否定小品词的位置各不一样。有些手语，如约旦手语，使用更多的小品词来表达否定。

☛ 另见*否定句*

Manual-visual modality　　手势 – 视觉模态

在手语中，手语者的双手、面部和身体都能用作发音器官，而手语是被我们的眼睛所感知到的，因此手语是手势 – 视觉模态的语言。

☛ 另见*语言模态*

Marked　　有标记的

当语言中的某个形式（结构或规则）与通常被认为是最典型的形式（无标记的形式）截然不同时，此形式（结构或规则）就是有标记的。研究者认为无论是对第一语言还是对第二语言学习者来说，无标记的成分要比有标记的成分更容易学会。

当一个语言中出现了有标记的形式（结构或规则）时，它会跟这些有标记形式相对应的无标记变体。但是，反过来是不成立的，也就是说，一个语言可以出现无标记形式，但它相应的有标记变体却可以没有（即无标记形式可以没有有标记变体）。

☛ 另见*有标记手型*、*无标记手型*、*无标记*

Marked handshape　　有标记手型

有标记手型是与无标记手型正好相反的手型。相比于后者，它们更难打出，在手语中出现的频率更低。例如，它们只出现在单词首字母指拼词或基于指拼的手势词中。如图 M–1 所示，这些手型是荷兰手语中的一些有标记手型。

图 M–1　荷兰手语的有标记手型

☛ 另见*手型*

Matrix clause　　母句

母句是一个小句，另一个句子可以嵌入其中而成为该母句的一个成分。母句只在具有主从关系的复句中出现。如例 M–2 所示，该例中，母句是【约翰知道】。

例M–2　荷兰手语

【约翰　知道　［彼得　生病］。】
'约翰知道彼得生病了。'

有些语言，如英语，它的复句可以嵌入多个从句（见例 M–3）。

例M–3　英语

John heard [that Peter said [that his father is going to London]].
'约翰听彼得说他父亲要去伦敦。'

此处主句是"John heard"（约翰听到），它是嵌入主句的宾语从句"that Peter said that his father is going to London"（彼得说他父亲要去伦敦）的母句。在这个宾语从句中也有一个内嵌的宾语从句，"that his father is going to London"（他的父亲要去伦敦）。那么"Peter said"（彼得说）就是"that his father is going to London"（他父亲要去伦敦）这个宾语从句的（内嵌的）母句。

☛ 另见*复句*

Matrix predicate　母句谓语

母句谓语是指复句中用作主语谓语的成分。

☛ 另见*母句*、*复句*

Meaning　意义

无论是在手语，还是在有声语言中，意义都可以从不同层面来考虑，包括句子层面、词组层面、单词层面和语素层面。尽管音位可以用来区分意义，但音位本身是没有意义的。在手势词（单词）层面上，意义在以下语言现象中都发挥重要作用：同义、同形异义、一词多义、反义和上下义关系。所有这些都将在单独的词条中讨论。

📖 澳大利亚手语请参阅 Johnston，Schembri（2007），英国手语请参阅 Sutton-Spence，Woll（1998），荷兰手语请参阅 Schermer（2016b）

Meaning lexicon　意义词库

研究者认为心理词库应包括以下两个方面：第一，全部词目，它们是没有语音描写的抽象意义成分；第二，全部词目各自的语音形式。包含第一方面内容的词库称为意义词库，包含第二方面内容的词库称为形式词库。关于这些概念在语言产出中的作用，我们将在“编码”这个词条中加以说明。

☛ 另见*编码*、*心理词库*

Media tagging　媒体赋码

在手语转写中，我们可以将原始手语数据在视频媒体中迅速赋码。被赋码的原始手语数据对应的视频一直都可以被调用出来，这样有助于我们弥补手语标注或标音系统无法反映手语数据完整形式这一弊端。

📖 Boyes Braem（2012）

Mental lexicon　心理词库

心理词库是指每个语言使用者大脑中的全部手势词或单词。研究者认为，心理词库包括意义词库和形式词库两部分。意义词库包含所有词目，这些词目都是抽象的意义成分，不带有任何语音信息。形式词库包含所有词位，这些词位都带有特定语音形式。以上心理词库相关概念在语言产出中的作用我们将在“编码”词条中（→ *编码*）加以说明。

研究者一直努力探究手势词（和单词）究竟是如何储存在心理词库中的。他们认为，词的储存是借助语义网络来完成的。当一个人出现手误（→ *手误*）时，他从心理词库中检索到了另外一个手势词，这个手误的词与他想要使用的手势词意义上有些接近。例如，有人想打手势词【卡车】，但却打出【火车】一词。这两个手势词都包含大型车辆这个意义成分。这是人们对手误的解释，但完整的解释不止这些。在手误中，人们有时会看到手势词之间的混淆，这些手势词在语音结构上（即它们的基本形式要素）非常相似。研究还表明，第一语言使用者和第二语言使用者在手误中的表现是不同的。

有声语言的口误也为我们提供了很多有趣的信息。我们有时会使用一个错的词，或者根本不是一个词，只是开头的发音跟我们想要使用的正确的词是一样的。另外，我们也会混淆两个意义相近的单词。例如，一个讲英语的人会说他要一个“tin opener”（开罐器），而他真正想要的是“nutcracker”（胡桃夹子）；当他想说“spoon”（勺子）时，他会说成“fork”（叉子）。这充分证明这些词在语义网络中是彼此相连的。

当孩子们习得他们的第一语言时，不管是手语还是有声语言，他们都不需要背诵现成的句子。他们能够理解（和产出）他们以前从未听过的句子，因为他们认识单词，知道语法。然而，有许多复杂的词语和句法结构，它们的意义无法根据语法规则推导出来。因为这些结构的意义是不能预测的，所以我们认为必须单独去学习这些结构的意义，并储存在心理词库中。词汇化就属于这种情况。

📖 Schermer（2016b），Schembri，Johnston（2013），Cuxac et al.（2002）

Mental rotation　心理旋转

手语中的场景通常是从打手语者的视角来描述的。这要求手语的会话对象在自己的心理场景中将手语者所描绘的空间场景转换（旋转）一下，就像在有声语言中，听话者必须从说话者的角度去重新考虑“左”或“右”究竟指哪边。

☛ 另见*视角*

📖 Emmorey（2000）

Metaphor　　隐喻

在手语中，隐喻以很多形式出现。在有空间类比的手势词中，具有积极意义的手势词通常在句法空间中都有向上的运动（→ *“向上”的隐喻*），具有否定意义的手势词往往含有向下的运动（→ *“向下”的隐喻*）。另外，与时间有关的手势词也含有空间隐喻性。例如，有的手语的时间线是在肩头之上，未来是在手语者身体前方，过去是在手语者身体后（→ *时间线*）。这就是时间线隐喻（→ *时间线隐喻*）。事实上，这一空间意象在有声语言中也是一样的，我们会说“过去在我们身后”“未来在我们面前”这样的短语，其意思正是我们在过去经历了一些事情，我们期待着未来。然而，这种空间意象是受文化限定的。在一些手语和有声语言中，它们的过去和未来与前例情况正好相反，即过去是已知的，我们可以看到它，因此它就在我们的面前，而未来是未知的，是看不见的，所以它就在我们的身后。手语中还有借助手型的变化来表达的隐喻。以荷兰手语【春天】为例，它是由一个闭合的手型变成伸张开的手型，这种花开的形象代表了春天万物复苏的特征。

在有声语言隐喻中，所指对象（或事物）的某个特点都可以与其他事物相类比，从而构成隐喻。例如：“Your room is like a pigsty”（你的房间像猪圈），隐喻很乱；“Her head was red as a beet”（她的头像甜菜一样红），隐喻害羞；“He is like a rock”（他像石头），隐喻值得信赖。“like”（就像）和“as”（正如）可以用在这些句子中，如“Death is like a thief in the night”（死亡就像夜间的小偷悄然而至），“John is strong as an ox”（约翰像牛一样强壮）。手语中的隐喻情况也是如此。例如，在英国手语中，为表达【放置－我－介词“里”－我的－地方】（把释义文字直译为英文是“put me in my place”），你可以通过模仿狗耳朵耷拉下来时的样子，打出相应的手势词以表示顺从，或表示对训斥感到害怕，老实了，不希望陷入麻烦。另外，你可以打出隐喻性的场景【悬挂－介词“到……上”－表面－介词“的”－悬崖】，来表示你陷入恐惧。

☛ 另见*比喻语言*、*习语表达*

📖 经典读本请参阅 Lakoff，Johnson（1980）；美国手语请参阅 Wilber

（1990），Wilcox（2000, 2005）；英国手语请参阅 Sutton-Spence，Woll（1998），Brennan（2005）

Metathesis　　换位

换位是手语中的一种手误类型，它是指在语法编码过程中，两个前后相邻手势词的某个基本构成成分（如位置参数）发生了音位互换。一个位置互换的手误例子是来自美国手语的短语【刚刚 吃过】。该短语正确打法是在靠近头部位置打手势词【刚刚】（手型），然后在嘴边打另一个手势词【吃过】（手型）。但是在手误中，手语者前后对调了这两个手势词的发音位置：第一个手势词的手型被错误地打在嘴边，第二个手势词的手型被错误地打在头部附近（→ *手误*）。

Method controversy　　方法之争

当 18 世纪下半叶聋人教育在整个欧洲推行时，那里几乎所有的学校都允许使用手势或手语。许多年后，一场方法之争爆发了，其核心问题是，聋童接受纯口语教学是否更好（聋童只借助本国有声语言的口语和书面语来学习说话），还是手势和手语也应在聋童教育中发挥作用。在口语教学派的压力下，这场方法之争最终导致了 19 世纪末米兰会议决议的出现，该决议在 1880 年国际聋人教育大会上被接受。这条决议宣称，在聋人教育中，口语教学比手语教学更受欢迎。其结果是大多数聋校在教学中都放弃使用手语。

☛ 另见 *口语教学法*

Minimal pair　　最小对立体

最小对立体（或最小对比对儿）是音系学中的一种语言现象，它用来区分语言中的音位。如图 M–2 所示，荷兰手语的手势词【夏季】和【陌生 / 奇怪】构成了最小对立体，因为这两个词的手型、手部朝向、运动等基本构成成分完全一样，只有发音位置这一个参数不同，因而造成两者意义的差别。

【夏季】

【陌生 / 奇怪】

图 M-2　荷兰手语中的最小对立体

这两个词的音位差异仅是位置这个基本构成成分。另一组最小对立体的例子是【掌声】和【证据】，两者的音位差异是手部朝向这个基本构成成分。更具体地讲，是主手的手掌朝向有差别，【掌声】是主手掌心朝下，而【证明】主手掌心是朝上的。

在有声语言中，最小对立体是指两个意义不同的词，它们其他的发音都一样，仅在一个发音上有区别（如例 M-4 和例 M-5 中的英语最小对立体所示），这个不同的发音具有区别意义的功能，所以它是音位。

例 M-4　英语

a. bad----mad　　　　b. bin----bid

例 M-5　英语

a. bad----bid　　　　b. bed----bead

在例 M-4 的 a 例中，辅音 /b/ 和辅音 /m/ 是不同的音位，具有区别特征。在例 M-4 的 b 例中，辅音 /n/ 和辅音 /d/ 是不同的音位，具有区别特征。在例 M-5 中，四个单词中的四个元音具有区别特征。

☛ 另见*基本构成成分*、*音位*

Minority language　　少数族群语言　少数民族语言　弱势语言

少数族群语言（或少数民族语言、弱势语言）是指某一地区少数人所使用的语言。这个术语在语言学中也可以指一门虽然被大多数人使用，但在语言政策中（如政府制定的语言政策）从属于其他语言的语言。然而，即使没有语言政策，使用者最多的这门语言也可能是弱势语言，因为它有可能是两种或多种语言中，语言地位最低的那种语言。

Modality　语言模态

语言模态是指语言借助听觉或视觉、触觉中的某一种方式来实现语言产出和语言感知。手语是用双手打出，用眼睛感知，因此它是手势－视觉模态的语言。有声语言是用声音讲出，并由听觉感知，因此它是口头－听觉模态[1]的语言。有声语言模态还区分口语形式和书面形式。手势－视觉模态的手语可以分为现场交流（面对面的手语沟通）、录制交流（手语视频拍摄）和书面形式（如用汉堡标音转写系统转录的手语）。

Modifier　修饰语

修饰语是句子中的非强制性成分，它用来进一步修饰和限定结构中的必需成分——中心语（或中心、核心词、核心）。

在例 M–6 中，【30　米】是中心语【高】的修饰语。这个修饰语本身也是一个由修饰语和中心语构成的名词性成分，其中【30】是修饰语，【米】是中心语，前者修饰后者。

例M–6　荷兰手语

【教堂 $_{形容词短语}$［30　米　高］$_{形容词短语}$ 。】

‘这座教堂有 30 米高。’

☛ 另见*成分*、*结构的中心*

Monomorphemic sign　单语素手势词

在手语中，单语素手势词是手语单纯词的另一个名称。

☛ 另见*手语单纯词*

---

[1] 《现代汉语词典》（第五版）第 785 页，“口头”用作形容词时，意思是“用说话方式来表达的”（区别于“书面”）。本书在“口头”“口部”“口说”三者中暂选择“口头”。

Morpheme 语素

语素是语言的最小意义单位，有两种类型，即自由语素和黏着语素。如例 M-7 所示，这两种类型的语素在手语中都有，它们可以是手控型的语素，也可以是非手控型的语素。

例 M-7 共有三个语素，包括自由语素【取笑】和两个标记一致关系的黏着语素（3a 和 1）。例 M-8 有两个语素，【房子】是一个自由语素，而非手控型修饰成分“腮帮内凹”是一个黏着语素。

例M-7 荷兰手语

【 $_{3a}$取笑$_{1}$。】

‘他（或她）在取笑我。’

例M-8

腮帮内凹

【(……) 房子 (……)】

‘(……) 小房子 (……)’

☛ 另见*黏着语素*、*复合词*、*派生*、*屈折*、*自由语素*

Morphological change 形态演变

手语和有声语言中的形态演变都与语素的组合能力有关。手语中形态演变的一个例子是动词【完成】的语法化。【完成】最初仅具有实词功能，现在它也具有标记完成体的语法功能（→ *语法化*）。

有声语言的形态演变，以英语为例，“hamburger”这个词（由德语的后缀“-er”组成）原来的意思是“汉堡城市的居民”。而英语中“汉堡包”最初的说法是“Hamburger Beefsteak”（汉堡牛排）。从“ham”被理解为“牛肉”“火腿”的那一刻起，成分“burger”就变成了一个自由语素，它可用作复合词的第二部分，如“hamburger”（汉堡）、“cheeseburger”（芝士汉堡）、“fishburger”（鱼肉汉堡）。成分“burger”也可以被用作一个词，如“to eat a burger”（吃汉堡包）和“Burger King”（汉堡王），后者是全球汉堡快餐连锁店的名字。

Morphological restriction　　形态规则　词法限制

目前人们对手语中的形态规则（或词法限制）现象研究得还不充分，缺乏相关证据。在有声语言的形态规则中，有许多是关于语素的组合，它们限定了哪些语素可以组合在一起。反过来这说明在构词限制方面，语言也一定有相应的规则。对构词提出限制的表现形式之一就是词法限制。例如，在英语中，我们可以在一个形容词后添加后缀“-ify”，使该形容词变成一个动词，其动词含义是“使……具有该形容词的特点”。因此把“-ify”添加到“clear”（清楚）之后，我们可得到动词“clarify”，词义是“澄清”。然而，形态学的词法限制规则是后缀“-ify”不能添加到已经包含后缀的词干上。那么我们就不能把“-ify”添加到后缀为“-ive”的形容词上，如形容词“active”（积极的），我们无法通过添加“-ify”，从“active”中派生出动词。

☛ 另见*形态学（词法学）*

Morphology　　形态学　词法学

形态学（或词法学）是语言学的一门分支学科，它研究复杂手势词（或单词）的结构。手语和有声语言的形态学都研究如下几种语言现象：合成、派生、屈折（→*派生*、*屈折*、*合成现象或复合词*）。此外，还有组并现象（→*组并*）。目前我们还不确定组并究竟是一种独立的现象，还是可算作以上三个形态变化中的其中一种。形态复杂的单词可以通过添加词缀、重叠、转化（→*添加词缀*、*重叠*、*转化*[1]）等步骤完成构词。

有声语言词法也有很多规则，它们规定了语素有哪些可能的组合，这说明有声语言的构词也有诸多限制。手语和有声语言情况都是如此。但两者有相似之处的同时，也存在差异。例如，荷兰手语名词【自行车】的复数形式就不能使用重叠这个形态手段，这是荷兰手语对闭合型手势词的一个音系限制规则（→*音系限制*、*复数*）。在语言学中，构词的限制规则可分为四类：第一类，词汇限制；第二类，词类限制；第三类，形态限制；第四类，音系限制（→*音系*

---

[1] 原著勘误：见原著第 123 页，该处“reduplication”印重了，第二个“reduplication”应该是“conversion”。

限制、词汇限制、形态限制、词类限制）。

Motivated sign　有理据手势词　有动因手势词

有理据手势词（或有动因手势词）[1]是指手势词的形式和意义之间不是任意性的关系。相反，其形式和意义之间存在有理据或有动因的关联。

☛ 另见*任意性手势词*、*象似性手势词*

Motivation　学习动机

第一语言习得是一个自然发生的过程，它对我们来说就像是一件自然出现在我们身上的事情。在第一语言习得中，学习动机并不发挥作用。然而，在第二语言习得过程中，学习动机会对学习过程产生相当大的影响。学习动机强烈并且主动与更多的目标语言母语者接触的学习者，他们将创造更多的语言接触机会，因而会获得更多的语言输入。在二语习得研究中学者讨论了两种形式的动机，即融合型动机和工具型动机。融合型动机的二语学习者希望语言能力变得与目标语社群语言使用者的一样，以便自己能够参与到目标语文化中。工具型动机的二语学习者则更多的是希望通过学习二语而令自己更好地完成相应任务。一些研究者认为，与工具型动机相比较，融合型动机可以帮助二语学习者取得更好的学习效果。

当“motivation”取“动因和理据”意义时，该词与术语象似性有关（见有理据手势词或有动因手势词）。

☛ 另见*有理据手势词或有动因手势词*

Motor aphasia　运动性失语症

运动性失语症是表达布罗卡失语症的另一个术语。

☛ 另见*布罗卡失语症*

---

[1] 请参阅陆丙甫先生《语言符号理据性面面观》（《外国语》，2005 年第 6 期）和《从某些语言学术语的翻译谈起》（《外国语》，2009 年第 2 期）。

Mouth actions　　口部动作

口部动作是指当手语者用双手打出一个个手势词的同时，伴随这些手势词的是他口部的动作变化。在最近的文献中，口部动作可分成两类：第一，仿话口型（与有声语言有关的口型成分）；第二，自然口动（与有声语言完全无关的口动成分）。

与有声语言无关的这些口动成分，可以分为两种情况，即它们有的不添加任何额外意义，有的则为手势词添加了形容词性或副词性信息。

📖 Boyes Braem，Sutton Spence（2001），Crasborn et al.（2008）；荷兰语研究请参阅 Van de Sande，Crasborn（2009）

Mouth gesture　　自然口动

自然口动是指在打出手势词的同时，手语者自然发出的口部动作。自然口动是该手势词的非手控成分，口部动作是手势词中不需要用双手来发音的部分。与来自有声语言的仿话口型不同，自然口动（或口动成分）并不是从有声语言派生而来，相反它通常被认为是手语音系的一部分。然而在最近的文献中，口动成分被发现还起着其他作用。对口动成分还有更细化的分类，如有的口动成分不添加额外意义，有的则为手势词添加了相关形容词性或副词性信息。

☛ 另见*基本构成成分*、*口部动作*

Mouthing　　仿话口型

仿话口型来自有声语言，它是指有声语言单词的口型（或口型的一部分），它可以构成一个手势词的非手控部分。仿话口型（通常）是无声的，手语者只是模仿有声语言单词的发音姿势（或单词的口型）。

☛ 另见*基本构成成分*、*口部动作*

📖 Boyes Braem，Sutton Spence（2001），Crasborn et al.（2008），Bank（2015）

Mouth picture　　口动画像

口动画像是自然口动的另一个名称。

☛ 另见*仿话口型*、*单词的口型画像*

Movement 运动

运动是手势词的基本构成成分之一（→ *基本构成成分*）。运动包括如下两种情况：第一，手部整体的运动；第二，手指和手腕的运动。这两者所对应的运动类型分别是：第一，路径运动（→ *路径运动*）；第二，手内动作（→ *手内动作*）和手部朝向改化（→ *手部朝向改变*）。

手内动作、手部朝向改变和路径运动，这三者单独使用时都是简单运动。与简单运动不同，复杂运动是指路径运动叠加手内动作（或者手部朝向改变）（→ *复杂运动*）。

当手语者移动双手打手势词时，他的双手做几乎相同的运动。这与我们大脑的运作方式有关，该方式限制和要求手语者在双手同时做独立运动时，必须保持协调一致。以荷兰手语为例，在手势词【火车】和【游泳】中，双手是同时做相同且对称的运动。在手势词【自行车】中，双手是交替做相同运动。另外，有的双手手势词只有一只手在运动，另一只手保持静止，如手势词【写】。

☛ 另见*双手手势词*

📖 澳大利亚手语请参阅 Johnston，Schembri（2007），英国手语请参阅 Sutton-Spence，Woll（1998），美国手语请参阅 Sandler，Lillo-Martin（2006），荷兰手语请参阅 Van der Kooij，Crasborn（2016）

Movement reduction 手语中的弱化（运动参数的减弱）

手语中的音系现象弱化是指手语者减弱了手势词的运动参数，动作用时变短、幅度变小。

☛ 另见*弱化*

Multiple component model 多成分模型

多成分模型是最著名的工作记忆理论模型之一。多成分模型认为，工作记忆包含不同的组成成分，每个组成成分负责处理不同类型的信息。

☛ 另见*工作记忆*

📖 Baddeley，Logie（1999）

N

Name sign　　手语名　人名手势词

手语名（或人名手势词）是指用手语来表达的人名，它与人的正式姓名一样，都可以指称某个人。人名手势词的词形通常是描画出这个人的外貌特征或者爱好。有时人名手势词是指拼出这个人正式姓名的首字母。手语名的作用与有声语言的姓名在许多方面都是一样的，但手语名通常仅限于在聋人社群中使用，因此它不具有听人世界中正式姓名所具有的用于正式场合和处理行政事务的功能。在使用手语交流时，人们不会使用正式的英文或中文名字来称呼别人，除非第一次见面介绍时你用了它，或者你没有手语名。如果不使用手语名，你将不得不一直指拼你的名字，即用手指字母，一个字母一个字母地拼写出你的名字。

一个人既可以有正式的姓名，也可以有手语名，所以手语名相当于昵称。与有声语言中的昵称一样，手语名通常表征叫这个名字的人的某种特征，如外表、爱好、习惯与姓氏。手语名也可以是这些特征的组合。手语名和昵称的第二个相似点是，它们都不属于封闭的词类。新的手语名和昵称被不断地创造出来。在这一点上，手语名与人们有声语言的姓和名不太一样，后两者通常是在封闭的姓名范畴内，受法律的制约。手语名和昵称的第三个相似之处是，手语名和它的意义之间的非任意性关系可以消失，如这个人的外表发生了改变，因而不再具有手语名所刻画的特征。手语名和有声语言昵称的一个重要区别是，有声语言昵称是为了有趣而刻意起的名字，而聋人文化中的手语名与听人文化中的姓名一样，它们都是用来指称人的姓名，具有指代和称呼的功能。

Native language　　母语

母语是一个人从小时候就说着的语言（或从小就打的手语）。

☛ 另见*第一语言习得*

Nativist learning theory 天生论学习理论

乔姆斯基的天生论学习理论关注第一语言习得，并试图解释儿童如何在生命的最初五年，就成功地习得了母语这一复杂语言系统。该理论认为可以使用“特殊的母语学习能力”来解释这个奇迹。这种特殊的母语学习能力包含语言的普遍特征，儿童可以给它们赋值成这样或那样。依靠特殊的母语习得能力，以及环境中的语言输入，儿童可以习得他的第一语言。普遍语法理论对二语习得的解释也是建立在这个学习理论基础上的。

☛ 另见*生成语言学*、*柏拉图问题*、*普遍语法理论*、*二语习得*

Natural language 自然语言

在一个世纪又一个世纪的漫长历程中，不同的语言从不同人类社群中发展起来，儿童把这些语言作为第一语言来习得，这样的语言称为自然语言。自然语言与人造语言完全不同，人造语言是在某个时间点被发明出来的，而自然语言通常是基于它们的历史发展划分出语言谱系，自然语言分属不同的语系，当然其他的语言分类方法也是可行的（如类型学的语言分类方法）。另外，根据语言模态，自然语言可以划分为分属不同语言模态的语言，即手语和有声语言。此外，人类语言中还有聋盲人使用的触觉手语（→*触觉手语*）。

Negation suffix 否定后缀

否定后缀是手语中用来否定动词的黏着语素。如例 N-1 所示，在美国手语中，手语者可以把黏着语素【 - 零】附加到手势词【吃】【感觉】和【看】等动词后面，构成其否定意义。

例N-1 美国手语

【看见^零】

‘什么都没看见’

黏着语素【 - 零】是一个单手手势，其打法是用手指搭出数字零的外形。以色列手语中也有一个类似的表达否定意义的黏着语素（→*语素变体*）。

☛ 另见*语素变体*、*派生*

Negative head shake　表达否定的摇头

以荷兰手语为例，为了否定一个句子，如陈述句和疑问句，手语者在打出这个句子的同时，还要使用非手控型语法标记，如例 N–2 所示，横线上的非手控型否定语法标记通常是表示否定意义的摇头。

例N–2　荷兰手语

　　　　　　　　　　　　否定

【指代词$_1$ 汽车 购买 指代词$_1$。】

‘我不买汽车。’

也有一些手语，它们的非手控型否定标记是头部用力向后仰。还有些手语，它们使用一个特定的表示否定的手势词，即手控型否定小品词。在不同手语中摇头和小品词的使用并不一样，所以小品词的位置和摇头覆盖的区间因手语而异。非手控的摇头表情可以覆盖整个句子，或覆盖句子的不同成分。在例 N–2 中，否定表情的覆盖范围是整个句子。而在例 N–3 中，否定标记的覆盖范围只是第一个小句的宾语。

例N–3　荷兰手语

　　　　否定　　　　　　　　　　肯定

【指代词$_1$ 汽车 购买 指代词$_1$，自行车 购买 指代词$_1$。】

‘我不买汽车，我要买自行车。’

在例 N–3 中，因为否定标记的覆盖范围仅限于小句的宾语，所以形成了一处对比，即“I am not going to buy a *car* but a *bicycle*”（我不打算买汽车，而是要买自行车）。

例 N–2 和例 N–3 都是对陈述句进行否定。祈使句和疑问句也可以被否定。

📖 Pfau，Bos（2016）

Negative transfer　负迁移

负迁移是二语习得（或外语学习）过程中出现的一种现象。如果第二语言与第一语言越相似，那么语言学习者就可以将第一语言中相似的方面更多地使用在第二语言中。然而，他也会将属于第一语言但不属于第二语言的用法错误地用在第二语言中，这时就发生了负迁移。学习手语的听人会在手语和有声语言这两种语言的相似方面表现出正迁移，如仿话口型这方面。在荷兰语中，疑问词是放在句首，而在荷兰手语中，疑问词通常放在句尾。学习荷兰手语的二语学习者会在疑问词的位置上出现错误，他们会错误地把疑问词打在手语句子的句首，这种情况就是负迁移。

☛ 另见*正迁移*、*语言迁移假说*

Neologisms 新词

新词是指新出现的单词或手势词。新词还可以指现有的单词或手势词，但它具有了一个新的词义。在儿童学习第一语言（或学习者学习一门新语言）过程中，当他们不知道该如何用目标语言命名一个概念时，儿童或学习者有时会求助于创造新词这个方法。他们也可能会使用一些已有的词的新用法来表达这一概念。年轻人经常使用新词，如他们用英语单词“cool”（酷）来表达“奇妙的”或“现代的”这个意思。艺术家或诗人也经常创造新词，但这些新词不一定在人群中广为接受。新词想要在一门语言的词汇中占据永久的地位，就必须在更长的时间里被这个语言社群广泛使用。

Neurolinguistics 神经语言学

神经语言学研究语言和人脑之间的关联。这门学科关注大脑中语言的加工处理和习得，以及这些过程背后的认知过程。它探究在单词、手势词和句子的理解与产出中究竟有哪些神经回路、神经网络和神经机制参与到其中。它要解答的其他问题是：我们大脑中的语言过程在多大程度上是独特的机制，或者说它其实就是记忆和感知等这些更为普遍的脑功能。神经语言学并不局限于健康人的大脑，它还研究语言障碍者大脑中的语言过程。神经语言学是一个广泛的研究领域，它与病理语言学在阅读障碍研究、特殊型语言障碍[1]（不是由听力障碍或后天性脑损伤等另一发育障碍引起的）研究，以及失语症研究等方面有一定重合。

---

[1] 对“specific language impairment”的译法本书选用何晓炜教授的“特殊型语言障碍”,《国外特殊型语言障碍的语言学研究及思考》，刊于《语言战略研究》2020 年第 2 期。其他译法还有“特异性语言损伤”，请参阅梁丹丹教授的《理论语言学对病理语言学的贡献》，刊于《语言战略研究》2021 年第 1 期。来自医学界的译法是“特发性语言发育延迟”，请参阅上海市儿童医院公众号文章《哪些病可能与 ASD 混淆？》。

☛ 另见*病理语言学*、*心理语言学*

Neutral space　　中性空间

中性空间是指手势空间中一部分手势词以其基本形式来发音的空间。手势词的基本形式有以下几个发音位置：一是它可以打在身体正前方的空间（胸部或胃部的前方）中；二是它可以打在中性空间里；三是它可以打在手语者上半身的某个位置（包括胸部、肩部、前额、脸颊等）或者上半身这些位置附近。中性空间与语言（语音）特征有关联。

☛ 另见*基本形式*、*手势空间*

Nominal constituent　　名词性成分

名词性成分是指中心语是一个名词的句子单位，它可以是一个手势词或词组。以例 N-4 荷兰手语为例，【男人】是名词性成分【男人　老的】的中心语，它后面紧跟着一个可以任选打出的修饰语【老的】。

例 N-4　荷兰手语

【$_{名词性成分}$［男人　老的］$_{名词性成分}$　街道　散步。】

‘这个老人正在街上散步。’

例 N-5 是一个英语口语句子。“房子”是名词性成分的中心语，“大的”是修饰语。

例 N-5　英语

“He　bought　$_{NC}$［a big house］$_{NC}$.”

他　购买　$_{名词性成分}$［一　大　房子］$_{名词性成分}$。

‘他买了一个大房子。’

☛ 另见*成分*

Nominal predicate　　名词性谓语

名词性谓语是指句子的谓语是由一个名词性成分来充当的。

☛ 另见*成分功能*、*谓语或谓词*

Non-agreeing verb　　非一致动词

非一致动词是手语动词的一种，它是指动词不与其他句子成分保持语法一致。许多打在身体上的动词都是非一致动词，如荷兰手语的【理解】【爱】和【遗忘】。为了说明论元之间的关系，许多手语使用了助动词，这种助动词本身并没有任何意义，但却可以标记一致关系，所以它的语法功能就是标记语法一致。以荷兰手语为例（见例 N–6），句子中的助动词【助动词 –OP】通常放在句尾位置，同时伴有仿话口型 /op/，意思是“上”。这个手势词用手型打出，指尖总是指向宾语所在的空间位置。

例N–6　荷兰手语

　　　　　　　　　　　　话题　　　　　　　　　　　　　/op/

【指代词$_{1}$ 母亲 指代词$_{3a}$，指代词$_{3a}$ 理解 $_{3a}$助动词 –OP$_{1}$。】

‘我母亲理解我。’

☛ 另见*一致动词*

Non-manual grammatical marker　　非手控型语法标记

在手语句子中，有些语法特征并不是用双手表达出来的，相反，它们是通过扬起眉毛、倾斜头部、下巴前伸等来表达的。这些标记语法特征的非手控手段称为非手控型语法标记。例如，句子类型的标记就是一种非手控型语法标记，我们可以用它们来标记否定句、肯定句，或者话题化的句子。因此，例 N–7 陈述句和例 N–8 是非疑问句的差别并不是通过改语序，而是通过扬起眉毛这个非手控表情来标记的。添加一个扬眉表情后，例 N–8 就变成了是非疑问句。

例N–7

【男人　指代词$_{3a}$　书　阅读　指代词$_{3a}$。】

‘那个男人在读本书。’

例N–8

　　　　　　　　　　　　　　　　　　　是非疑问

【男人　指代词$_{3a}$　书　阅读　指代词$_{3a}$？】

‘那个男人是不是正在读一本书？’

其他句子类型或语法功能也可以使用非手控型语法标记。为句子添加非手控型语法标记时，请注意标注符号（如例 N–8 中的“是非疑问”）下面的直线的长度表示该非手控型语法标记覆盖的范围，例 N–8 中直线的意思是扬眉的非手控表情要覆盖整个句子。

Non-manual modifier　　非手控型修饰语

非手控型修饰语是一种非手控型黏着语素，它与手势词同时打出，具有形容词性或副词性。称之为黏着语素是因为这个非手控型修饰语无法单独出现，只能与它所修饰的手势词结合使用，一起出现。这种修饰语是形态层面上的标记符号。在这方面，它与句法层面上的非手控型语法标记、语音层面上的非手控部分，都没有区别。请见以下非手控型修饰语的例句（例 N–8 至例 N–12）。

形容词性的非手控型修饰语

例 N–8　荷兰手语

腮帮内凹

【指代词 $_1$　房子 $_{小}$　看见。】

‘我看见了一个小房子。’

例 N–9

腮帮鼓起

【指代词 $_1$　球 $_{大}$　看见。】

‘我看见了一个大球。’

副词性的非手控型修饰语

例 N–10

腮帮内凹

【约翰　盒子　小 $_{很}$　看见。】

‘约翰看见了一只很小的盒子。’

例N–11

　　　　　　　　腮帮鼓起
【约翰　　盒子　　大$_{很}$　　看见。】
'约翰看见了一只很大的盒子。'

例N–12

　　　　　　腮帮鼓起
【约翰　　驾驶$_{很长时间}$。】
'约翰开了很长时间车。'

例N–8和例N–9中的非手控标记都具有形容词意义。在例N–8中，"腮帮内凹"[1]表示房子非常小；而在例N–9中，"腮帮鼓起"则表示这个球真的非常大。由例N–10到例N–12的例句可知，非手控型修饰语可以用作副词。在例N–10中，手势词【盒子】后面是手势词【小】，在例N–11中【盒子】后面的则是【大】。在打手势词【小】的时候，手语者的动作幅度特别小；在打手势词【大】的时候，他的动作幅度特别大。但是凭借非手控型修饰语（如伴随"小盒子"的舌尖前伸以使腮帮内凹，以及强烈的面部表情），该语法标记表示小称的功能也可以得到充分表达，可以例N–10和例N–11直线上的非手控表情是修饰形容词的副词性成分。在例N–12中，非手控表情却是修饰动词的副词性成分。为了说明某人驾驶了很长时间，手势词【驾驶】的打法采用了更长的动作维持和更慢的速度，即手语者把【驾驶】这一开车状态维持很久。与此同时，该手势词还伴随着非手控型修饰语"腮帮鼓起"。

Non-manual part of a sign　手势词的非手控部分

手势词的非手控部分是指一个实义手势词中无法用双手去表达的那一部分，它是指用面部表情、头部或上半身的动作或姿势，以及口部动作等（仿话口型和自然口动）来表达那一部分。

☛另见*基本构成成分*

---

[1] 在描写例N–8和例N–10中的非手控表情时，原著作者特别强调"舌尖前伸"而使"腮帮内凹"。

Non-restrictive relative clause　非限制性关系从句

在非限制性关系从句中，它所修饰的核心名词（即主句所讨论对象）的进一步信息得以添加和补充。如例 N–13 所示，主句是讨论这些男孩遭遇了什么，而非限制性关系从句则提供了这些男孩的更多信息。

例 N–13　英语

The boys, who were shouting this morning in class, were punished.
定冠词 男孩，关系代词 系词 大喊 代词 早晨 介词 班级，系词 惩罚（被动）
'这些男孩受到了惩罚，今天早上他们在班级里大喊大叫。'

在例 N–13 中，非限制性关系从句补充描述了谈及的这群男孩，它补充的信息是他们今早在班级里大喊大叫了。

手语中也有非限制性关系从句，但相比于限制性关系从句（→ *关系从句*）的研究，人们对手语非限制性关系从句研究得很少。

☛ 另见*中心语外置的关系从句*、*中心语内置的关系从句*[1]、*限制性关系从句*

📖 美国手语请参阅 Liddell（1978, 1980），德国手语请参阅 Pfau，Steinbach（2005），Pfau（2016a），意大利手语请参阅 Branchini，Donati（2009）

Non-reversible constituents　位置不可颠倒的成分

在手语句子中，当两个成分中的其中一个成分只能充当施事语义角色时，这些成分称为位置不可颠倒的成分（或不可逆成分）。例 N–14 和例 N–15 中位置不可颠倒的两个成分是【人】和【苹果】。因为只有【人】才能做施事，人可以吃苹果，反之不成立。

例 N–14　荷兰手语

【人　苹果　吃。】
'人吃苹果。'

---

[1] "中心语外置的关系从句"和"中心语内置的关系从句"分别是指先行核心名词在关系从句之外的关系从句和先行核心名词在关系从句之内的关系从句。

例N-15　佛兰芒手语

【人　吃　苹果。】

‘人吃苹果。’

☛ 另见*手语语序*

📖 Vermeerbergen，Nijen Twilhaar，Van Herreweghe（2013）

Non-verbal predicate　　非动词性谓语

非动词性谓语是指该句子的谓语是由一个形容词性或名词性成分来充当。例 N-16 和例 N-17 两句中的谓语【生病】【医生】都是非动词性谓语。

例N-16　荷兰手语

【指代词$_{1}$　兄弟　[生病]　指代词$_{3a}$。】

‘我弟弟生病了。’

例N-17　荷兰手语

【指代词$_{1}$　兄弟　[医生]　指代词$_{3a}$。】

‘我弟弟是医生。’

☛ 另见*谓语或谓词*

Notation system　　标音系统

手势词并没有统一和标准的书写形式。为了把每个手势词记录下来，我们使用标音系统。对二语学习者而言，标音系统有助于他们学习新的手势词。手势词的标音通常要说明四个基本参数（即基本构成成分）：位置、手型、手部朝向（手掌的和手指的）、运动。对每个参数之下的不同特征成分，我们也各用一组特征符号来记录和描写，如“在胸前”“在头部的正前面”位置参数，“手型”等手型参数，“掌心朝上或掌心朝向身体”等掌心朝向参数，“指尖向左指或向右指”等手指朝向参数，“向左移动”“重复运动”等运动参数。标音系统也可以记录手语的非手控特征。手语中使用最广泛的两种标音转写系统是斯多基标音转写系统（Stokoe system）和汉堡标音转写系统（Hamburg Notation System）。

标音不应该与转写相混淆。标音是使用特殊的符号，把手势词的语音外形（即语音或音位层面上）信息记录下来。转写是将手语句子和更长的语段记录下来，通常采用为手势词释义的方法。给句子中手势词释义是为了说明这个手语句子的意思。其他系统，如伯克利转写系统（the Berkeley Transcription System, BTS），可以将手语的形态句法特征记录下来。图 N–1 和例 N–18 这两个例子分别是标音和转写。有些研究者使用了组合式的标注方法，既给手势词释义，也标音（即转录该手势词的发音形式），然后还将手势词的形态句法特征记录下来。随着 ELAN 语言学标注工具、SignStream™ 语言学标注工具，以及 iLex 词典编纂、语料库分析工具等可以进行媒体赋码的计算机软件逐渐发展起来，这种组合式的手语标注方法越来越受青睐。

【夏天】

位置：前额

手型：A– 手型 

手掌朝向：向下

手指朝向：向上

运动：水平方向向右移动

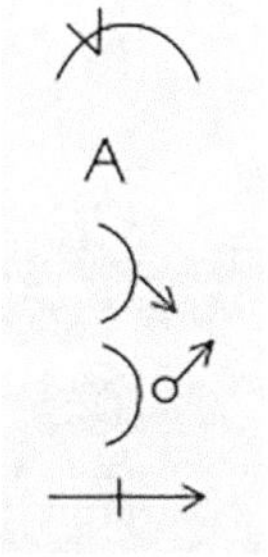

图 N–1　荷兰 KOMVA 手语标音系统和荷兰手语标音注释举例

例N–18　用释义来转写手语句子

【指代词$_1$ 父亲　咖啡　喝。】

‘我父亲正在喝咖啡。’

☛ 另见*汉堡标音转写系统*、*ELAN 语言学标注工具*

📖 Crasborn et al.（2015），Neidle et al.（n.d.）

Nucleus　　音节核

音节核是一个音节的核心，即主要组成成分。在有声语言中，音节核是元音或双元音。在手语语言中，音节核是手势词的运动参数。

☛ 另见*音节*

Number “数”

“数”是一个词（动词或名词）的语法特征之一，它表明该词是单数形式，还是复数形式。

Number incorporation 数词并入

数词并入是手语中的一种组并现象，它是指表示数字的手型被组并到另外一个手语名词中，如把数词【3】组并到名词【周】内，得到【3-周】，意思是“三周”。

☛ 另见*组并*

O

Object　　宾语

在语言学中，宾语是句子成分之一，它在句子中充当特定语法角色。宾语可分为直接宾语和间接宾语。

例 O–1 中【指代词 $_1$】是主语，【书】是直接宾语，【男人　指代词 $_{3a}$】是间接宾语。英语句子情况也是如此。在句子“I give the man a book”中，“I”是主语，“a book”是直接宾语，“the man”是间接宾语。

例 O–1　荷兰手语

【指代词 $_1$　男人　指代词 $_{3a}$　书本　$_1$给予 $_{3a}$。】

‘我给了这个男人一本书。’

☛ 另见*语法角色*

One person one language strategy　　一人一语策略

当父母二人的母语是两种不同的语言时，研究者认为如果父亲和母亲使用各自的母语与儿童交流，这时儿童的双语发展会得到最好的支持。这就是一人一语策略。

One place predicate　　一价谓词

一价谓词是只带一个论元的谓词，如例 O–2 中的动词【笑】是一价谓词。此句中，句子唯一的论元就是主语【女人】。一价谓词是不及物动词。

例 O–2　手语例句

【女人　笑。】

‘这个女人在笑。’

☛ 另见*谓词的价*。

One sign sentence　单个手势词的手语句子

单个手势词的手语句子是指句子中只有一个手势词，它通常出现在儿童语言习得的早期阶段。

☛ 另见*早期语言阶段*

One word phase　单个词的阶段

儿童在第一语言习得过程中会出现单个词的阶段，即他常常发出一个单词就是一句话的表达（或者打出一个手势词，就是在打一句话）。

☛ 另见*早期语言阶段*

Onomatopoeia　拟声词

拟声词是模仿声音的词的另一种说法。有声语言中的拟声词跟手语中的象似性手势词有一定共同点，两者都是有理据性或有动因的词。

☛ 另见*象似性*

Onset　音节首

音节首是一个音节的起始部分。在有声语言中，出现在音节核（元音或双元音）之前的所有辅音都属于音节首。对手语而言，人们认为一个手势词的初始位置是音节首。以荷兰手语【花】为例，该手势词的初始位置是“胸前左侧或右侧”，那么这个位置就是音节首。

☛ 另见*音节*

Open class　开放类

手势词和单词或者是封闭类的，或者是开放类的。如果总是有新的词进入到该词类中，使该词类的单词数量或手势词数量明显增加，那么这个词类就属于开放类，如手语中的实义手势词（或有声语言中的名词）（→ *功能词或手语功能词*）。

☛ 另见*封闭类*

Open handshape　手指张开的手型

根据手指的开合程度，我们可以区分不同手型，包括手指张开的手型和手指闭合的手型等。手指的开合程度主要看指尖和拇指之间的距离。手指张开的手型如图 O–1 所示。

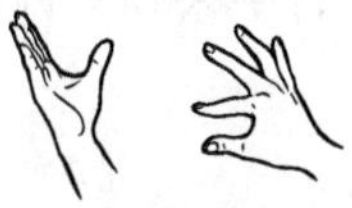

图 O–1　手指张开的手型举例

☛ 另见*手型*

Oral-auditive modality　口头 – 听觉模态

有声语言的发音是借助口腔、嘴唇等，而它的话语声音的感知是借助听觉，所以有声语言是使用口头 – 听觉模态[1]的语言。

☛ 另见*语言模态*

Oral component　口动成分

口动成分是自然口动的另一个术语名称。

☛ 另见*自然口动*、*基本构成成分*、*口部动作*

Oralism　口语教学法

支持口语教学法的人认为，聋人教育中应该只使用有声语言（说话、阅读、写作等形式）去培养聋童的口语能力，而不使用任何手势或手语。口语教学法曾经盛行一时，而且影响力非常大，真的做到了在聋人教育中只使用口语。口语不仅用在讲授有声语言的课堂，而且还用在地理或生物等学科教学中。口语教学法极大地限制了人们与聋童的自然交流和信息传递，有的聋童甚至因为在课堂上使用手语被老师打手板儿或被强令坐在自己的手上。然而，这

[1] 见《现代汉语词典》（第五版）第 785 页的“口头”词条，或参阅本书“语言模态”词条的译者注释。“口头”“口部”“口说”三者较难取舍，本书暂用“口头”。

也无法阻止聋童彼此之间使用手语，尽管手语被限制使用。当意识到手语是真正成熟的语言后，口语教学法就似乎逐渐失去了优势。但是，随着人工耳蜗植入技术的出现，口语教学法正在迅速重新占据聋人教育市场。

Order of acquisition　语言习得顺序

语言习得顺序是指语言学习者学会和掌握语法的不同方面的先后顺序。

☛ 另见*语言习得*

Order of linguistic elements　语言成分的顺序

在有声语言中，语言成分（如音素、语素、单词）通常是以线性的顺序连接起来，称为序列性。在手语中，手势词当然也具有一定的线性串联情况，如复合词（→ *线性顺序*）。然而，从手势词和手语句子层面上看，手语中的同时性更为常见（→ *同时性*）。

在声调语言的声调和其他有声语言的语调中也会出现同时性这一语言现象。

Orientation　手部朝向

手部朝向是一个手势词的基本构成成分（或参数），它包括手掌（掌心）的朝向和手指（指尖）的朝向。

☛ 另见*基本构成成分*

Overextension　过度扩展

在语言习得过程中，幼童最初可能会将一个手势词（或单词）与一个以上的概念联系起来。假设一个幼童已经学会了手势词【猫】或者汉语“猫”这个词，当他看到电视节目里的另一只毛茸茸、长着四条腿的动物（如狗、狮子、老虎、美洲狮等）时，幼童可能会用【猫】或“猫”去称呼那些不是猫的动物。将过多的概念与一个语言形式联系在一起，这种现象称为过度扩展。过度扩展发生在语义学中的词义层面上。

Overgeneralization　过度概括

在儿童习得一门语言的形态句法规则的过程中，当他们还不知道这些规则的全部例外情况时，他们经常将这些规则无一例外地应用上。这种现象称为过度概括。众所周知的过度概括的例子如下：把“*goed”和“*wented”（* 表示该形式不符合语法，是错误的）当作英语单词“go”的过去式（“went”是正确的过去式）。儿童习得手语时也会出现过度概括的情况，尤其是当他们在习得动词时。当手语者想表达“他要把苹果给他的会话对象”这个意思时，动词【给予】是从手语者（主语）的位置移动到会话对象（间接宾语）的位置，动词【给予】是一个一致动词，按照形态句法规则要求，它需从主语位置向间接宾语位置移动。如例 O–3 所示，动词【给予】的形态句法规则得到准确应用，这是一个符合手语语法的正确句子。

例 O–3　荷兰手语

【指代词$_1$ 苹果 $_1$给予－类标记：（）$_2$。】

‘我给你一个苹果。’

在例 O–3 中，手语动词【给予】的运动是从第一人（主语）到第二人（间接宾语）。然而，儿童有时会将这个规则过度概括，对一些非一致动词也使用如上的一致关系标记。以美国手语动词【喜欢】为例，它是一个打在身体上的手势词，并无路径运动。然而儿童有时会给【喜欢】添加路径运动，表达动词【喜欢】时，他们的手会移向他们面前的玩具或食物。这是手语中的过度概括，即将一致关系规则过度概括到非一致动词上。

Overlap　话语交叠

当话语交叠发生时，人们会彼此干扰。话语交叠是指在沟通和会话时，两个（或多个）会话者在同一时间，同时打手语或同时讲话。会话中话语交叠发生的程度受文化和语域限制。与正式场合相比，人们对非正式场合下的话语交叠现象容忍和接受程度更高。

☛ 另见*话轮转换*

P

PALM-UP　掌心向上

很多手语中都有掌心向上这个手势，它有很多不同的功能。最常见的功能之一是用作通用的疑问词，含义是“我不知道”或“提出质疑”，它也可以用作一个评价标记或自动评论以实现其语用功能。掌心向上的主要功能是用作韵律标记，标记一个短语辖域的结束。

📖 Van der Kooij，Crasborn，Ros（2006）

Pantomime　哑剧

哑剧是一种艺术形式。在哑剧中，一个或多个人往往一句话也不说，仅靠使用双手、面部表情和肢体语言，来描绘一个情景或一个故事。因为哑剧不借助语言，也不受限于语言，所以哑剧表演通常可以被每个人理解。第一次看到手语的人可能会认为他们在看哑剧，因而认为手语是哑剧的一种。然而，手语和哑剧有很大的不同。

手语有自己的语法，而哑剧却不包含任何受语言规则制约的语言成分。另外，手语对那些没有学过它的人来说是无法理解的。手语有一个严格限定的手势空间，所有的手势词都只能在这个范围内打出。然而哑剧却没有这样的限制，如一个哑剧演员可以在舞台上走动，以表示他所描绘的这个人此刻正在散步。然而，打手语时，手语者必须停在固定位置，在手势空间中打出表示【行走】的手势词。在手语者使用手语表达时，他手势运动的速度和信息沟通的速度，都比哑剧表演的平均速度明显快很多。

📖 Sutton-Spence，Boyes Braem（2013）

Parameter 参数

参数是一个手势词的基本构成成分（→ *基本构成成分*）的另一个名称，它也是普遍语法中，待儿童去激活和设置的参数。儿童可以在语言习得阶段根据自己母语情况，将参数填充到他的普遍语法中。

☛ 另见*母语能力*

Paraphrasis 变换措辞

变换措辞[1]是对文本中一个词的另一种描述。为了避免单词（或手势词）重复，我们可以选择另一种说法。例如，在用手语讲述一个有关一位市长的故事时，手语者为了避免反复使用【市长】一词，他可以直接打该市长的手语名或者使用【市长】的同义词。或者他还可以采取变换措辞的方法，即灵活使用【第一　公民】（第一领导）或【头部 – 介词“的” – 定冠词 – 市政府】（市政当局首脑）等交换表达来代替【市长】。

☛ 另见*连贯*

Passive hand 静态手

在有的双手手势词中，双手都可以移动。而在另一些双手手势词中，只有一只手是活动的。保持不动的那只手称为静态手，不断运动着的那只手是动态手。

☛ 另见*动态手*、*惯用手*、*双手手势词*

Past tense 过去时

过去时是“时”语法范畴中的一种类别，它是一种常见的语法描述。

☛ 另见*“时”*

Path movement 路径运动

路径运动是指整只手在空间中的运动（如从点 A 到点 B）。手语者也可以

---

[1] 手语研究中已有专门的“释义”词条，对应的英文是“gloss”。另外，词条“paraphrasis”兼具解释性和修辞性，本书因而从陆谷孙先生《英汉大词典》中选择“变换措辞”这一译法。

将路径运动（属于简单运动）与手内动作（也属于简单运动），或者与手部朝向改变（属于简单运动）组合起来，构成一个复杂的运动。

☛ 另见*手部朝向改变*、*复杂运动*、*手内动作*、*运动*

Patient　受事

受事是语义角色的一种，它表示实体是句子谓语所描述动作的亲身经受者。在例 P–1 中，施事的动作【抚摸 $_{3a}$】直接作用于并影响到定位在 3a 位置指代【猫】的【指代词 $_{3a受事}$】，因而【指代词 $_{3a受事}$】是句子的受事。

例P–1　荷兰手语

【猫　指代词 $_{3a受事}$　约翰　抚摸 $_{3a}$。】

‘约翰抚摸着这只猫。’

☛ 另见*语义角色*

Pedagogical grammar　教学语法

教学语法是以教学为目的，它总结和概述了一门语言用于教学目的的相关语法规则。因为是出于教学方面的考虑，所以教学语法在一定程度上类似于规定语法。手语 DVD、描述手语语法规则的书籍等都是呈现教学语法的文献载体。

Perception　感知

感知是指对手语、有声语言的口语或书面语形式进行解码和理解的过程。在手语中，它涉及视觉感知，因此，与有声语言的听觉感知相比，手语感知需要处理更多不同类型的信息。在手语感知中，人们必须同时处理来自不同信息通道的语言信息，如面部表情、手型和句法空间中手指的姿态等。

理解一段手语，第一步是会话对象要先看到一个手势词并识别出它，无论打手语者的个体化发音特征是什么样，会话对象都要认出这个词。第二步是会话对象必须将这段手语切分为不同的手势词。第三步是会话对象必须在心理词库（→ *心理词库*）中找到这些手势词，即进行词汇提取。手语感知的这三个步骤也可以同时进行。

📖 Crasborn，Van der Kooij（2016），Morford，Staley，Burns（2010）

Perfective aspect　完整体

完整体❶是表达完成体❷的另一名称，它表示动作已经完成。

☛ 另见*完成体*、*“体”*、*非完整体*

Perfective marker　完整体标记

虽然手语中的“体”通常都是借助动词的修饰性变化来表达的，但它也可以借助一个手势词或者手势词的组合使用来表达。例如，荷兰手语使用手势词【完成】来表示动作的完成，手势词【完成】用作一个完整体❸标记。

☛ 另见*完成体*、*语法化*

Performance　语言运用

语言能力是指学习者的语言知识和语言使用规则知识（→ *能力*），而实际的话语表达称为语言运用。

Performative verb　施为动词

“通知”“承诺”“询问”等动词称为施为动词。这些动词直接说明说话者正在做什么，正实施哪种言语行为，也就是说，说话者的所说即是他所做（说话者是在宣告、承诺、提问）。

☛ 另见*言语行为*

Perseveration　迟滞打出　后滞

在手误或口误（见例 P–2）中，句子先出现的语言片段错误地代替了之后的语言片段，称为迟滞打出（或后滞）。

---

❶❷❸ 原著认为“perfective aspect”和“completive aspect”是一样的，这并非译者观点。读者请另见《现代语言学词典》第 261 页“perfect（ive）”完成时（完成体）词条。有关完成体，请查阅《语法调查研究手册》（第二版）第 457 ~ 463 页。有关完整体，请查阅《语法调查研究手册》（第二版）第 463 ~ 465 页。

例P-2 英语

目标："He pulled a tantrum." ‘他大发脾气。’

口误："He pulled a *pantrum."

例 P-3 德国手语的手势词【咖啡－喝】是用手型打出的。手势词【男孩】正确的手型是。在手误中，手势词【男孩】也误打成手型了，手型迟滞重复打出造成手误（→*手型提前打出*）。

例P-3 德语手语

【父母 两者都 坐着，咖啡－喝。*男孩（）询问 哪里 我的 第二 鞋。】

‘父母坐在一起，他们喝着咖啡。男孩问："我的另一只鞋呢？"’

☛ 另见*手误*、*口误*

Person　人称

人称代词可以分为如下三类：第一人称、第二人称和第三人称。人称可以有单数形式或复数形式。

Personal style　个人话语风格

个人话语风格是指每个人特有的语言使用风格。这一风格属于他（或她）的个人语型，它既可以指个人偏爱使用的手势词（词汇），也可以指在音系、形态、句法和语义等层面上的语言现象。就个人话语风格而言，语言变异也是存在的（→*语音变异*）。

☛ 另见*个人语型*、*语言变异*

Perspective　视角

在手语会话中，视角是指会话双方，如手语者或会话者所采用的观察角度。当手语者描述手势空间中的场景时，就像描写现实一样，他会默认采用自己的观察视角。会话对象通常得到的是该描述场景的镜像（→*心理旋转*）。如果故事中有一个主角，那么手语者给这个主角分派的空间位置是3a，一般而言位置3a是在手语者的右侧，但从会话对象视角看，位置3a在会话对象的左侧。然而，手语者会经常进行角色扮演，从而改变故事的视角。手语者似乎变成了传达其他人想法和手语语言（或话语）的人。因此，他有可能从故事主人公的角度来讲述一个故事，假装自己就是那个故事中的主角（→ *角色视角*）。因此，手势空间中分派给那个主角的位置会发生临时改变。例如，主角不再是在位置 3a 上，而是在位置 1 处，即原本属于手语者自己的位置，手语者在位置 1 开始扮演那个主角。

☛ 另见*信息结构*、*角色扮演*

Phoneme　　音位

在手语中，每个构成手势词的基本构成成分都是音位[1]。音位是语言的最小成分，至少在有声语言中是这样。音位本身并没有意义，但音位有区分意义的功能。因此，音位具有区别特征。以荷兰手语手势词【夏天】为例，它有不同的词汇变体，其中一个变体包含以下音位：前额（属于位置参数），手型（属于手型参数），向下倾斜（属于手部朝向参数），沿水平方向向右移动（属于运动参数）。有声语言荷兰语的单词“zomer”（夏天）也包含五个音位。

我们利用“音位能够区分意义”这一点来找到一门语言中的全部音位，具体途径是努力寻找那些意义不同但形式几乎相同的最小对立体（或称为最小对比对儿）。荷兰手语【陌生 / 奇怪】和【夏天】这两个词是最小对立体，因为他们只有位置参数不同（即【陌生 / 奇怪】打在胸前，【夏天】打在额头处）。在英语中，“bead”和“bid”是最小对立体，“ball”和“wall”是最小对立体（→ *最小对立体或最小对比对儿*）。

然而，当同一基本构成成分的不同变异形式并不区分意义时，这时它们构成同一音位的不同变体，称为音位变体。手语和有声语言都有音位变体现象（→ *音位变体*）。

在有声语言中，音位本身并不具有意义。然而在很多手语中，许多表示“吃”或“喝”的手势词，它们的“位置”这类音位都是打在嘴部附近。这并

[1] 有声语言中“phoneme”还可译为音素。音位的具体语音实现是音素。原著该词条在对手语中的“phoneme”加以解释时，特别强调区别特征和最小对立体等，本书因而使用“音位”这一译法。

不奇怪，因为吃和喝都需借助嘴巴。另外，基本构成成分“运动”音位也是现实中吃或喝的平常动作。因此，运动音位有时具有一定的象似性，这个特点令人们很难作出与有声语言里一样的断言，即很难去说在手语中音位也总是没有意义。

在有声语言中，具有区别特征的音位可以说明发音方式和发音位置。在手语中，音位的区别特征也具有同样功能，如手型音位可以说明手势词的不同手型特征（→*区别特征*）。

☛ 另见*基本构成成分*、*象似性*

📖 Sandler，Lillo-Martin（2006）

Phonetic form　语音形式

语音形式是一个手势词的具体语音实现。研究者认为，语言使用者大脑中存储着每个手势词的一个抽象形式，即基本形式（或音位形式）。不同手语者将要以各自的方式去具体实现这个抽象形式，这使得他们各自的语音形式之间存在微小的语音差别。然而，即便是同一手语者，他每次实现的同一个词的语音形式也会有微小差异，所以语音形式有无限多的变体。由此可见，虽然一个音位有其基本形式，但一个语音却没有什么基本形式。有太多交织因素使人们无法预测到语音变体的每个细节。

☛ 另见*基本形式*、*语音变异*

Phonetics　语音学

在手语中，语音学一方面关注手语的视觉感知，另一方面关注对手语产出时身体特征的描述，如手控成分有哪些，手臂、手掌和手指的肌肉运动是怎么样的。运动是肌肉激活的结果，我们可以从如下三个层面描述这些运动：第一，描述在打哪一个手势词时涉及哪些肌肉，肌肉的具体运动形式是什么；第二，打手势词时牵涉哪些关节，关节运动是什么；第三，身体的哪些部位处于活动状态。

在有声语言中，语音学聚焦于言语中声音的形成、传递和加工处理方式。它有三个分支学科：一是发音语音学，它研究为了产出言语声音，发音器官是如何工作的；二是声学语音学，它对语音的物理特征感兴趣，研究声波在气流中的振动等复杂变化；三是听觉语音学，它研究听者如何处理听到的声音，强调语音理解和语音物理特征之间的关联。

📖 Crasborn（2012）

Phonetic variant　语音变体

就像同一个音从不同嘴讲出，音会各不相同，不同的人打同一个手型也会出现千姿百态的情况，如手型，每个人打都不会完全一样。即使是同一个人，他此刻和另一刻的发音（或手型）也会有差别。因此，手语和有声语言都存在无限数量的语音变体，这是事实。我们无法预测一个语音变体的每一个细节。有些语音变异是同一个音位的不同音位变体（→ *音位变体*）。不止前文提到的诸如手型的手型参数，在其他基本构成成分（→ *运动*、*位置*等）的语音实现中，也会出现语音变体。

☛ 另见*语音形式*、*语音变异*

Phonetic variation　语音变异

手语和有声语言在发音方面都存在着丰富的变异现象。一个特定手势词如何打出（或者一个特定声音如何发音）对每个人来讲都是不同的。甚至即使是同一个人去发音，他也无一例外地会有语音变异。以英语单词“benefit”（有益于）为例，一个人可以把它的元音都发出来，然而当他讲话更快时，他发出的“benefit”听起来就会是 /benfit/ 了。

在手语中，同一个手势词每次被打出来也会稍有不同。学者认为，在手语和有声语言中，一个语言单位的底层形式是不变的，而对底层形式的语音实现却有无限的差异。也就是说，同一个手势词，一个手语者和另一个手语者会打得不同，同一个手语者每次打得也都不同。这种语音变异是由多种因素决定的，主要包括语言因素、社会因素和“实践”因素（与发音实践时的具体情况有关，如某人是否累了，是否手里握着东西等）。

☛ 另见*协同发音*、*语言变异*、*语音形式*、*社会因素*

📖 Crasborn，van der Kooij（2016）

Phonological adaptation　音位改变

当语境因素影响非常大，出现的不再是协同发音（一种语音变异），而是音位上的改变时，这类音系现象称为音位改变。我们将用不同的词条分别讨论如下音位改变：同化、弱化、删音。有声语言还有第四种音位改变——增音（或插音），即在音节中插入一个音。以英语单词“film”（电影）为例，有时人们会在 /l/ 和 /m/ 之间插入一个央元音，把单词读成 /fillem/。目前研究者还不清楚手语是否也有增音（或插音）情况。

协同发音是指基本构成成分（如位置或手型）的发音与其基本形式保持一致，它的发音仍属于同一音位。协同发音是一种语音变异，是对发音作出轻微调整。以荷兰手语为例，单独打【好】时，它在句法手势空间中的位置要比在短语【好 傍晚】中低一些。这是因为荷兰手语【傍晚】在句法手势空间中的初始位置较高，所以短语内的【好】略微调高了发音位置。在这两种【好】的语音实现中，位置参数都保持在同一个位置音位内。然而，同化却是一种音位改变，在同化中，基本构成成分的语音实现变为另一个音位，它与自身音位的基本形式不再相同。

☛ 另见*同化*、*协同发音*、*删音*、*弱化*

Phonological change　音系演变

手语和有声语言都会发生音系演变[1]。在手语中，一种音系演变现象是双手手势词趋向于更加对称。以美国手语【依靠】一词为例，它很久以前的词形是包含两种不同的手型，即手型和手型。而【依靠】最新的打法是使用两个手型。手势词【依靠】出现这种音系演变与双手手势词的发音限制有关，该限制条件规定，当双手都处于运动状态时，双手的手型必须相同。基本构成成分，如位置也可以出现音系演变。以荷兰手语【出租车】为例，【出租车】以前是打在手语者的头顶上，但现在它的发音位置是胸前。随着时间的推移，手势词会更趋向于在中性空间里打出，这将导致手势词丢失一些象似性。

---

[1] 考虑到音系变化历时较长，而且为了与音系层面上的共时变化相区别，本书将“phono logical change”译为“音系演变”。

Phonological coding　　语音编码

语音编码是为句子中每一个词目都对应上各自的语音形式，这样手语者才可以打出这句手语，说话者才可以讲出这句话。语音编码是语言产出时重要的语言编码形式之一。

☛ 另见*编码*

Phonological form　　音位形式

音位形式是基本形式、词典形式或底层形式的另一个名称。

☛ 另见*基本形式*

Phonological loop　　语音环路

语音环路是工作记忆的一个组成成分，它负责存储那些在数秒内就会消失的听觉信息（如单词和数字等）。这个术语来源于以下事实：语音环路中的听觉信息在几秒钟就会消失，除非我们反复默读，重新激活这些信息。语音环路的容量似乎与一个人在一定时间内能讲出的信息量相匹配。请注意，此处时间，即讲出信息所花费的时间是最相关项，而不是信息量。这一点可以从一项汉语研究中看出来，该研究提供的证据表明，平均而言，说汉语普通话的人比说其他语言的人（如讲英语的人），在工作记忆中能多记住一个位数。汉语数字发音简短、耗时很少，这意味着讲汉语普通话的人在语音环路中可以存储更多数字听觉信息。

☛ 另见*视觉–空间环路*、*工作记忆*

📖 Baddeley，Logie（1999），Hamaker，Busato（2000）

Phonological processes　　音系过程

音系过程是指当手势词（或单词）在句子里相互组合，一起使用时，它们在音位形式上可能发生的不同改变，如同化、弱化和删音。

☛ 另见*同化*、*弱化*、*删音*

📖 Van der Kooij，Crasborn（2016）

Phonological restriction　　音系限制

在手语中，音系限制是音系特征的组合。例如，把荷兰手语和佛兰芒手语【书】一词变为复数形式，可以使用重叠，即手语者将手势词【书】的运动反复打两次或三次，得出其复数形式。然而【自行车】一词的复数形式并不能使用这个方法，因为手势词【自行车】本身含有一个复杂运动，如果使用重叠，这个词中的复杂运动也必须重复，这会导致混乱不清。因此，【自行车】复数不可以借助重叠来构成，显然这是专门针对基本构成成分“运动”的一个音系限制，特别是针对与屈折变化有关的运动。另一则音系限制是针对双手都处于运动状态的双手手势词，它要求双手手势词的运动参数必须一样，也就是说，必须是对称运动，或者必须是交替运动。而双手运动参数各异，这是音系限制所不允许的。

音系限制还包括对手型的限制，这一点从手型的同位变体（如手指弯折的手型，该手型手指指向身体）中可以看出（→ *音位变体*）。另外，就手的内部动作而言，也有针对其手型改变的音系限制（→ *手内动作*）。

在有声语言中，音系限制还可以限制一些构词方法。例如，英语后缀“-al”只能附加到以重读音节结尾的动词上，进而从动词派生出抽象名词。例如，从“arrive”（到达）可派生出名词“arrival”，从动词“refuse”（拒绝）可派生出名词“refusal”。然而“chatter”（喋喋不休）和“develop”（发展）后却不可以加后缀“-al”。可见一些形态过程（此处指添加词缀）受到了制约，只有具有某些音系特征（即是重读音节）的词干才可以添加后缀“-al”。

Phonological simplification　　音系简化

儿童语言有许多音系层面上的改变，这些改变统称为音系简化。儿童语言出现音系简化，这与儿童在语言产出时所用到的身体部位肌动神经控制有关。在手语中，它涉及与手势有关的肌动神经系统；在有声语言中，它涉及发出言语的发音器官。

以聋童为例，他们可以很早就准确打出一些手型，然而却打不出或无法准确打出另一些手型。聋童最早准确打出的是无标记手型，这些手型在手语中很常见。聋童经常用这些手型来替换更难打出的手型。许多手语中都有这些无标记手型，如手型、手型、手型、手型、手型，以及手型。通常这些手型也是双手手势词中的辅手手型。

美国手语习得研究表明，掌握一个手势词的运动参数是有一定语言发展顺序的。聋童首先习得上下运动和来去运动，然后习得弧形或圆周运动，随后习得各种组合运动。肌动神经控制是从肩关节开始，它控制整只手臂的运动，肩关节是最靠近身体躯干的关节（近端）。然后，聋童的肌动神经控制范围慢慢扩大到离躯干越来越远的位置，即可以控制到远离躯干的腕关节和指关节（远端）。手势词的运动参数在更接近身体躯干的位置打出的现象称为近端化。因为肢体动作近端化普遍出现在儿童一般肌动神经发展的早期阶段，所以近端的也是聋童手语发展早期阶段的标志就不足为奇了。

听童在音系层面上最常见的改变是省略。以德语儿童为例，他们会将“sport”省略为“port”来表达“体育运动”这个意思，会将“gabel”省略为“gabe”来表示“叉子”，会把狗称为“hun”，而不是完整形式的“hund”，他们会用省略的“mate”，而不是“tomate”来表示“西红柿”。替换也会发生，如德语儿童会用“donne”来表示“太阳”，而不是使用“sonne”，会用“gant”来表示“鹅”，而不使用“gan”。儿童出现替换表达，一部分原因是儿童往往以特定顺序习得语音，而习得的先后顺序因语言而异。对儿童来讲，一个音比另一个音更难学，有的音的组合比另一种音的组合更容易学。例如，儿童先习得辅音 /p/ 和 /t/，然后习得辅音 /k/，最后才习得 /l/ 和 /r/。儿童先习得元音 /i/ 和 /a/，然后习得 /o/，最后才习得 / ü /。

Phonological substitution　　音位替换

音位替换是指语音编码时出现了混乱。例如，当手势词 A 和手势词 B 在音位结构（它们的基本构成成分）上非常相似时，手语者可能错误地从形式词库中提取出手势词 B 的词形，而不是正确的手势词 A 的词形。

☛ 另见*手误*

Phonological variation　　音位变异

在手语中，一种音位变异是一些手势词有时使用口型成分，有时却不使用。另一种音位变异是使用不同的手型。例如，荷兰手语【陌生 / 奇怪】，它既可以用手型，也可以用手型。再如，荷兰手语的【正确】，它既可以是手型，也可以是手型。

在英语中，音位变异的例子是“bath”“grass”和“dance”等单词。一般说来，北部讲英语的人会使用短元音来读这些词，而南部讲英语的人是使用长元音。对于前面所提到的荷兰手语音位变异例子，目前研究者不清楚是否地域因素也起到了一定作用。

Phonology　音系学

手语音系学聚焦于研究构成手势词的基本构成成分（→ *基本构成成分*），它研究这些基本构成成分的语音实现及其区别特征，研究一个手势词和其他手势词在语境中一起组合表达时遵循的音系规则（→ *音位改变*）。

📖 Crasborn（2012），Brentari（2012）

Phonotactics　音位组配法

音位组配法是指音位特征的排序组合。对于音位的组合，所有的语言都有各自特有的限制性条件。在有声语音中，音位组配法适用于音位的线性排序和组合。例如，在荷兰语中，“mk”音位组合不可能用于单词的开头（像“*mkan”这样是不可能的），然而在斯瓦希里语中，这个组合却是被允许的（“mkono”意思是“手臂”）。

在手语中，音位组配法适用于单手和双手手势词中音位特征的组合。以荷兰手语【火车】为例，它是一个双手都处于运动状态的词，根据手语的音位组配规则，双手手势词的运动必须是对称的运动，所以【火车】的运动参数是双手同时性的对称运动。就手内动作而言，手语的音位组配规则也有规定，即并非所有手型的序列性组合都是允许的。以图 P–1 荷兰手语动词【说话】为例，它的打法是从一个手型变化到另一个手型，这是音位的线性（即序列性）组合。根据手语音位组配规则，在手内动作中，只有手的姿态和朝向等可以改变，但不能改变手指的选择。所以如图 P–1 所示，【说话】只改变了手指的开合，并未改变手指的选择。

【说话】(第一个手型：张开)　【说话】(第二个手型：合拢)

图 P-1　荷兰手语的【说话】

☛ 另见*手内动作*、*音系限制*、*双手手势词*

Pidgin　洋泾浜语

洋泾浜语是一种简化的语言系统。当来自不同语言背景的人不得不彼此交流，而且这种交流要跨越很长一段时间，如处于一种合作状态中，这时洋泾浜语得以发展。洋泾浜语是不同语言的混合体，主要用作特殊境况下的辅助交流。洋泾浜语不是任何人的本族语或母语（环境语言是洋泾浜语的儿童通常会在此基础上发展出一种克里奥尔语）。

☛ 另见*克里奥尔语*

Plain verbs　简单动词

简单动词通常是指打在身体部位上的那些位置固定的手势词，它没有一致关系方面的修饰性变化，也就是说，简单动词不需要跟句子的论元或手势空间里的位置保持语法上一致关系。迄今为止，研究者所描述的大多数手语中都有简单动词。以以色列手语为例，简单动词包含心理动词（如【快乐】【爱】【受苦】）、认知活动动词（如【思考】【梦想】【理解】）、感官动词（如【听】【尝】【看】）、言说动词（如【说】【回答】【解释】）、状态变化动词（如【脸红】【好转】）。

🕮 Meir，Padden，Aronoff，Sandler（2007）

Plato's problem　柏拉图问题

柏拉图问题是乔姆斯基在他的著作中用到的一个术语。他借此提出生成语言学的主要研究问题，即儿童在相对很短的时间内，未经任何学校教育，却能习得如此复杂的语言系统，他是怎么可能做到的呢？通常柏拉图问题是指如何解释“输入贫乏，而知识成果却似乎丰厚”这一类现象。当然，当一个人的知识成果很少，而他人生经历中确实也非常缺乏相关知识输入，这时柏拉图之问就不存在了。柏拉图问题可追溯到他和苏格拉底。那时苏格拉底证实了一个没有受过教育的奴隶似乎却懂几何知识。柏拉图对此的解释是人类具有天生的知识，而这种天生的知识是人在前世获得的。人类知识天生论的观点在理性主义中也有所体现。乔姆斯基使用“柏拉图问题”这个术语来说明在语言习得过程中，人们提供给儿童的语言输入不足以解释儿童最终获得的语言知识。母语能力假设可以解释儿童语言输入与其语言知识之间不匹配的巨大落差。乔姆斯基的生成语言学观点和理性主义是完美契合的。

☛ 另见*母语能力*

Pluralization　　复数

复数语法范畴关注语言中如何构成复数形式，它是一个将名词从其单数形式转变为复数形式的过程。每种语言实现复数变化的过程都不一样，手语中也有很多种表示复数意义的方法。

第一种方法是将手语中的数词与名词结合起来使用（如【2　房子】，表示两座房子）。在有些手语中，还可以把一个数词通过组并的方法融入一个名词性手势词中（→*组并*）。

手语表达复数含义的第二种方法是使用【许多】和【不同的】这类实义手势词，把这些形容词与它们要修饰的名词一起使用，从而赋予名词复数含义。

第三种变复数形式的方法是重叠。手语者将名词或名词的一部分（如它的运动参数）反复多打出几次，从而表明这是复数意义。例如，荷兰手语【书】和【接触】的复数形式都可以借助这种重叠的方法。在许多手语中，包括英国手语、荷兰手语和佛兰芒手语，手势词【儿童】的复数形式都是通过把该词重复打出而构成的，每次重复时，【儿童】的空间位置都略有不同。

和其他语言一样，德国手语对已经有重复或复杂运动的名词（如【自行车】）有一个有趣的限制，即这类词的复数形式不允许使用重叠这种手段。显然它是一种音系限制，有声语言中也有类似的限制。为了表达几个自行车并排放在一起，德国手语是采用重复打出其类标记手型这种方法。虽然使用类标记形式确实可以反映出有多个自行车，但它并不被看作是名词本身的复数形式，它与前一段中提到的那三个复数构成的例子并不一样（→ *重叠*）。

虽然在许多方面有声语言的复数变化都不同于手语复数变化，但两者也有相似之处。例如，这两种类型的语言都使用重叠来构成复数形式。许多有声语言都有重叠构形的复数形式，马来语就是其中之一。“kapal”在马来语中是“船”的意思，它的复数形式就是“kapal-kapal”，使用的就是重叠的方法。其他语言构成复数时，只重复单词的一部分，并不重叠整个单词。在许多语言中，变复数也可以通过给单数形式添加后缀。例如，英语有表示复数意义的语素“-s”，荷兰语复数意义的语素是“-s”和“-en”。还存在其他形式的复数语素，如英语“child”一词，它是“儿童”的单数形式，而它的复数形式是“children”。

📖 英国手语请参阅 Sutton-Spence，Woll（1998），荷兰手语请参阅 Zwitserlood，Nijhof（1999），Pfau（2016b），佛兰芒手语请参阅 Vermeerbergen（1997）

Point buoys　　时空点浮标

时空点浮标代表空间或时间上的一点，它使用手型或手型。时空点浮标类似于要点浮标，因为后者也使用手型，但要点浮标是指向会话中的一个重要的点（→ *要点浮标*）。而时空点浮标是用作主手的辅助支持物，它出现在手势空间中，让手语者话语中的时空结构和时空点清晰可见。

☛ 另见*列举浮标*、*片段浮标*、*要点浮标*、*主题浮标*

📖 Vogt-Svendsen，Bergman（2007），Gabarró-López，Meurant（n.d.）

Pointer buoys　　要点浮标

要点浮标是用辅手打出手型，保持该手型一直指向某个已经概念化的实体，而主手继续就此实体展开讨论。因此，要点浮标是真正指向话语真实空间中的一个重要元素（而不是把该元素表征出来）。它与列举浮标（→ *列举浮标*）、主题浮标（→ *主题浮标*）和片段浮标（→ *片段浮标*）的区别在于它跟主手混合使用时，并不添加新的意义。

☛ 另见*列举浮标*、*片段浮标*、*时空点浮标*、*主题浮标*

📖 Liddell，Vogt-Svendsen，Bergman（2007）

Polarity of a sentence　句子的极性

语言中句子的类型多种多样（→ *句子类型*），每一种句子类型都可以被肯定或否定。肯定和否定在性质上截然相反，互相排斥，由此称为句子的极性。

Polymorphemic sign　多语素手势词

多语素手势词是复杂手势词的另一种表达。

☛ 另见*复杂手势词*

Polysemy　一词多义

一词多义和同形异义现象都是多个概念只与一种形式相关联。在一词多义中，各种含义是相互联系的；但在同形异义中，这些意义却没有关联。就手语而言，是否至少在一些手语中有一词多义和同形异义现象，人们对此并不那么肯定。

☛ 另见*同形异义*

Poor agreement　一致关系贫乏

一致关系贫乏还是一致关系丰富，这取决于可以标记一致关系的动词词形变化丰富与否。例 P–4 荷兰手语的位置性动词【爱抚】是一致关系贫乏的动词，因为它动词词形变化非常有限。

例 P–4　荷兰手语

【爱抚$_{\text{位置－哪里－定冠词－宾语－系词－定位}}$】

‘（……）爱抚（……）’

手势词【爱抚】经常打在直接宾语被定位的地方，例 P–4 中我们将其发音位置标注为“位置－哪里－定冠词－宾语－系词－定位”（如下标所示）。

就有声语言而言，一致关系也有同样的区分。例如，与西班牙语相比，英语的一致关系系统是非常贫乏的。例如，英语单词“唱歌”的动词形式现在时只有“sings”和“sing”两种，分别对应一般现在时中的第三人称单数、其他人称和数。然而在西班牙语中，“唱歌”所对应的动词有六种标记一致关系的动词词形。

☛ 另见*一致关系*、*一致关系丰富*

Poor interpretation　　语法贫乏解读

儿童的语言产出就是他语言知识的精确反映，对儿童语言能力持这种解读的，称为语法贫乏解读。

☛ 另见*解读*

Positive transfer　　正迁移

当目标语言中的某个成分与第一语言（或另一种之前学会的语言）中的成分相同或规律相似时，可以发生正迁移，即这部分的目标语言将更容易或更快地被学习者学会。第二语言与第一语言越相似，语言学习者将越易于把相同的语言知识及能力迁移到第二语言中。这就是所说的正迁移。对语言中彼此相似的方面，手语学习者也会表现出语言的正迁移。

☛ 另见*负迁移*、*语言迁移假说*

Postlingually deaf　　语后聋

语后聋是指聋人在习得了一门有声语言之后才变为聋人。

☛ 另见*聋人*、*语前聋*

Pragmatic adequacy　　语用适当

当你和朋友见面或当你求职就业时，在这两种场景中，你打手语（或者说话）的样子一定差别很大。你对手势词（或单词）的选择是不同的，而且在句子方面你的遣词造句也是不同的。在求职面试中，你使用的语域会更正式，而与朋友谈话时语域是非正式的。因此，每种情形都需要特定语域，即所用的语言要因场合而变化，要适合于当时的情形。在葬礼上表达哀悼时，手语者将使用正式的手势词【去世】，此时使用手势词【死】(一个含割喉动作的手势词)是不合适的。当人们为特定情形而选择正确的语域，这称为“语用适当”[1]。手

---

[1] “pragmatic adequacy”有文献译为“语用充分”“语用充分性等”，本书译为“语用适当”，试突出语言使用合适、妥当。

势空间的使用也发挥一定的语用适当作用。在某些情况下，手语者可以使用手语的“窃窃私语”或“大声吵嚷”。当窃窃私语时，手势词似乎更多地借助手腕和手指关节，而不是手臂或肩膀。这种现象称为远端化（→ *手势空间*）。当以手语大喊大叫时，近端化这种完全相反的情形会出现，即交流时手语者更多地使用靠近他身体中心的关节，如肘关节和肩关节。会话对象的听力状况也是一个影响语域选择的因素。当听人的手语不是很流利时，手语者将调整他的语域，如他会打手语的同时努力说话，或者所打的手语更慢、更清晰些。委婉语是正式或非正式语域中都可能出现的语言现象（→ *委婉语*）。

📖 Baker，Van den Bogaerde（2012）

Pragmatic change　　语用演变

除了不同语法层面上的语言演变外，语言也会出现语用演变。现在人们在街上打招呼会使用“hello”，而不是更正式的“good morning”或“good afternoon”，这是语用演变的一个例子。另一个语用演变的例子来自荷兰手语，即现在越来越多的手势词只用一只手打出，即使另一只手实际上也可以用（如手语者并没有拿咖啡杯，可以使用双手时）。这种打手语的方式在某些情况下会被认为是“草率和敷衍的”，因而是语用不适当的。

Pragmatic rule　　语用规则

语言使用是一种社交行为。使用话语，一个人实际上可以做很多事情，如声明、承诺、询问和要求。因此，每一个话语也是一个言语行为。请比较例 P–5 至例 P–7。

例 P–5　荷兰手语、德国手语

怀疑 + 是非疑问

【指代词$_2$　新的　头发 – 样式　喜欢？】

‘你喜欢你的新发型吗？’

例 P–6

生气地

【垃圾 – 金属罐　人行道　系词 – 出现。】

‘这个垃圾桶还挡在人行道上呢。’

例P-7

嘲讽地

【这个 早晨 公路 美好－和－容易。】

‘这个早上路上开车一定很愉快。’

例 P-5 中的句子是一个是非疑问句。仅从语言本身看，此句是以言述事（即问喜欢不喜欢）。然而例 P-5 中添加的“怀疑”表情说明这个提问者实际上想表达他（她）并不很喜欢这个新发型。这种通过说话而实施了行为的言语行为称以言行事。在手语中，伴随话语的面部表情也与话语一样具有以言行事的效果（如例 P-5 的“怀疑”和例 P-7 的“嘲讽地”）。

例 P-6 是一个陈述句，但作为一个言语行为，它可看作是一个请求（或命令），手语者是让会话对象把垃圾桶收放在合适位置。此句的面部表情“生气地”毫无疑问地传达了这一要求。例 P-7 更微妙些，因为手语者表达的内容与他想说的事实正好相反。例 P-7 以言述事的内容是公路上车不多，很好走。然而，借助适当的非语言信号，即面部表情“嘲讽地”，此句的言语行为其实是使用讽刺手段来说明车流量大，路上拥堵。例 P-7 在言内层面上仍是一个陈述句，但借助讽刺的面部表情，句子的言外语力传递了（单独使用这些词时所没有的）更强烈的嘲讽意味。

以言述事和以言行事之间的关系可以是直接的或间接的。直接言语行为直接反映手语者或说话者的意思，如果一个朋友来找生病的皮特，问他是否想去踢足球，皮特可以直接回答这个问题（见例 P-8），他也可以间接回答（见例 P-9）。

例P-8 荷兰手语

【指代词$_1$ 不能 因为 生病。】

‘我不能（踢球）因为我生病了。’

例P-9

【指代词$_1$ 生病。】

‘我生病了。’

无论皮特使用哪种方式，他的朋友都会理解他的意思（→ *会话含义*）。

有一些动词称作施为动词，如例 P-10 所示，它们用在直接言语行为（使用“通知”“承诺”“询问”等动词）的句子中，明确地表达以言行事的效力。

例P-10 英语

“I promise that we will go to the circus tomorrow.”

‘我保证我们明天去看马戏。’

只有在遵循会话准则时，言语行为才具有期望的效果。当一个小男孩命令自己的父亲立即去打扫车库时，这种语言行动是不正确的，因为这个小男孩并没有命令他父亲做事情的社会地位。同样，承诺给予对方他并不想要的东西，这种言语行动也是不可能的。例如，“我保证揍你一顿”这样的话语，虽然可以说，但并不符合语用上的合作原则。

☛ 另见*合作原则*

📖 Hoza（2007），Campbell（2001），Baker，van den Bogaerde（2012）

Pragmatic variation　　语用变异

语言变异不仅出现在语音和语法层面，也出现在语用层面。例如，一个人如何在柜台前选购，如何接电话、问候某人，或者说再见，这些语用变异取决于他的年龄、性别及当时的会话情境。

☛ 另见*语用适当*

Pragmatics　　语用学

我们能够理解我们的母语并进行话语表达，这是因为我们对它的语言系统（语言能力）和语言使用规则（交际能力），以及对这个世界的知识都有所把握。语用学关注某个特定语言的使用规则，它致力于发现在会话情境中人和人交流时发挥作用的规律体系。在语用学领域，手语和有声语言高度相似。在两种语言模态中，语言使用者都遵守能够实现最佳交流的规则。然而，两者也有差异，如手语在注意力获取策略方面与有声语言不同。

例 P-11 句子中【指代词$_2$】（手型）的使用显示这是很正式的会话情境，否则它将使用非正式的手型。正式程度和礼貌原则等知识也是语用学的部分内容。

例P-11　荷兰手语

是非疑问

【咖啡　想要　指代词$_2$？】（用手型，而不是手型）

‘您来点儿咖啡吗？’

📖 Baker，Van den Bogaerde（2012, 2016），Baker et al.（2016）

Predicate　　谓语　谓词

谓语（或谓词）[1]是句子的一个语法角色，它可以说明句子中其他成分彼此间的关系，也可以限定一个成分的特征。句子的谓语往往是一个实义动词（通常简单句中只有一个动词性谓语），或者是名词性谓语中的名词部分。在例句 P-12 到 P-14 中，细方括号之内的是谓语，【母亲】和【兄弟】分别被定位在位置 3a 处。

例P-12　荷兰手语

【指代词$_1$　母亲　［笑］　指代词$_{3a}$　。】

‘我妈妈笑了。’

例P-13　荷兰手语

【指代词$_1$　兄弟　［生病］　指代词$_{3a}$　。】

‘我弟弟生病了。’

例P-14　荷兰手语

【指代词$_1$　兄弟　［医生］　指代词$_{3a}$　。】

‘我弟弟是医生。’

在例 P-12 中，动词【笑】是谓语（动词性成分）。在例 P-13 中，谓语是形容词【生病】（形容词性成分）。在例 P-14 中，名词【医生】是句子的谓语，称为名词性谓语。

❶ “Predicate”的译法可参见《现代语言学词典》第 280 页，本书只在涉及动词配价时使用谓词。

Predicative clause　　表语从句

表语从句[1]是指由系词连接的一个从句，从句是对主语的表述，系词和它之后的小句共同构成句子的谓语。

Preferred hand　　惯用手

惯用手是指人们日常活动中倾向于优先使用的手。对右利手的人来说，右手就是他的惯用手。而左利手的人更喜欢用他的左手。惯用手在手势词产出时发挥很多作用。

☛ 另见*动态手*、*主导手*、*双手手势词*

Preferred language　　首选语言

人们通常是从他们的父母或祖父母等家人那里习得他们的第一语言，就西方传统来讲，他们是从母亲那里学会了第一语言。因此，第一种语言也会被称为母语。有的聋童将手语作为他们的第一语言来习得，尤其是当他们的父母也是聋人时。但是，因为高达 95% 的聋童父母都是听人，所以聋童并不总是从他们的双亲那里习得手语。在这种情况下，手语是他们的首选语言。

Prelingual　　前语言　语前

有声语言习得研究认为，听童从出生到一岁之前，即他们大约会讲第一个单词之前的这个阶段，称为前语言阶段。而术语“prelingual deaf”（语前聋）在过去是指那些天生聋人，或者那些在习得有声语言基础之前就变聋的人。有些学者把“语前聋”这个时期定为从出生直到聋童三岁左右，而其他学者认为是直到聋童五岁左右，还有一些学者则完全反对使用这个术语。他们更喜欢用“early deaf”（早期失聪）这个术语，理由是父母是聋人的那些聋童可以从其父母那里习得手语，所以从出生时聋童就开始学习一门语言了，他们的前语言阶段从他们开始打第一个手势词（通常比听童说第一个单词要早一点）之前就结

---

[1] 请参见《现代语言学词典》第 280 页，本书结合该词典，认为原著词条是指“predicative”（表语），并做了相应补充解释。

束了。他们的前语言阶段只是从出生到第一个手势词之前。

☛ 另见*聋*

Prescriptive grammar　　规定语法

描写语法只是描写和记录手语（或有声语言）母语者如何使用语言，针对手势词、单词、句子层面的不同变体，它不做任何价值评判。规定语法则可能将原本包含在描写语法中的一些手势词或单词变体等排斥在外。规定语法通常用于教学目的，它致力于让使用者明白怎样去使用该语言。从这个意义上说，规定语法主要是规范性和规定性的。如下面例 P-15 和例 P-16 英语句子所示，例 P-15 和例 P-16 中的 b 句在规定语法中都会被认为是病句，分别是各自 a 句的不正确变体。在描写语法中，两例中的 a 句和 b 句都是被接受的变体形式。

例 P-15　英语（英国）

a. "Whom did you give the book to? "　'你把书给谁了？'

b. "Who did you give the book to? "　'你把书给谁了？'

例 P-16　英语（美国）

a. "I did not have either her address or her phone number."
'我既没有她的地址，也没有她的电话号码。'

b. "I did not have neither her address nor her phone number."
'我既没有她的地址，也没有她的电话号码。'

Presens　　现在时

"presens"是现在时的拉丁语名称。

☛ 另见*"时"*

Present tense　　现在时

在对一门语言的"时"语法范畴进行描述时，现在时是"时"中的一种。例如，英语句子"John walks"（约翰走路）是一般现在时。

☛ 另见*"时"*

Preterite　简单过去时

“preterite”是语言学概念“简单过去时”的另一种术语表达法，如“John walked”［（以前的情况）约翰走路］。简单过去时是表示过去的时态，它没有任何“体”方面的考虑，所以它与“John was walking”（约翰正在走路）和“John has been walking”（约翰一直走着）等非简单过去时的例句是完全不一样的。

☛ 另见*“时”*

Preverbal message　语前信息

语前信息是指在说出或打出一个句子之前，语言使用者首先在头脑中准备好的信息，它包含很多概念，是语言编码的必要环节。语前信息是语言产出的第一阶段。

☛ 另见*编码*

Preverbal period　前话语阶段

在第一语言习得中，前话语阶段[1]是指从 0 岁到 1 岁。从 6 个月开始快到 1 岁时，儿童开始发音和咿呀学语。大约到 8 个月大时，儿童“普遍咿呀学语”阶段才开始出现，这种咿呀学语在聋童和听童中都有。然后，直到 12 个月大，该门语言所特有的咿呀学语开始出现，听童逐渐地只发出属于他们母语的咿咿呀呀声。咿呀学语会一直持续到 1 周岁以后。在“对特定语言的咿呀学语”阶段中，我们可以观察到聋童的差异，因为聋童听不到他周围的语音。在这个阶段，聋童通常会作出手部动作，这些动作有研究者认为是“手势咿呀学语”。此外，聋童还会用手指点物体和人物。因为听童也是这样指指点点的，所以研究者认为这些指指点点还不具有和手语【指代词】一样的语法功能。

☛ 另见*“咿呀学语”阶段*、*第一语言习得*

---

[1] 本词条强调“说话”和“言语”，与包涵语言形式更宽泛的前语言阶段相区别。

Priming　　启动

启动是比语境效应更宽泛的概念。它是指某个手势词或单词被更快地识别出来，这是因为在之前的语境中有一个跟它意义相似的手势词和单词出现了（语境效应）。假设有人说他刚刚在花园里看到一只公鸡。如果在故事最开始，他就提到过【鸡舍】（或"henhouse"）这个词，那么他的会话对象会更快地识别出【公鸡】（或"cock"），比之前没提及【鸡舍】（或"henhouse"）时反应更快。这可能是因为借助表示"鸡舍"的手势词或单词，会话对象在较早阶段就已经激活了【公鸡】（或"cock"）一词，到稍后真正使用该词时就更快地将该词提取出来。这是两个词之间的启动作业。还有另一种语义启动作业。当特定语境中有"airport"（机场）一词时，随后单词"strip"的意义就会被正确理解为它是指飞机起飞和降落时的"跑道"。而单词"strip"的另一个意思"脱"（用在脱衣服中）已在启动作业中被抑制而排除掉了。

☛ 另见*语义网络*

Pro-drop　　代词脱落

代词脱落是指人称代词的省略现象，它是一致关系语法标记丰富的结果。许多手语都可以省略代词，这种现象称为代词脱落，即代词被扔掉了。以荷兰手语为例，当丰富的一致关系语法标记已经清楚表明主语或宾语究竟是什么，这时就可能出现代词脱落。例 P–18 中的一致动词【拜访】就是代词脱落的典型例子。

在例 P–17 中，【指代词 $_{3a}$】是指代我的兄弟谭，将他定位在手势空间 3a 位置。随后在例 P–18 中，指代主语和宾语的代词都被省略，因为手势词【访问】从位置 3a（谭的空间定位）开始运动移到位置 1 处（手语者，即【指代词 $_{1}$】所指代的"我"），例 P–18 出现了代词脱落。虽然代词脱落可用于主语和宾语的省略，但我们也可以使用主语脱落和宾语脱落这两个术语。请注意，荷兰手语的主语脱落并不是强制性的，然而宾语脱落却是一种常见现象，它出现在荷兰手语标记一致关系的句子中，或许可以说它是强制性的。通常，如果指代宾语的代词没有省略，那么它的出现是为了强调。

例P-17 荷兰手语

是非疑问

【指代词$_1$ 兄弟 谭 指代词$_{3a}$，知道 指代词$_2$？】

‘你认识我的兄弟谭吗？’

例P-18 荷兰手语

【明天 $_{3a}$拜访$_1$。】

‘明天他要来拜访我。’

荷兰语口语不允许代词脱落，但像西班牙语这样的语言却是允许的，如例P-19和例P-20所示，西班牙语是一种代词脱落语言。

例P-19 西班牙语

“Voy” ‘我去’

例P-20 西班牙语

“Estoy en casa” ‘我在家’

像西班牙语这样的有声语言，省略主语也是因为有丰富的一致关系语法标记。它的主语也可以加上，不省略，但只有需要强调的时候才加主语，句子意义会有微小变化。就是否是强制性脱落而言，荷兰手语的宾语脱落和西班牙语的主语脱落两者情况类似（Heleen Bos，个人交流）。

📖 Bos（1990, 1993, 1995）

Pro-drop language 代词脱落语言

在有些语言中，由于它们的语法一致关系非常丰富，动词具有根据人称等而变化的不同形式，所以句子中的代词可以被省略，这样的语言称为代词脱落语言。

☛ 另见*代词脱落*

Production 语言产出

语言产出[1]是指讲出一句话（或打出一句手语）的计划与执行过程。当一个人已经计划好他想要表达的内容时，他的发音和表达就会随之而出。当打出手语时，手臂、手部和手指上的不同肌肉被激活，以便执行打手势词所必需的那些动作。在有声语言中，发音器官上的肌肉被激活，这是讲出一句话所必需的。

📖 Crasborn，Van der Kooij（2016）

Productive lexicon 能产性词汇

能产性词汇是心理词库中的一种词汇，它们由能产性手势词组成，这些词的形式和意义是由上下文语境决定的。能产性手势词没有固定形式，意义灵活多样。通常人们认为类标记结构属于能产性词汇。能产性词汇是相对于固定词汇或规约词汇而提出的术语。

☛ 另见*固定词汇*、*心理词库*

📖 Schembri，Johnston（2013）

Progressive aspect 进行体

"体"可以说明一个活动的开始或进展等情况。英语句子"John was laughing"（约翰正在大笑）是一个非完整体，句子中的活动事件没有开头和结尾，但有特定内部结构（即"笑"这个事情还在继续）。因为该事件随着时间的推移仍在进行，所以称为进行体。

☛ 另见*"体"*

Progressive assimilation 顺同化

顺同化是指手势词的基本构成成分受前一个手势词的影响而发生了同化。

---

[1] 心理学和语言学界较多使用"语言产生"这个译法，考虑到手语以手打出，以其他发音器官协同发出的特点，本书译为"语言产出"。另外，"语言产生"似乎有语言历史起源含义，而"语言产出"没有这个歧义，它更为清晰和具体化。

以德国手语为例，表示男修道院院长的复合词【修道士^老板】是由手势词【修道士】和【老板】合成而来。单独打这两个手势词时，【修道士】的打法是在头顶（后面）打出。【老板】是伸出拇指，从下向上将拇指移到身体前面。然而在复合词【修道士^老板】中，【老板】的运动变为从上往下，不仅如此，它的开始位置也变为在头的一侧，靠近手势词【修道士】的结束位置。可见，它受到前面【修道士】的影响，所以在这个复合词中，【老板】的位置和运动都发生了顺同化。

☛ 另见*同化*、*逆同化*

📖 Leuninger（2001）

Pronominalization　　代词化

代词化是一种语言现象，它是指用一个（人称）代词指称之前话语中提到的一个实体。如例 P-21 所示，句子中的两个实体（男人和女人）被分派了各自在句法空间中的位置，即位置 3a1 和 3a2。随后，如例 P-22 所示，手语者可以使用【指代词】分别指向这两个被定位的空间位置，从而再次指称这两个实体。

例 P-21　荷兰手语

【男人　指代词 $_{3a1}$　女人　指代词 $_{3a2}$，他们 - 二　学院　SLD　工作　他们 - 二。】

‘这位男士和这位女士他们两位都在 SLD 学院工作。’

例 P-22

【指代词 $_{3a1}$　语言学　教，指代词 $_{3a2}$　聋　研究　教。】

‘他教语言学，她教聋人研究。’

例 P-22 就是一个代词化的例子。有声语言中也有这种代词化现象（→*回指*）。

☛ 另见*直指*、*分派句法空间位置*

📖 荷兰手语请参阅 Bos（1990, 1993, 1995），Pfau，Bos（2016）

Pronoun copy　代词复制

在手语中，代词复制是指在句子开头和结尾都出现指称主语的代词，句尾处的主语代词必须是一个标记为【指代词】的人称代词。代词复制现象受动词类型限制，它通常出现动词不和主语标记语法一致的句子中。例 P-23 和例 P-24 是代词复制的例句，例 P-25 是病句。

例P-23　荷兰手语

【男孩　指代词 $_{3a}$　狗　购买　指代词 $_{3a}$。】

'这个男孩买了一只狗。'

例P-24

【指代词 $_{3a}$　狗　购买　指代词 $_{3a}$。】

'他买了一只狗。'

例P-25

【*男孩　指代词 $_{3a}$　狗　购买　男孩。】

'这个男孩买了一只狗。'

📖 荷兰手语请参阅 Bos（1990, 1993, 1995）

Proximal　靠近身体中心的　近端

靠近身体中心的（或近端）是一个解剖学术语。在手语语音学中，手臂或手部（或者它们的运动）相对于手语者躯干的距离是观察手语语音特点的一个必要方面。近端（身体附近的）运动是指更靠近身体中心的肩关节的运动。与使用肘关节的运动相比，肩关节手势运动要更靠近身体中心。而肘关节的运动又比腕关节和（或）指关节的运动更加靠近身体中心，所以腕关节和（或）指关节的运动是最远端的，它们离身体中心最远（见图 P-2）。

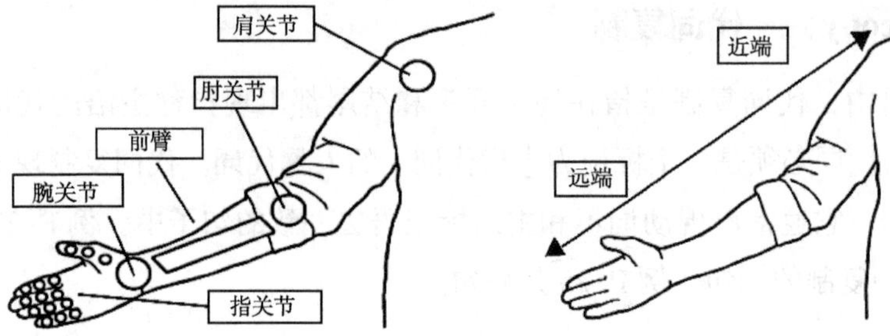

图 P-2　从近端到远端（相对于身体中心）

☛ 另见*近端化*

📖 Napoli，Sanders，Wright（2011），Baker et al.（2016）

Proximalization　　近端化　使用身体近端关节

近端化是音系简化的一种形式。在音系简化中，手势词的运动更靠近躯干或身体的中心。近端化在儿童肌肉运动神经发育中很重要，最初儿童所打的手势词都是使用肩关节的手势词，到后来他们才能够打出使用更远端关节的手势词。因此，肌肉运动神经发育的这个阶段也是手语习得的一个阶段。另外，术语近端化也可用于解释手语中的吵嚷式表达。手语者在窃窃私语时，会更多地使用手腕和手指关节打出手势词，然而在吵嚷式的手语表达中，手语者除了使用手腕和手指关节外，还要调动肩关节这个最为近端的关节，因为这样分布在手臂发音器官上的全部关节就都用上了，动作幅度大，手势明显，能够给会话对象一种大声吵嚷的感觉。

☛ 另见*远端*、*远端化*，*音系简化*，*语用适当*、*近端*

Pseudo argument　　假论元

在荷兰手语或佛兰芒手语（及其他许多手语）中，都有【今天　下雨】（今天下雨）这样的句子。如例 P-26 所示，动词【下雨】并没有任何论元。而在英语或荷兰语中，如例 P-27 和例 P-28 所示，句子中分别多出了一个主语“它”（见例 P-27 中的“it”，例 P-28 中的“het”），但这两个主语并不指称任何实体。因为这种主语没有所指，所以它们也不被认为是一个论元。单词“it”

和“het”是两个无意义的假位成分[1]，因而被称为假论元。

例P-26 荷兰手语和佛兰芒手语

【今天 下雨。】 ‘今天下雨。’

例P-27 英语

“It is raining today.” ‘今天下雨。’

例P-28 荷兰语

“Het regent vandaag.” ‘今天下雨。’

☛ 另见*谓词的价*、*零价谓词*

Psycholinguistics 心理语言学

心理语言学研究人类自然语言所基于的心理过程，它研究自然语言的习得、感知、产出，以及语言记忆的运作原理等。语言使用者是它研究的中心。心理语言学既研究语言的理解（特别是语言使用者如何连贯地理解一个言语行为或文本），也研究语言的产出。心理语言学家试图弄清楚如下过程：人们创造一个要表达的信息，经过一系列过程，最终用手语或有声语言把它表达出来。心理语言学是一个跨学科的领域，它借鉴语言学和心理学的技术和发现。心理语言学也有更多的应用领域，它聚焦于基于实验的实证研究，这些实验包括脑扫描、MRI 磁共振成像和 PET 正电子断层扫描术等。神经语言学也涉及这些内容，但与（理论）心理语言学不同，神经语言学特别关注手势词、单词和句子理解与产出时所涉及的脑神经回路、神经网络和神经机制等。这些研究不仅关注健康大脑，也关注受损或衰老大脑中的语言过程。

☛ 另见*语言病理学*、*神经语言学*、*语言心理学*

📖 Emmorey（2002），Harley（2008）

---

[1] 《现代语言学词典》第 120 页，“dummy”译为假位成分。

Q

Question intonation　　疑问语调

英语的是非疑问（一般疑问）句通常是句尾处语调上升，称为升调。另外，我们还可以保持陈述句的语序，只是通过添加疑问语调来表明该句是是非疑问句。请比较例 Q–1 和例 Q–2，前者是一个陈述句，后者中的两句都是是非疑问句。

例Q–1　英语

"John is buying a book."
'约翰要买书。'（陈述句）

例Q–2

a. "Is John buying a book?"
'约翰要买书吗？'（是非疑问句）

b. "John is buying a book?"
'约翰要买书吗？'（是非疑问句）

许多手语都借助非手控型语法标记来表达不同类型的手语句子。

☛ 另见*是非疑问句*

Question word question　　特殊疑问句

有两种主要的疑问句，特殊疑问句是其中之一（另一种是是非疑问句）。在特殊疑问句中，对疑问的回答取决于疑问词是什么。疑问词（如【谁】【什么】【何时】）通常出现在手语句子的句尾。由于英语中最常用的特殊疑问词都是以字母"wh"开头（如"where，who，why，when"），所以这些词经常被统称为人们已知的"Wh-questions"，即特殊疑问词。

手语者会在打特殊疑问词的同时，添加非手控型语法标记（如常用的“皱眉”和“眉毛扬起”）。这种类型的疑问句还可附加一个通用的疑问标记，即注释为【掌心向上】的疑问手势。以荷兰手语为例，例 Q–3 是一个陈述句，它的两个论元（【指代词$_1$ 父亲】和【房子】）及附加语（【明天】）都可以被提问（见例 Q–4、例 Q–5 和例 Q–6）。提问时，它们的特殊疑问词分别是【谁】【什么】【何时】，三者后面跟着一个通用的特殊疑问标记“掌心向上”。

例Q–3　荷兰手语

【明天　指代词$_1$　父亲　房子　购买。】

‘明天我爸爸要买房子。’

例Q–4

特殊疑问

【明天　房子　购买　谁　（掌心向上)?　】

‘明天谁要买房子？’

例Q–5

特殊疑问

【明天　指代词$_1$　父亲　购买　什么（掌心向上)?　】

‘明天我爸爸要买什么？’

例Q–6

特殊疑问

【指代词$_1$　父亲　房子　购买　何时　（掌心向上)?　】

‘我爸爸要什么时候买套房子？’

在荷兰手语中，特殊疑问词通常放在句尾，但也可以放在句首。在佛兰芒手语中，特殊疑问词可以在句首或者在句尾，但也可以句首和句尾都出现（→*疑问词复制*）。除了使用实词性的特殊疑问词外，如例 Q–4 到例 Q–6 所示，手语疑问句还使用前文提到的非手控型语法标记，我们用句子横线上的“特殊疑问”来标注和记录它们。

☛ 另见*是非疑问句*、*特殊疑问句*

R

Reactivated iconicity　重新激活的象似性

重新激活的象似性是指一个已经成词了的手势词（如美国手语的【树】），其构成部分的象似性意义以一种新颖的方式被重新唤起。如图 R–1 所示，美国手语【树】是一个完全词汇化了的手势词，手臂（表示树干）和手（表示树枝）是一个图式化的发音形式，因为现实生活中的所指"树"可能并不具有【树】词形所暗含的任何特征，如真实的树干可能并不笔直，或者可能根本没有五根树枝。然而，手语者仍会指向手臂，表明这是（仅是）树干，或者指向其中一根手指，表明这是一根树枝。通过这种方式，手势词【树】的不同构成部分的象似性意义被重新唤起。这一现象的其他术语还有"象似性重建""去词汇化"或者"主要象似性特征的再激活"。

图 R–1　美国手语中的手势词【树】

📖 Johnston，Schembri（1999：130），Janzen（2012），Boyes Braem（2012）

Recipient　接受者

接受者[1]是一种语义角色，它是句子谓语所表达的活动动作的接受者。在例 R–1 中，【指代词 $_{3b接受者}$】的所指玛丽接受了一本书，即【指代词 $_{3b接受者}$】接受了一个作为句子受事【书】的转移终点的角色。

例R–1　荷兰手语

【约翰　指代词 $_{3a}$　玛丽　指代词 $_{3b接受者}$　书　$_{3a}$给予 $_{3b}$。】

‘约翰给了玛丽一本书。’

☛ 另见*语义角色*

Recognition of sign languages　手语的官方认可

手语的官方认可并没有统一的形式和做法，因为每个国家对此都有各自的解释。在有些国家中，手语是该国的官方语言；而在其他国家中，手语只在教育领域受到保护。在美国，许多州都有教育立法，承认美国手语是一种“外语”，其他州则承认美国手语是教育场合中的教学语言。佛兰芒手语已在佛兰德斯地区得到官方的正式承认，这意味着当地政府认可佛兰芒手语是佛兰德斯聋人社群的语言，并表示出对佛兰芒手语的理解与尊重。

联合国教科文组织颁布的《萨拉曼卡宣言》（1994 年，第 21 条）明确提出手语是聋人交流的媒介，它明确规定了使用当地手语接受教育是聋童应该享有的权利。

Reduction　弱化

在手语中，也会出现类似于有声语言的元音弱化现象。以荷兰手语复合词【父亲^母亲】为例，它包含一个语音层面的弱化现象，即它的运动参数被减弱了。复合词【父亲^母亲】运动参数的总长度与构成它的单个手势词（【父

---

[1] 对“recipient”的翻译，研究者的译法还有“与事”“与事中的当事”“接受型受益者”等，对不同理论下的语义和语义角色等研究，请参阅袁毓林先生《汉语动词的配价研究》（江西教育出版社，1998），以及陈昌来先生《现代汉语语义平面问题研究》（学林出版社，2003）。

亲】和【母亲】）其中一个词的长度大体一样了，因而它出现了弱化现象。

有声语言也有弱化现象。以英语单词“telegraph”（电报，指通信方式）为例，它第一和第三音节中的两个发音完整的元音在相关联单词“telegraphy”（电报学）中都被弱化为央元音 /ə/。

Reduplication　　重叠

重叠是手语中的一个音系过程，它会导致形态句法上的语法效果。重叠是指将名词构成成分的一部分（如运动参数）进行复制，从而构成该名词的复数形式。在一些手语中，每次重叠都是打在手势空间中的不同位置（→*复数*）。

在许多手语中，手语者都是使用重叠来构成名词复数。一些形式简单的名词，只需重复一下它的运动参数就可以表示复数意义，如荷兰手语【书】的复数就是这样形成的。

重叠还可以用来说明多个物体的空间位置。例如，为了表达各种各样的自行车停放在一起，荷兰手语和佛兰芒手语使用了表示“自行车”的类标记手型和动词【停车】的重叠形式，两者结合使用，表示出多个物体在空间摆放的情况。手语者重复打三次【自行车】，这三次【自行车】在手势空间中各占一处空间位置，而且彼此相邻。然后，手语者重复打出动词【停车】，手掌垂直，指尖朝外，而且它将“自行车”的类标记手型并入到动词【停车】中。当你想说明桌子上有三本依次摆放的书时，首先打手势词【书】，然后打数词【3】，最后把动词【躺－上】重复且彼此相邻近地打三次，重复打出的时候，动词【躺－上】都并入了表示“书”的类标记手型（手型）。同样，使用这种方式也可以表达三只苹果摆放在一起，但此时动词【躺－上】必须并入表示“苹果”的类标记手型，即手型。手语动词【躺－上】和【站立】都可以并入不同的类标记手型。

一些有声语言也使用重叠来构成复数。例如，马来语单词“kapal”（船）的复数形式就是“kapal-kapal”。

Reference　　指称

指称分为直指和回指等。

☛ 另见*回指*、*直指*、*分派句法空间位置*

Referent　所指

所指就是手语（或有声语言）中某一语言形式所对应的现实生活里的客观实体（人、动物、东西或抽象事物，如“想法”“意见”等），请见例 R-2。

例R-2　荷兰手语

【今晚 图书馆 指代词$_1$ 指代词$_2$ 看见 。】

‘今晚我将在图书馆与您见面。’

如例 R-2 所示，会话对象将很清楚【图书馆】一词的所指，即手语者所说的图书馆究竟是现实世界中的哪一家图书馆，这可能是因为他们以前约定过在那家图书馆见面，或者是因为当地只有一家图书馆。

Referential sign　表示指称意义的手势词

在早期语言阶段，儿童开始打出一些手势词，这些手势词具有固定的词形，可以指示称呼或代替固定的所指。这些手势词称为表示指称意义的手势词。

Referential word　表示指称意义的词

表示指称意义的词是那些用来指代或称呼现实世界中实体的词，它们可以指称前文提到的实体。借助它们，表示这些实体名称的词就不需要被反复用到了，人们只需使用这些指称词来替代表示实体名称的词。在手语和有声语言中，代词通常发挥这种指示或称代的功能。

☛ 另见*回指*、*连贯*、*衔接*

Regional background　地域背景

地域背景是指一个人成长时所在的地方或区域。地域背景在语言学，尤其是语言变异中起着重要作用，尤其是当本地与其他地域形成可对比和有差异的语言形式时。以荷兰手语和佛兰芒手语为例，地域变体主要出现在词汇中。当表达同一个概念时，来自不同地域的手语者经常使用不同的手势词（词汇变异）。

☛另见*语言变异*

📖 Vermeerbergen，Nijen Twilhaar，Van Herreweghe（2013）

Register　语域

语域涉及语言使用者调整和变化自己的语言，以适应特定场合或情景。例如，面对工作面试（必须使用更正式的语域）和与朋友一起喝酒（非正式的语域）这两种不同情景，语言使用者必须调整语言，使用不同的语域。聋人情侣之间可以采用手语中的亲密语域，两者可以调整发音，在更近的手势空间里进行沟通。不仅手语如此，口语和书面语文本也有不同的语域。

📖 Johnston，Schembri（1999：130），Hoza（2007）

Regressive assimilation　逆同化

在手语中，逆同化是指一个手势词的语音特征之一（如音位），受之后出现的手势词影响，其发音特征变得与后面手势词语音特征一样了。另一种可能性是语音特征可能发生改变，但与之后的手势词的语音并不相似，如荷兰手语复合词【柱子^灯】（灯柱）。【柱子】是向下移动的，而复合词【柱子^灯】是将手势词【柱子】和【灯】依照此顺序组合在一起。由于【灯】发音位置较高，手势词【柱子】的运动参数就变成正好相反的情况，即向下运动变为向上运动，因此整个复合词就可以发音更为顺畅。复合词对基本构成成分运动进行了调整和改变，所以它是运动参数的同化现象。复合词【柱子^灯】还有一个变体形式，在这个变体形式中，复合词就没有发生逆同化现象。

Re-iconization　象似性重建

象似性重建是指从标准或固定词汇中，出现一些新的词形，它们源自象似性很高的手势词。虽然这些手势词的象似性出现一定"退化"，但其象似性可以随时被重新唤起（→*重新激活的象似性*）。

📖 Cuxac，Sallandre（2007），Boyes Braem（2012）

Relative clause　关系从句

关系从句是主从关系的一种。在手语中，它是一种相当复杂的现象。迄今为止，只有美国手语、德国手语和意大利手语的关系从句得到了较充分的研究。此外，学者对关系从句的研究主要集中在对限制性关系从句的研究上。例R–3是一个德国手语的限制性关系从句（【关系代词–指人$_{3a}$】是德国手语可以指代人的关系代词；→*关系代词*）。

例R–3　德国手语

眉毛扬起、目光注视 –3a

【明天 男人（指代词$_{3a}$）[关系代词 – 指人$_{3a}$ 昨天 汽车 购买] 结婚。】

'昨天买汽车的那个男人明天要结婚。'

例R–3句子主语是【男人】，关系从句中（例R–3的细方括号内）又进一步限定了这个主语，即他是昨天购买汽车的人，随后句子说这个男人将于明天结婚。例R–3是一个限制性关系从句。如果会话中这个男人早就被提到过，那么句子的信息结构就不会是当前这样的。关系从句提供的新信息就可能是对这男人将要结婚一事的补充信息，那么在这种情况下，它就应是一个非限制性关系从句了。为了说明这两种关系从句的差异，例R–4给出了一个相对简单些的关系从句。如例R–4所示，如果一个独一无二的实体被用作关系从句的先行词（如巴黎的埃菲尔铁塔），那么一个限制性关系从句的解读就是不可能的了，此时它只有非限制性关系从句的解读（见例R–4，非手控型语法标记之一是"嘴唇嘟起"，用英语可标注为"pl"，即"pursed lips"）。

例R–4　德国手语

嘴唇嘟起、点头

【1889，埃菲尔 铁塔 [指代词$_2$ 知道 巴黎 指代词$_{3a}$] 建造。】

'1889年埃菲尔铁塔，你知道的，就是巴黎的，建造出来。'

☛ 另见*复句*、*中心语外置的关系从句*、*中心语内置的关系从句*

📖 德国手语研究请参阅 Pfau，Steinbach（2005），Pfau（2016a）

Relative pronoun　关系代词

关系代词用于引导出一个关系从句。然而，并非所有的手语都使用关系代词来引导关系从句。如例R–5所示，德国手语确实使用关系代词引导关系从句。

德国手语有两个关系代词:【关系代词 – 指人】和【关系代词 – 非人】。前者指代所有表示人的先行词，如例 R–5 中的【男人】。它是手型，指尖朝上，掌心朝向手语者。而后者是指代所有非人类的先行词，如例 R–6 中的【狗】。它是手型，指尖指向前方，掌心朝下。

例R–5　德国手语

眉毛扬起、目光注视 –3a

【明天　男人　(指代词 $_{3a}$)［关系代词 – 指人 $_{3a}$　昨天　汽车　购买］结婚。】

‘昨天买汽车的那个男人明天要结婚。’

例R–6

眉毛扬起、目光注视 –3a

【女人　指代词 $_{3b}$ 狗［关系代词 – 非人 $_{3a}$　指代词 $_{1}$　昨天　找到］清洗 $_{3a}$。】

‘这个女人在洗我昨天找到的那只狗。’

以下例 R–7 和例 R–8 是荷兰语关系代词的例子。

例R–7　荷兰语

“De man **die** daar loopt is mijn buurman.”

‘The man who is walking there is my neighbor.’

‘那边走在路上的男人是我的邻居。’

例R–8

“Het huis **dat** daar staat is door mijn vader gebouwd.”

‘The house that stands there was built by my father.’

‘那边矗立的房子是我爸爸盖的。’

在荷兰语中，关系代词与它的先行词要保持语法“性”上的一致。在例 R–7 中，名词“man”(男人)是非中性名词，所以关系代词使用“die”。在例 R–8 中，名词“huis”(房子)是中性名词，因此关系代词使用“dat”。英语名词不区分“性”，但它的先行词和关系代词仍要保持另外一种类型的一致关系，这里它是指［人类］这个语义特征。如果先行词是人，如例 R–9 所示，先行词是“man”(男人)，那么关系代词就需要使用“who”。如果先行词是非人类的，如例 R–10 中的“dog”（狗），那么关系代词就需要使用“that”。

例 R–9　英语

“The man **who** is walking by is my neighbor.”

‘从我身边走过的那个人是我的邻居。’

例 R–10

“The dog **that** is walking by is my daughter’s dog.”

‘从我身边经过的那只狗是我女儿的狗。’

☛ 另见*中心语外置的关系从句*、*关系从句*

📖 Pfau（2016a），Pfau，Steinbach（2005）

Restrictive relative clause　　限制性关系从句

在限制性关系从句中，从句中的信息将主句所提及的实体限制在特定范围内。

如果这句话的意思是只有那些吵嚷的男孩，而不是其他男孩受到了惩罚，那么在例 R–11 中的就是一个限制性关系从句。这组实体（男孩）被限制在一个子集内，即那些大喊大叫的男孩，只有那些男孩受到了惩罚。

手语也有限制性关系从句，但尚未得到充分研究（→*关系从句*）。

例 R–11　英语

“The	boys	who	were	shouting	this	morning	in	class	are
定冠词	男孩们	关系代词	系词	大喊	代词	早晨	介词	班级	系词

punished.”
惩罚（被动）

‘今天早上在班级里大喊大叫的那些男孩受到了惩罚。’

☛ 另见*中心语外置的关系从句*、*中心语内置的关系从句*、*非限制性关系从句*、*关系从句*

Reversible constituents　位置可以颠倒的成分　可逆成分

当手语句中的两个成分都可以充当施事这个语义角色时，这两个成分称为可逆成分（或位置可以颠倒的成分）。在例 R–12 和例 R–13 中，可逆成分是【男孩】和【奶奶】。两者都可用作施事，而两者究竟谁是施事取决于句子的语序是什么。另外，句子还可以借助一个非手控型语法标记，即话题标记，来把句子主语或第一个成分话题化，进而使第一个成分具有施事这一语义角色。例 R–12 中，句子的语序是“主语 – 宾语 – 谓语”，而例 R–13 中，句子的语序是“主语 – 谓语 – 宾语”，它们都是语言中很典型的语序。

例R–12　荷兰手语

【男孩　奶奶　拥抱。】

‘男孩拥抱奶奶。’

例R–13　佛兰芒手语

【男孩　拥抱　奶奶。】

‘男孩拥抱奶奶。’

☛ 另见*手语语序*

📖 Laudanna，Volterra（1991）

Rhetorical question　设问句　修辞性疑问句

设问句（或修辞性疑问句[1]）是指当手语者或说话者提出问题，但并不期望得到回答，因为他们已经知道答案，而且通常是他们自己将答案说出来。因而设问句是一种修辞性疑问句，它们在风格上与常规的疑问句有所不同，修辞性疑问句是为了达到某种特殊效果。从句子功能上看，修辞性疑问句是一个被强调的陈述句，但却以疑问句的形式展现出来。请见下面例 R–14 到例 R–16 中的修辞性疑问句及设问句例子。

---

[1] 《英汉大词典》（第二版）第 1701 页“rhetorical question”是“（以修辞手段表意而不必回答的）修辞性疑问（句）”。修辞性疑问句涵盖设问句。因原著词条的手语例句是一个设问句，为讲清此例，本书也添加了“设问句”这个译法。

例R-14 英语

"Did we not all fail in this matter?"

'我们在这件事上不是都失败了吗？'

例R-15 英语

"Don't you want your children to get a good education?"

'你不想让你的孩子接受良好的教育吗？'

例R-16 美国手语

【男孩 害怕 为什么，房间 黑暗。】

'这个男孩为什么害怕，因为房间里很黑。'

例 R-16 美国手语例句既提供了"问题"，也给出了"答案"，起到了强调和引入新信息的效果。

☛ 另见*信息结构*

💻 http：//www.seattlecentral.edu/faculty/skennedy/ASL102/Lecture%20Notes/asl_ 102_rhetorical_questions.htm

Rhyme 押韵 / 韵基

押韵通常是指在歌曲、童谣或诗歌中常出现的、前后句或对应句收尾音节韵腹韵尾相同或相近的情况。如例 R-17 所示，它是威廉 · 华兹华斯的诗歌《我独自漫游如浮云》的第一段。

例R-17

"I wandered lonely as a cloud
That floats on high o'er vales and hills,
When all at once I saw a crowd,
A host, of golden daffodils;
Beside the lake, beneath the trees,
Fluttering and dancing in the breeze."

此处押韵的地方有："cloud" 和 "crowd" 押韵，"hill" 和 "daffodils" 押韵，

“trees”和“breeze”押韵。

韵基是书律音系学术语，它由韵腹和韵尾组成。在有声语言中，韵基是音节的组成部分，它包括音节核（单元音和双元音，是音节中的非辅音部分）和音节尾（音节末尾的辅音，音节核之后的辅音）。例 R–17 这首诗歌的韵基是“oud-owd”“ills-ils”“ees-eeze”。这些韵基虽然拼写不同，但他们的发音是相似的。

手语中也有韵基，它是指一个手势词的运动参数和最后的位置。

☛ 另见*音节*

Rich agreement　　一致关系丰富

一致关系贫乏还是丰富取决于动词词形变化的数量。一致关系丰富是指当与不同人称、单数或复数的论元相搭配时，动词都有相应的词形变化。在手语中，有些动词一致关系的词形变化很丰富。如例 R–18 所示，很多手语中都有方向性动词【给予】，它是一个需要标记丰富一致关系的动词。例 R–18 是【给予】的动词变化词形，它出现在很多手语。

例 R–18

【$_1$给予$_2$】　‘我给你’
【$_2$给予$_1$】　‘你给我’
【$_1$给予$_3$】　‘我给他（她）’
【$_3$给予$_1$】　‘他（她）给我’
【$_2$给予$_3$】　‘你给他（她）’
【$_3$给予$_2$】　‘他（她）给你’
【$_3$给予$_3$】　‘他（她）给他（她）’

有声语言也有一致关系丰富和一致关系贫乏的区别。与英语相比较，西班牙语是一致关系更为丰富的语言。就一般现在时而言，英语动词“sing”（唱歌）只有原形“sing”和第三人称单数“sings”这两种形式。而西班牙语对应的表示“唱歌”的动词有六种形式，即“canto, cantas, canta”（分别是第一、第二和第三人称的单数形式）和“cantamos, cantáis, cantan”（分别是第一、第二和第三人称的复数形式）。

☛ 另见*一致关系*、*一致关系贫乏*

Rich interpretation　　语法丰富解读

研究者认为，儿童的语言产出并不是其语言知识的精确反映，即儿童所掌握的母语知识远比他在语言产出中所表现出来的要多。当一个孩子说“妈妈球”时，他可能意思是“妈妈，我想玩这个球”“妈妈，请把球拿给我”“妈妈，那是个球”，或者“那是妈妈的球”。因此语法丰富解读观认为，儿童话语包含着比其形式要丰富得多的语法内容和话语信息。

☛ 另见*解读*

Right hemisphere　　大脑右半球

大脑由两个半球组成，这两个半球称为大脑半球。大脑右半球是位于右边的大脑半球。

☛ 另见*大脑半球*

Role-taking　　角色扮演

角色扮演是手语中一种传递信息的特殊方式。手语者扮演另一个实体，说出该实体的想法和话语，做出该实体的动作和表情。角色转换有几种具体方式。例如，手语者可以改变身体姿势和面部表情，从故事主角的角度讲述一个故事（→ *角色视角*）。他通常会转动身体朝向，表明他要扮演另外一个实体的角色了，这称为身份变换。另外，在角色扮演期间，手语者需暂时变化一下空间位置。他需要把他所扮演实体的空间位置和他作为手语者的位置建立起关联，让观众清楚哪个位置是他本人，哪个位置是他所扮演的角色。

☛ 另见*角色视角*、*故事重现*、*会话重现*、*信息结构*、*视角*

S

Sandwich constructions　动词三明治结构

动词三明治结构是指在一个手语结构中动词出现两次，一次是在常规位置，另一次是在句末位置。当前研究者发现两种类型的动词三明治结构，一是表达“体”的动词三明治结构（见例 S-1），二是实义动词三明治结构（见例 S-2）。在例 S-2 中，第二个表示“吃”的动词是一个类标记结构。

例S-1　美国手语

【学生　姓名　S-A-L-L-Y　键入　她的　学期　论文　键入$_{体:持续}$（……）。】

‘一个名叫萨莉的学生正在键入她的学期论文（……）。’

（Fischer，Janis，1990：280）

例S-2

【伊丽莎白　吃　R-I-C-E　吃－用－筷子++（……）。】

‘当伊丽莎白正用筷子吃米饭时（……）’

（Fischer，Janis 1990：284）

📖 Fischer，Janis（1990），Matsuoka（1999）

SASS　大小和形状限定词

“SASS”是“Size and Shape Specifiers”的首字母缩写形式。

☛ 另见*大小和形状类限定词*

Scope　表情体态覆盖范围

在手语中，表情体态覆盖范围是指承载语法功能的面部表情和身体姿态，它们在句子中可延展的区间。如例 S-3 所示，美国手语例句有两个非手控型语法标记（即表情体态，标记不同的语法意义）。话题化标记的表情体态，其覆盖范围是手势词【猫】，而否定标记的表情体态则覆盖了小句【狗 追赶】（→ *话题化*、*否定*）。

例S-3 美国手语

话题化 否定
【猫， 狗 追赶。】
'至于那只猫啊，狗并没有去追它。'

📖 Liddell（1980）

Second language acquisition 第二语言习得

当某人在习得第一语言后，再学习另外一种语言，这称为第二语言（L2）习得。研究者认为儿童通常是在 5 岁左右习得第一语言（母语）的基础，所以二语习得是发生在他 5 岁以后学习一门新语言的过程中。如果某人在 5 岁之前同时学习两种语言，这将被视为两种第一语言。这个过程称为同时性的语言习得（→ *同时性语言习得*）。二语习得的其他名称有连续语言习得、接续语言习得和先后语言习得等。

习得母语之后再学习另外一种语言的二语习得，它有两种方式。如果某人是在自己国家学习第二种语言，那么这就是外语学习，如在德国、法国和荷兰学习英语。但如果是作为外国人来到英国并在英国学习英语，那么这是第二语言习得。这时学习者可以与英语母语者沟通交流，或者去第二语言学习课堂听课，他可以很自然地习得第二语言。

二语习得过程可以与第一语言习得相比较。研究表明，二语习得的顺序与第一语言习得的顺序有许多相似之处，但两者也存在因为年龄和语言能力差异所造成的不同。母语和目标语言的相似程度也影响二语习得，它们越相似，二语习得就越容易（→ *语言类型学*）。

关于二语习得的方式有几种理论，整体上看有两大类。第一类认为这两个过程之间存在根本差异。二语习得被认为是一个显性发展的认知过程，类似于学习如何计数、如何踢足球和如何演奏乐器。第二类则认为，二语习得过程与第一语言习得一样，因此，这个过程是隐性的。与第一语言习得一样，学习者从环境中获得足够的输入，在具有创造性的语言学习机制的帮助下，发展第二语言，不需要显性的课堂教学。二语习得研究的相关理论也符合上述二分法，包括语言迁移假说（第一类）、创造性构建假设（第二类）、普遍语法理论（第二类）和联结主义理论（第二类）（→ *联结主义理论*、*创造性构建假设*、*二语习得普遍语法理论*）。

☛ 另见*语言迁移*

📖 Doughty，Long（2005），Baker，Van den Bogaerde，Jansma（2016）

Selected Finger Constraint　被选定手指的限制

当做出手内动作时，手语者可以改变手指的姿态，但不可以改变被选定的手指。这一规则称为被选定手指的限制。

☛ 另见*手内动作*、*运动*

Selected fingers　被选定的手指

被选定的手指是手语语言学的一个音系学术语。在一个手型音位中，被选定的手指有以下特点：第一，被选定的手指（如食指）可以接触身体、头部或另一只手和（或）手臂，或者被选定的手指（如食指和拇指相接触的手型）可接触所在手的一根或多根手指；第二，可以选取特定姿态（如弯曲、闭合或伸展）；第三，可以活动（张开或闭合）。

Self-correction　自我纠正

在有声语言（或手语）中，当语言使用者出现口误（或手误）时，他通常会自己意识到出错了，此时他会借助一些修复性话语来改正自己的错误，这就是自我纠正。例 S-4 是电台广播中的一个自我纠正的例子（2008 年 11 月）（请注意：海曼斯是布惠斯先生工作的一家荷兰公司）。

例S-4　荷兰语

“Mr. *Bouwmans, hahaha, Mr. Bouwhuis from Heimans.”

‘* 鲍曼先生，// 哈哈哈，来自海曼斯公司的布惠斯先生。’

☛ 另见*手误*、*口误*

Semantic change　　语义演变

语义演变可以出现在手势词或单词层面，如一个手势词或单词发生了语义扩展。荷兰语单词“milieu”最初的词义是“人成长的环境”，后来增加了“人和动物的环境”这一含义。因此，语义演变会引起语义变化（这里是指一词多义）。荷兰手语语义演变的例词是【电话】，它最初是指那种带有喇叭的电话。现在这个手势词可以扩展到指所有样式的电话，尽管荷兰手语已经有了一个表示“移动电话”的新词。

Semantic network　　语义网络

语义网络是指在意义相近与关联基础上形成的一个手势词或单词的联结网络。手势词和单词以语义网络的形式组织和存储在我们的大脑中。我们从心理词库提取手势词或单词时出现的错误（→ *手误*、*口误*），手势词和单词识别时的启动效应（→ *启动*），这些都证明了语义网络的存在。因为语义网络和启动效应，所以当故事中有意义重合或接近的词在前面出现过，那么后来的这个手势词（或单词）就会更快地被识别出来。

☛ 另见*心理语言学*

Semantic role　　语义角色

语义角色是指一个成分相对于句子中的动词或情境的关系（也称为题元角色）。句子所指称的每个实体都是以不同方式与动作或情况发生关联。一个实体可以是动作的实施与执行者（在这种情况下，它的语义角色是施事），或者它经受这个动作（语义角色是受事），实体还可以是某物的接受者（语义角色可以是受益者）。其他可能的语义角色还包括执行动作所使用的工具（语义角色是工具）或动作的目标（语义角色是目的）等。例 S–5 到例 S–9 是不同语义角色的例句，细方括号中是实体，下标是该实体的语义角色。

例S–5　荷兰手语

【[男孩]$_{施事}$　玩－足球。】

‘男孩踢足球。’

例S-6

【[狗 指代词$_{3a}$]$_{受事}$ [男孩]$_{施事}$ 抚摸$_{3a}$。】
'男孩抚摸狗。'

例S-7

【[女人 指代词$_{3a}$]$_{施事}$ [男人 指代词$_{3b}$]$_{受益者}$ [书]$_{受事}$ $_{3a}$给予$_{3b}$。】
'女人把书给男人。'

例S-8

【[火 旅 指代词$_{3a}$]$_{施事}$ [门 指代词$_{3b}$]$_{受事}$ [斧头]$_{工具}$ 粉碎－用－斧头$_{3b}$。】
'消防队用斧头把门砸开。'

例S-9

【[儿童 指代词$_{3a}$]$_{施事}$ [房子 指代词$_{3b}$]$_{目的}$ $_{3a}$去$_{3b}$。】
'孩子回家。'

在例 S–5 至例 S–9 中，所有执行动作的实体都具有施事语义角色。在例 S–6 到例 S–8 中，经受动作的实体具有受事语义角色。例 S–7 中的接收书的实体具有受益者语义角色。例 S–8 中动作实施所使用的实体工具，其语义角色是工具。例 S–9 中表示动作目标的实体，其语义角色是目的。

例 S–10 和例 S–11 是英语的语义角色例句。从句法角度看，例 S–11 是一个被动句，其中语义角色中的受事出现在句首。手语被动句研究刚刚起步，人们对它们是否存在及被动形式究竟是什么都还没有达成共识。

例S-10 英语

[The man]$_{Agent}$ sees [the dog]$_{Patient}$.
'男人看见这只狗。'

例S-11

[The dog]$_{Patient}$ is seen by [the man]$_{Agent}$.
'这只狗被男人看见。'

📖 Pfau，Bos（2016）

Semantics　　语义学

语义学是语言学中的一个研究领域，它研究词汇单位（如手势词或单词）和更大单位（如句子）的意义。语义学还可指一门语言的语义规则（如英语语义学、西班牙手语语义学）。

Semantic substitution　　语义替换

语义替换是一种手误或口误，它是指与目标词目意义相近的词目被错误地选取并替代了目标词目。例如，手语者想打【卡车】但却打出【火车】。

☛ 另见*手误*

Semantic variation　　语义变异

语言使用者用不同的单词或手势词来指称同一个概念，这是词汇变异（→ *词汇变异*）。虽然表达的是同一个概念，但这些单词或手势词却可以有不同的内涵（→ *内涵*），词汇变异通常与语言使用者的社会阶层有关。然而，人们也可以将相同的形式（同一个手势词或单词）与多个不同概念相关联，这就是语义变异。与语义变异相关的术语有同形异义和一词多义。

☛ 另见*同形异义*、*一词多义*、*同义*

Sensory aphasia　　感觉性失语症

感觉性失语症是韦尼克失语症的另一个名称。

☛ 另见*韦尼克失语症*

Sentence type　　句子类型

几乎所有语言都有以下三种句子类型：陈述句、疑问句（是非疑问句和特殊疑问句）和祈使句。

☛ 另见*肯定句*、*陈述句*、*祈使句*、*疑问句*、*否定句*

📖 Pfau，Bos（2016）

Sequential approach　依序教学法

学校必须制定相关政策，以明确在不同教育环境中哪种语言用作教学语言。学校还不得不决定何时在课程中使用哪些语言。例如，聋校可以决定将手语作为最初提供的语言，在学生掌握手语之后，学校再为他们提供有声语言的口语和（或）书面语。教育环境中的这种教学语言排序称为依序教学法。然而，近年来在西方国家，由于技术的发展，如人工耳蜗植入技术（它强调首先学习有声语言），这种依序教学法在聋教育中越来越少。

☛ 另见*双语教育*、*同时教学法*

Sequentiality　序列性

序列性是用于描述语言成分之间的线性关系的术语。

☛ 另见*线性顺序*

Serial verbs　连动动词

带有动词性谓语的简单句通常只有一个主要动词，但一个例外情况是，有的句子是具有两个主要动词的结构，而第二个动词是所谓的连动动词。这种动词结构经常出现在克里奥尔语中，如克里奥尔荷兰语（Negerhollands）和新美拉尼西亚语（Tok Pisin）。在连动动词结构中，两个动词共享同一个语义论元，虽然句中没有并列（→ *并列关系*）或主从（→ *主从关系*）标记。请比较例 S–12 和例 S–13 中的句子。

例S–12　圣多美克里奥尔语

“Komplá　sapé　da　mu”
购买　帽子 给予 我（宾格）
‘给我买一顶帽子’

例S–13　克里奥尔荷兰语

“As　ju　kan　fan　som　fligi　gi　mi”
如果 你 能 抓住 什么 飞 给予 我（宾格）
‘当你能给我抓一些苍蝇时’

在例 S–12 中，“sapé ”（帽子）同时是动词“komplá”（购买）和连动动词“da”（给予）的宾语。在例 S–13 中，宾语“som fligi”（一些苍蝇）也是如此，它既是动词“fan”（抓住），也是连动动词“gi ”（给予）的宾语。

在这两种语言中，第二个连动动词也可看作是一种介词（大多数克里奥尔语都没有介词），通过连动动词引入第一个动词的第二个或第三个论元。根据这种观点，这两个连动动词都用作介词，引出受益者（在两个例句中都是“我”）语义角色，因此它两都相当于英语中的介词“for”。使用这些动词或许是对该语言中缺乏介词的一种补偿，或者是向可能出现介词迈进一步（介词正在语法化的进程中）。

在荷兰手语中，类似的结构也可以出现在两个主要动词上，只是连动动词即第二个主要动词的功能有所不同，它为第一个主要动词标记句子的一致关系。这时的连动动词与【助词 -OP】的功能类似（→ *助词和【助词 -OP】*）。连动动词既不增加其他主要动词的意思，也不增加句子的意思。在荷兰手语中，以下手势词通常用作连动动词:【去】【给予】【拿】和【大声说】。这些词也是有声语言中最常见的连动动词，只是荷兰手语用【大声说】，而其他语言用“说”这个词。荷兰手语的【大声说】除了“打电话”这个意思外，也经常表示“说”或“提醒 / 警告”。例 S–14 和例 S–15 是荷兰手语连动动词的例句。

例 S–14　荷兰手语

　　　　　　　　　　　　　　　否定 + 特殊疑问

【为什么　指代词 $_2$　以前　说　$_2$大声说$_1$？】

‘你以前为什么不告诉我？’

例 S–15

　　　　　　　　　　　　是非疑问

【能　指代词 $_1$　钱　借　$_2$拿$_1$？】

‘我能从你那里借钱吗？’

📖 Crystal（2008），Van Bree（1996），Bos（1996）

Sign babbling　“手势咿呀学语”阶段

聋童从 8 个月大左右，有时甚至更早一点，就开始经常打出没有固定含义的手部动作，有研究者认为这是聋童习得第一个真正手势词的前兆，就像在有声语言中，咿呀学语是儿童学会第一个单词的前兆一样。

☛另见*“咿呀学语”阶段*

Signed English　　手势英语　用手势编码的英语

手势英语（或用手势编码的英语）是一个常用的术语，是指将有声语言和手语结合起来的沟通形式。其他语言中也有类似的沟通形式，如手势西班牙语、手势荷兰语、手势德语等。有人用这个术语来描述一些教师在课堂上使用的教学手势符号系统，其目的是让聋人学生更容易理解有声语言。还有人用这个术语来描述因手语和有声语言接触而混合在一起的、较为出现的语言形式，研究者称之为接触语。手势英语是一种手语和有声语言（英语）混合的形式，当手语者与手语不太流利的人交流时，他会使用这种形式，但有时即使手语流利，手语者之间在某些正式场合也会使用这种手势英语。

☛另见*手势辅助话语*、*手势系统*

Signing space　　手势空间

手势空间是手语的发音空间，它的范围是手语者伸开手臂后可以触达的地方，如手语者身前、身旁和头上（见图 S–1）。在这个空间内，手势词既可以靠近或接触手语者的身体，也可以打在身体前面的中性空间。手势空间既可以扩大，也可以缩小，这取决于实际情况（→*“窃窃私语”的手势空间*、*较大的手势空间*、*较小的手势空间*）。术语句法空间是手势空间的同义表达。

图 S–1　手势空间

虽然上文对手势空间的描述似乎符合许多手语的情况，但它并不适合全部情况，某些乡村手语的手势空间跟这个描述有所不同（→ *乡村手语*）。

Sign order　　手语语序

研究表明，就像有声语言一样，手语成分在句子中也有基本的前后顺序，即手语也有语序。语序的确定是基于陈述句，它带有一个谓语（谓语是 V）和两个名词性论元（分别是主语 S 和宾语 O）的陈述句。手语和有声语言中最常见的基本语序是 SVO、SOV 和 VSO。荷兰手语、意大利手语和印度巴基斯坦手语是 SOV 语序的语言。而其他一些手语，如美国手语，基本语序是 SVO。

学者认为，基本语序主要是为了约束和判断含有可逆成分的手语句子（如“John hit Jack”这类），因为从意义上讲，这些成分是可以颠倒的（→ *可逆成分或位置可颠倒的成分*）。所以这些具有可逆成分的句子被清晰而正确地解释出来是很重要的，只有知道手语的固定语序才能最好地作出判定。对含有不可逆成分的句子（如“约翰吃苹果”）（→ *不可逆成分或者位置不可颠倒的成分*）来说，这种固定语序不太重要，因为这样的句子只有一种解释，即使两个论元调换了位置，也只可能是人吃苹果。在佛兰芒手语中，表层结构的语序存在变异，这不是由地域差异引起的，而是由年龄差异引起的。与年轻手语者相比，年长的佛兰芒手语者在具有可逆成分的句子中较少使用 SVO 顺序。

在一些手语中，方位处所句有另一种顺序（→ *方位处所句*）。在这些句子中，通常在初始位置的是占据空间最大、移动性最小的那个论元，即使它并不是一个主语论元。这是对图形 - 背景原理的应用（→ *图形 - 背景原理*）。

附加语在句子中也占据特定位置（→ *“体”附加语*）。

☛ 另见*句法变异*

📖 Vermeerbergen et al.（2007），Pfau，Bos（2016），Vermeerbergen, Nijen Twilhaar，Van Herreweghe（2013）

SignStream™　　SignStream™ 语言学标注工具

“SignStream”是一个标注系统，用户可以借助该系统对一段视频进行标音转写与标注，可以将标注信息输入到不同的字段。

☛ 另见*标注*、*ELAN 语言学标注工具*、*iLex 词汇编撰及语料库分析工具*、*媒体赋码*

Sign system　手势系统

手势系统是一种以有声语言为基础的交流形式，但它需要借助（当地）手语中的手势词或其他手势，为有声语言提供额外的视觉支持。手势系统主要在听人与聋人交流时使用。这些系统通常在聋校中用作教聋童有声语言的辅助工具。手势系统的自由形式和严格形式是有区别的。如例 S–16 所示，在自由形式的手势系统中，有声语言与辅助有声语言的手势词一起使用。

例S–16　自由形式手势系统

"The woman lives in London."（英语口语）

【定冠词 女人 住 伦敦 。】（英国手语中的手势词作为支持）

该系统用于自发交流。在教育环境中，有时会采用更严格的手势系统，即句子的所有重要成分，甚至标记语法的不同语素都需打出对应的词或指拼字母。例如，在大声朗读英语文本（教师读给聋童或由孩子自己朗读）时，英语定冠词"the"可以用一个专门创造的手势来表示。讲解英语动词变位的课程中，第三人称单数的"–s"可以使用手指字母（手型）指拼出来。介词"in"也可以用手势系统特有的手势来表达。例 S–16 中的英语句子用严格形式的手势系统可以表达如下（见例 S–17）。

例S–17　严格形式手势系统

"The　woman lives　in　London."（英语口语）

【定冠词 女人　住 –S　介词 – 里面　伦敦。】（辅助性手势词或手势）

为了比较，例 S–18 列出了在很多手语中这句话的自然手语表达形式。

例S–18　自然手语表达形式

【女人 指代词 伦敦 住。】

☛ 另见*手势辅助话语*

Sign Supported Speech　手势辅助话语

手势辅助话语是一种把手势词和单词混合在一起使用的形式，它遵循有声语言的语法，但需要说话的同时打出手势词。它是为了教育目的，以自由形式的手势系统（→ *手势系统*）或严格形式的手势系统来实现表达。手势辅助话语通常用于听人和聋人沟通和接触时，特别是在聋童口语（或书面语）教学时，它起到辅助支持作用。如果有的聋人从未真正掌握手语，那么在这种情况下，这些以口语教学为主的聋人会更青睐使用手势辅助话语。

SignWriting “SignWriting”手势书写系统

“SignWriting”是一个可以转写手势词或手语句子的书面系统，由瓦莱丽·萨顿（Valerie Sutton）在 1974 年创建并逐步开发，它最初是基于一个标记舞蹈的符号系统。这些符号可以对双手、面部和身体进行抽象的描绘。“SignWriting”手势书写系统可日常使用，但它也用于研究领域。它在 40 多个国家为人所知，但仅在少数几个国家（如美国、西班牙、瑞典、比利时、德国、意大利）广泛使用。

☛ 另见*书写系统*

Simple movement 简单运动

简单运动是一个单一的运动。它可以是路径运动、手的内部动作，或者手部朝向的改变。 它不同于复杂运动。复杂运动可以把手内动作和（或）手部朝向改变，与一个路径运动结合起来。

☛ 另见*手部朝向改变*、*复杂运动*、*手内动作*、*运动*、*路径运动*

Simple sentence 简单句

简单句是指只有一个谓语的句子。以德国手语为例，谓语以加黑字体显示。在例 S–19 和例 S–20 中，【烤焙】和【游泳】都是动词性谓语，与例 S–22 中的【医生】一样，例 S–21 中的【健康】是名词性谓语（→ 谓语或谓词）。

例S–19 德国手语

【明天 学校 指代词$_1$ 女儿 蛋糕 **烤焙**。】

‘明天我女儿会在学校烤蛋糕。’

例S-20

【指代词$_2$ 父亲 **游泳**。】
‘你父亲正在游泳。’

例S-21

【蔬菜 **健康**。】
‘蔬菜（使人）健康。’

例S-22

【指代词$_1$ 兄弟 **医生**。】
‘我弟弟是一名医生。’

📖 荷兰手语请参阅 Pfau，Bos（2016），英国手语请参阅 Sutton-Spence，Woll（1998），澳大利亚手语请参阅 Johnston，Schembri（2007）

Simple sign 手语单纯词 单语素手势词

手语单纯词是指由一个语素构成的手势词（它也称为单语素手势词）。荷兰手语【房子】【男人】和【火车】都是手语单纯词。

☛ 另见*语素*

Simultaneity 同时性

同时性在手语中广泛存在，它是手语区别于有声语言的最引人注目和最重要的特征之一。与有声语言一样，手语（在复合词和句子中）也是按线性顺序串联起来，是序列性的组织。在一些有声语言中，同时性也得到了利用，如声调语言使用声调，其他语言使用语调。

手语中的这种同时性的组织结构，在手势词层面上体现得十分明显。每个手势词都由一些基本构成成分组成，手势词发音时，在大多数情况下，这些成分是同时发音和实现的。同时性也出现在句子层面，如通过添加同时打出的非手控型语法标记（如眉毛扬起）把陈述句和是非疑问句区分开来。在形态层面上，同时性的例子出现在“小房子”这类小称或其他大称类手势词中，在打出手势词【房子】时，手语者会同时做出非手控表情标记（如舌尖前伸以使腮帮内凹）。双手同时用作发音器官也可以产生手语的同时性，如在方位处所句中，手语者用双手分别描绘两个句子成分的位置。他通常使用实体类标记，如图 S–2 所示，右手的手型是指代人的类标记，左手是指代汽车等交通工具的类标记手型，借助同时打出这两个实体类标记，人和汽车的相对位置也可以同时展示出来。图 S–2 描绘了这两个实体两种可能的位置关系：人在汽车旁边、人在汽车前面。

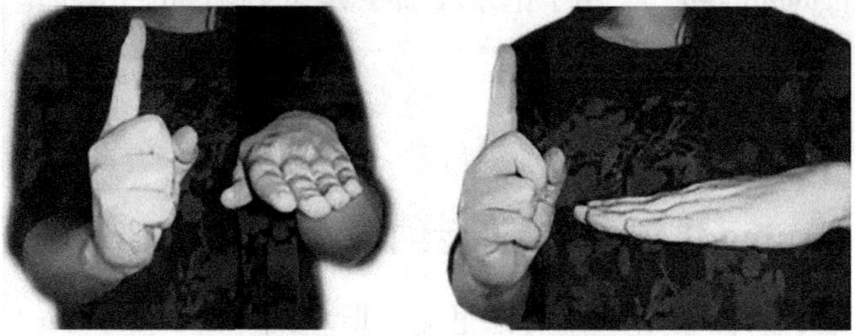

图 S–2　借助类标记手型来表达的手语中的同时性

☛ 另见*线性顺序*

📖 Vermeerbergen，Leeson，Crasborn（2007），Pfau（2016b），Vermeerbergen，Nijen Twilhaar，Van Herreweghe（2013）

Simultaneous approach　　同时教学法

参与聋童教育的学校必须决定课程使用哪种教学语言，以及何时使用这些语言。如果从聋童入学的第一年就开始同时使用手语和有声语言进行聋教育，这就是同时性双语教学法，简称同时教学法。

☛ 另见*双语教育*、*依序教学法*

Simultaneous bilingualism　　共时双语

共时双语是指幼儿同时习得一种以上第一语言的共时双语状况。

☛ 另见*第一语言习得*

Simultaneous language acquisition　　同时性语言习得

当儿童同时习得一种以上语言作为他们的第一语言时，这个习得过程称为同时性语言习得。

☛ 另见*第一语言习得*

Size and Shape Specifiers　　大小和形状限定词

大小和形状限定词现在常用的术语名称是外形描画类标记或轮廓勾勒手势词。实际上，讲德语的国家越来越多地使用其他术语名称，这些术语是汉堡大学的研究者提出的，它们基于六类“图像－创建－技术”（德语是“Bilderzeugungtechniken”），用于记录和描绘具有象似性的手势词。

☛ 另见*轮廓勾勒手势词*

📖 Zwitserlood（2012）

Skinner's learning theory　　斯金纳学习理论

行为心理学家伯勒斯·弗雷德里克·斯金纳（B. F. Skinner）提出了一种不同的语言习得途径。行为主义者认为，就像任何其他行为一样，语言也是行为，所有的孩子就像许多动物一样，天生就对奖励具有敏感性。社会环境会对认可的行为进行奖励，从而使得这种行为更为频繁地发生。这种与行为塑造有关的行为主义学习方法，适用于第一语言和第二语言习得。在第二语言学习方面，斯金纳学习理论的语言迁移假说贡献很大，该理论在过去特别有影响力。

☛ 另见*语言迁移假说*

📖 Skinner（1957）

Slip of the hand　　手误

在手语中，手语者打手语出现错误时，称为手误（→ *口误*）。手误可能发生在不同的层面。在语法编码期间，手语者有可能从心理词库中提取出一个错误的手势词，如例 S–23，把【货车】错误地打成【火车】（// 表示自我纠正），这是在复述故事时出现的手误。

例 S–23　德语手语

【（……）火车 // 货车（……）】

语音编码过程中也可能出现手误。有时在语音结构上非常相似的手势词，手语者会弄混其基本构成成分，把一个词的成分打成另一个词的，这就是音位替换。德国手语中【时尚】和【酒店】这两个手势词在意义上并无关联，但它们打法非常相似，唯一的区别就是运动参数。所以有的手语者会将【酒店】误打成【时尚】。其他类型的手误有手型提前打出（→ *手型提前打出*）、手型迟滞打出（→ *手型迟滞打出*）、手型或位置替换（→ *换位*）。

一项研究总结了将荷兰手语作为第二语言的听人学习者的手误情况。研究结果显示，在全部 64 种手误形式中，大多数手误发生在语音层面，而最常见的手误都与手型成分有关。

有时很难区分手语者是在处理手误，还是发生了语音同化（请参考手型同化词条中我们对瑞典手语手型同化例子的讨论）。这两种现象都是在潜意识中发生的，但不同之处是，手语者经常在手误中纠正他（她）自己，而在同化中绝不会出现自我纠正。两者的第二个区别是同化呈现一定规律，而手误是随机和偶然的。因此为了确定手语者究竟是发生了同化，还是出现了手误，我们不仅要依据充分的语言事实，而且还要注意这些语言数据应来源于不同的信息提供者。

☛ 另见*口误*

📖 美国手语请参阅 Newkirk et al.（1980），荷兰手语请参阅 Aarts，Haak（2002），德国手语请参阅 Keller，Hohenberge，Leuninger（2003）

Slip of the tongue　口误

在有声语言中，说话者在表达时可能会出错，称为口误。口误可能发生在语言的不同层面上。如果单词或单词组成部分的表达顺序前后错置，这种口误称为换位（见例 S–24），例子中的英语口误都是音位层面的口误。

例 S–24　英语

把“ask”误打成“aks”

把“cavalry”误打成“calvary”

把“the dear old queen”误打成“the queer old dean”

还有可能发生语义替换类的口误，如例 S–25 所示，一个跟目标词目意义相近的单词被误打出来。

例S-25 英语

"Can I have a spoon, please, ehm-no, a fork?"

'请递给我一把勺子，嗯，不，一支叉子，好吗？'

口误是语言产出理论中的研究内容。这些口误可能不只是发音表达时的错误，相反，他们可能归因为大脑编程时的错误。

☛ 另见*手误*

Small signing space　　较小的手势空间

出于一些原因，手语者会使用较小的动作幅度打出小一些的手势词，如当手语者希望打手语时尽可能不引起其他人的注意（与听人会选择轻声说话一样）。因此，这种在缩小的手势空间里打出缩小很多的手势词是出于语用因素。较小的手势空间[1]的另一个名称是"窃窃私语"的手势空间，它明确指出这是用于手语者之间"窃窃私语"的手势空间。

☛ 另见*较大的手势空间*、*较小的手势空间*、*"窃窃私语"的手势空间*

Social background　　社会背景

社会背景是指一个人所属的社会阶层。这个因素可以在语言变异中发挥重要作用。

☛ 另见*语言变异*

Social factors　　社会因素

社会因素可以与语言和语用因素一起，在语言变异中发挥重要作用。在语言变异研究中，七个特别需要考虑的社会因素如下：第一，社会背景；第二，种族背景；第三，地域背景；第四，年龄；第五，性别；第六，会话情景；第七，个人风格。

☛ 另见*年龄*、*种族背景*、*性别*、*语言变异*、*个人风格*、*地域背景*、*社会背景*

---

[1] 手势空间的大小及对手势空间的利用因人（身高、手语风格等）而异，所以很难概括说"小的手势词空间"具体是多少，所以本书对词条采用了"较小的手势空间"。L组词中的词条"large signing space"也做了同样翻译处理。

Sociolinguistics　　社会语言学

社会语言学是语言学的一个研究领域，它关注语言使用与社会环境之间的关系。它的基本观点是语言变异受它所处的社会背景影响。社会语言学涵盖不同的研究方面，如不同社会阶层的语言使用、年轻人的语言、对标准语及方言的语言态度等。

☛ 另见*语言变异*

Spatial verbs　　空间动词

空间动词（有时也被称为位置性动词[1]）是大多数手语中的主要动词类别。这些动词并不是与句子中的主语或宾语保持语法一致，相反，它们是对空间中被分派位置的物体或人，或者句子中动词运动的方向进行语法标记。如例 S–26 所示，句子中的手势词【发现】就是一个空间动词。

例S–26　荷兰手语

【桌子 类标记$_{3b}$（左手）球（右手）放置$_{球-在下面-桌子3b}$，婴儿 发现$_{3b}$。】
‘这个宝贝发现了放在桌子下的球。’

Speech reading　　看话

看话（或唇读）是从说话者的嘴唇或嘴部“看懂”声音。这通常还要借助其他非语言信息，如面部表情、肢体语言和话语前后的语境知识等。在与听人交流时，聋人和重听人经常依赖看话。然而，仅从嘴唇上是看不出全部话语内容的，看话仅能获取大约 35% 的话语信息。通过嘴唇的形状可以清楚地观察到声音 /a/ 和 /o/，但对于声音 /k/ 和 /g/，这是无法借助观察来区分的。此外，看话者无法区分双唇音（如 /p /，/b / 和 /m/）之间的差异。为了知道某人说的究竟是 /pat/，/bat /，还是 /mat/，看话者需要借助句子的上下文，或者是整个会话主题。当说话者发音不清晰时，或者说话者嘴唇被胡须部分遮挡时，看话就会变得更加困难。

---

[1] 根据原著的观点，与方向性动词一样，位置性动词也是一致动词的一种。

Spoken component　有声语言的口型成分

有声语言的口型成分是仿话口型的另一个名称。

☛ 另见*仿话口型*

Standardization　语言标准化

语言标准化是一个过程，在这个过程中一门语言的一个变体，或者该变体的一些方面成为这个语言使用群体最常用的变体形式。语言标准化通常赋予该语言变体特定的语言地位，通常促使公共生活中最重要领域全都使用这种语言变体。

☛ 另见*标准语*

Standard language　标准语

标准语是一个国家或民族在公共领域使用的语言，它涉及公共生活的所有重要领域，如政府部门、行政管理、法律事务、教育和媒体等。

Strong hand　主手

人们在打手语时会倾向于使用一只他们更习惯用的手，即惯用手。右利手的人更喜欢用右手，左利手的人更喜欢用左手。在打单手手势词时，手语者通常使用他们的惯用手。手语者更习惯去使用的手也称为主导手。而本词条所说的“主手”的概念具有更广泛的含义，它不仅是单手手势词中的主导手，而且在对称的双手手势词（如荷兰手语双手手势词【火车】）中，也是主导手。在打这些双手手势词时，惯用手就是主手，而另一只手（辅手）可以不打出来。

☛ 另见*主导手*、*惯用手*、*双手手势词*、*辅手脱落*、*辅手*

Style　风格

风格可以指某个人在使用语言时个人独有的方式，它不受语境影响，这种风格与个人语型有关。个人语型是个体使用语言时独一无二的特点。另外，风格也可以指同一个说话者或手语者所使用的不同语言风格，它具体取决于语境、场景和会话对象。从这个意义上说，风格与会话的语域有关。此外，风格也用于形容某人书面语表达时的形式特点，如电报风格、清晰风格、商务风格和华丽风格等。

☛ 另见个人*语型*、*语域*

Subject 主语

主语是一个句法角色。从句法上看，主语是一个单词、短语或小句，它执行小句中动词所表示的动作，或者按照小句中的动词开始行动。主语可以用作施事这一语义角色，但并不是所有主语都是施事。主语可在人称和数上与动词保持一致。在例 S-27 中，句子的主语是细方括号中的【男孩】。

例S-27 英国手语

【[男孩] 笑。】

'男孩在笑。'

📖 Crystal (2008)

Subject pronoun copy 主语代词复制

当主语重复时，就会出现主语代词复制，即句尾出现一个再次指称主语的人称代词。

☛ 另见*代词复制*

Subordinate clause 从句

从句是一个句子，但与一些主句不同，从句不能单独出现，它只能作为另一句子（主句或另一个从句）的成分，与主句同时出现，如例 S-28 到例 S-30 所示。

例S-28 荷兰手语

【约翰 知道 [皮特 生病]。】

'约翰知道皮特生病了。'

例S-29

是非疑问

【玛丽 询问 [昨天 查尔斯 生病]。】

‘玛丽问查尔斯是不是昨天生病了。’

例 S-28 和例 S-29 都是带有从句的荷兰手语复句，细方括号中的从句是主句的一个句子成分，从句法上看这两个从句都是动词的直接宾语。而例 S-30 中，关系从句和【男人】一起，用作句子的主语。

例S-30 德语手语

眉毛扬起 + 目光注视 -3a

【明天 男人（指代词 $_{3a}$）[关系代词 - 指人 $_{3a}$ 昨天 汽车 购买] 结婚。】

‘昨天买车的男人明天要结婚。’

☛ 另见*复句*

Subordinate compound 偏正式复合词

在复合词中，两个手势词或单词合成在一起，形成另一个手势词或单词，其含义与其组成部分词义合在一起的含义并不相同，如英语复合词“bedroom”的词义是“卧室”而不是“床房间”，“small talk”的含义是“闲聊 / 寒暄”而不是“小谈话”。

例 S-31 和例 S-32 是手语中的偏正式复合词。它们称为偏正式，因为手势词的右边成分（复合词的中心）是由左边的成分修饰和限定的。它们与并列式复合词不同（→*并列式复合词*）。

例S-31

【睡觉 ^ 房间】（荷兰手语和佛兰芒手语）‘卧室’

例S-32

【僧侣 ^ 老板】（德国手语）‘男修道院院长’

在荷兰手语和佛兰芒手语中，相反的情况是有可能的，如例 S-33 和例 S-34，右边的成分修饰左边的成分。

例S-33

【鼻子^血】（荷兰手语和佛兰芒手语）'流血的鼻子'

例S-34

【盒子^石头】（荷兰手语和佛兰芒手语）'砖头'

虽然在佛兰芒手语中【血^鼻子】也是可能的，但在大多数手语中，大多数复合词只有一种形式。研究者不清楚为何在一些手语中（如在荷兰手语和佛兰芒手语中）复合词的两种可能结构都出现了。

☛ 另见*复合词*

Subordinate conjunction　　从属连词

从属连词出现在嵌入句的起始位置，它也可以拼成"subordinating conjunction"。在英语句子"We did not go camping, because it rained heavily"（因为雨下得非常大，我们没有去露营）[1]中，从属连词是"because"。

☛ 另见*复句*、*连词*

Subordination　　主从关系

主从关系的另一个名称是嵌入关系。从句是另一个句子的组成成分，在所有语言中，都有不同类型的从句，我们将在单独的词条中讨论它们。

☛ 另见*状语从句*、*补语从句*、*复句*、*嵌入关系*、*关系从句*

Substitution　　替换　替代

替换（或替代）是指在语言习得研究中研究者经常观察到的语言单位相互代替的现象。与有标记手型相比，打手语的儿童可以更早且准确地打出无标记手型。因为这些无标记的手型更容易打出来，所以儿童会用它们代替那些难打出的手型（→ *音系简化*）。替换一词也可以指特定形式的手误（→ *音位替换*）。

---

[1] 原著中，著者使用的是"because of the weather"，它当不了从句，所以译者对此例句有所订正。

Successive bilingualism 接续双语

接续双语是指某人在习得第一语言之后，又学会了一种或多种其他语言的情况。它的另一个名称是连续双语（consecutive bilingualism）。

☛ 另见*第二语言习得*

Successive language acquisition 接续语言习得

接续语言习得是指在第一语言习得之后，又进行第二语言的习得。它的另一个相近术语是"sequential bilingualism"（先后双语）[1]。

☛ 另见*第二语言习得*、*先后双语*

Sudden deafness 突发性耳聋

当一个人在语言习得完成之后，在某一个时刻突然失去听力，这称为突发性耳聋。

☛ 另见*聋*

Syllabic writing system 音节书写系统 音节文字系统

音节书写系统（或音节文字系统）是一种书写形式。在该系统中，每一个符号代表一个音节，每一个符号都和一个音节相关联，但这种关联是任意性的。日语就是一种音节文字，它采用音节书写系统。

☛ 另见*手指字母*、*书写系统*

Syllable 音节

音节是有声语言中的一个语音单位，它由一个强制性核心（元音或双元音）组成，在这个核心的之前或之后，可连接一个或多个任选的辅音。这个强制性的核心称为音节核。所有出现在音节核之前的辅音都构成了音节首。音节核与之后的辅音一起构成了音节的韵基。因此，英语单词"sport"等具有以下的音

---

[1] 原著所指的"先后双语"（sequential bilingualism），因与之意义相同的若干词条已有列出和解释，所以术语"先后双语"在原著中其实并未列为单独的词条。

节结构：音节首（sp）和韵基（ort），而韵基包括音节核（o）和音节尾（rt）。

有研究者认为，手语也有音节，并且大多数手势词是由一个音节组成，音节的结构由初始位置（L_1）、运动（M）和最终位置（L_2）组成。手语音节的结构如图 S–3 所示。

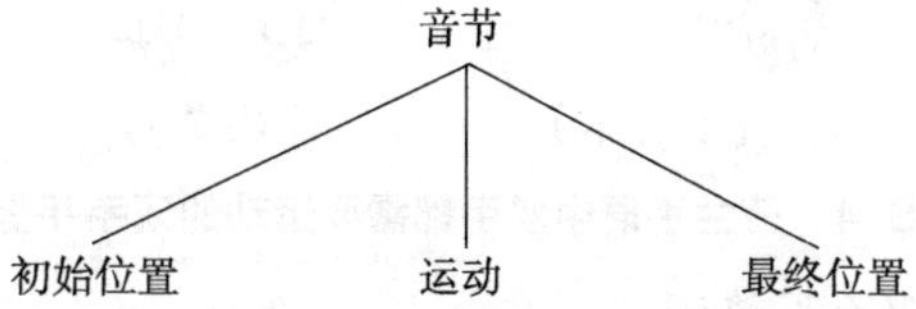

图 S–3　手语的音节结构

从图 S–3 可见，手语音节的初始位置、运动和最终位置对应了有声语言的音节首、音节核和音节尾。如表 S–1 所示，荷兰手语的手势词【花】，它词典形式的音节结构描述如下。

表 S–1　荷兰手语【花】词典形式的音节结构

【花】
初始位置：上半身的较低位置
运动：复杂运动，由路径运动 + 手的内部动作（从 手型变为 手型）组成
最终位置：上半身的较高位置

📖 美国手语请参阅 Emmorey（2001），Brentari（1998），荷兰手语请参阅 Van der Kooij，Crasborn（2016）

Symmetry condition　　对称条件

对称条件是指如果双手的运动参数是相同的（即同时运动或交替运动），那么双手的手型和手部朝向也必须一样。如图 S–4 所示，荷兰手语的手势词【决定】是一个同时的对称运动（手型和动作完全相同），而【自行车】则是一个手型和动作相同，但上下交替打出的运动（交替运动）。

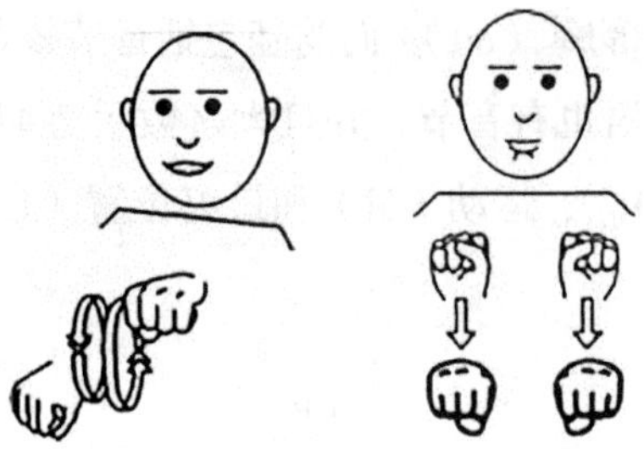

图 S–4　荷兰手语中双手都需要运动的双手手势词

☛ 另见*运动*、*双手手势词*

Synchronic language description　　共时语言描写

共时语言描写是对一种语言或语言的一部分进行描写，该语言处在历史上的某个时间点。它与历时语言描写不同，历时语言描写是研究语言随时间流逝而发生的变化。

☛ 另见*历时语言描写*、*语言学*

Synchronous movement　　同时运动　同步运动

在一些手势词中，如荷兰手语【火车】和【游泳】，双手的运动是同时性的运动，在这种情况下，称为同时运动（或同步运动）。

☛ 另见*运动*

Synonymy　　同义　同义词

手语和有声语言中都有同义现象，即同一个概念有不同的形式，如英语中的“自行车”有“bike”和“bicycle”等不同词形。虽然同义词指的是同一个所指（即它们的外延相同），但同义词的内涵往往不同，它们经常用在不同语境中。这种差异并不那么明显，甚至可以忽略。例如，英语表达“that is a nice range/selection of flowers”。从语境看，该句并没有倾向“range”或“selection”，所以“range”和“selection”这两个词都可以用。

荷兰手语中有同义词【死】（该手势词类似于在喉咙附近做割喉动作）和【去世】（打法是在身体前方双手从左向右翻转一下；参见词目手部朝向改变

的图片）。然而，这两个手势词有不同的内涵，它们适用于不同的语境。荷兰手语的另一对同义词【报纸 1】和【报纸 2】的情况则不一样，它们内涵相同（见图 S–5）。

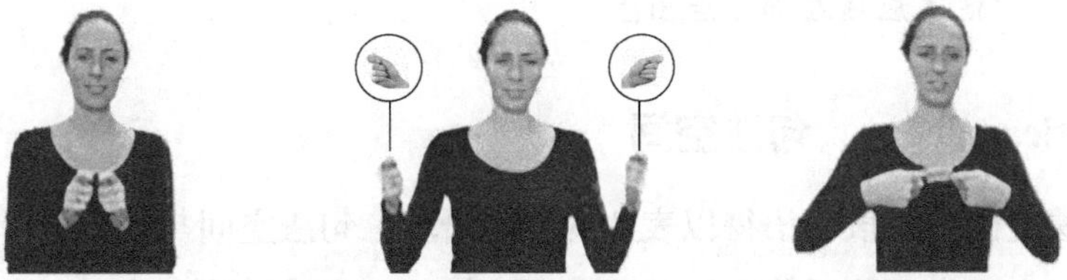

【报纸 1】 【报纸 2】

图 S–5 荷兰手语同义词（内涵相同）

同义词必须是出现在同一语言中的同一概念的两种变体形式。

📖 Crystal（2008）

Syntactic change 句法演变

到目前为止，手语中的句法演变主要研究的是手语语序（→ *手语语序*）。

有声语言句法演变的例子是英语语序的变化。研究者认为，古英语是一种 SOV 语言，现代英语则是 SVO 语序。另一个英语句法演变的例子是否定结构的演变。在现代英语中，否定是由一些实词，如“not”“do not”“never”“no”等构成的。在古英语中，否定的主要标记成分是“ne”，如例 S–35 所示，这个“ne”通常出现在（助）动词之前。

例 S–35 古英语

“Ac hie *ne* dorston paer on cuman”

But they not dared there on come

‘但他们不敢在那里登陆’

与现代英语不同，在古英语中，双重否定也是符合语法的。如例 S–36 所示，否定成分“na”（它是“ne”和“a”缩合在一起，相当于“not”和“ever”缩合成“never”这个否定含义）与另一个否定成分“ne”结合起来使用了。

例S-36 古英语

"Paet he *na* sippan geboren *ne* wurde"

That he never after born not would-be

'他不应该在那之后出生'

Syntactic space 句法空间

句法空间是一段手语得以表达的空间语境。句法空间与语言学（句法）因素有关，它通常用作手势空间的同义词。但是，有时手势空间一词专门指手势词基本形式或词典形式在空间中的发音位置，在这种情况下，句法空间和手势空间的意义并不一样。

Syntactic variation 句法变异

如例 S–37 所示，它是英语句法变异的一个例子（请注意：第一句和第三句标准英语中并不允许这样表达）。

例S-37 英语

"Give it me"

"Give it to me"

"Give me it"

在荷兰手语中，例 S–38 和例 S–39 中的句法变异可能会出现。

例S-38 荷兰手语

【男孩 指代词 $_{3a}$ 女孩 指代词 $_{3b}$ $_{3a}$推 $_{3b}$。】

'男孩推了女孩。'

例S-39

【男孩 指代词 $_{3a}$ 女孩 指代词 $_{3b}$ 推 $_{3a}$助词 –OP$_{3b}$。】

'男孩推了女孩。'

通常语言变异是由地域或社会因素所决定的。手语的地域变体经常体现在词汇上，性别变体也是如此，如爱尔兰手语的性别变体。

Syntax　　句法学　句法

句法学是语言学的一个分支学科，它聚焦于句子的结构。另外，术语“syntax”还有句法的含义，它是指一门语言的语法规则（如德语或德国手语的句法）。

T

Tactile sign language　　触觉手语

触觉手语是聋盲人用来交流的一种手语形式。在触觉手语中，会话对象的双手与手语者的双手互相接触，因此它也称为打在手上的手语。

☛ 另见*聋盲*、*打在手上的手语*

📖 Mesch（2001）

Target Language　　目标语言

目标语言是一个人正在学习的、用作第二语言的那门语言。在翻译领域，它是指把源语言翻译成的另一门语言。

☛ 另见*源语言*

Telegram style　　电报式话语风格　电报风格　电报式语言

习得第一语言的儿童最开始说出的第一句话很短，像电报式的，这称为电报式的话语风格。这种简化的语言形式通常只包含句子中主要的实词，而所有的功能词往往都被省略了，所有的屈折变化也往往会被省去。

Temporal adjunct　　时间附加语

时间附加语是表明事件发生、曾经发生或将要发生的时间。许多手语都有时间附加语，如【昨天】【今天】【明天】【去年】等（→ *“时”或时态*），它们出现在句子的开头。

☛ 另见*手语语序*

Tense “时” 时态

与“体”和情态范畴一样，“时”也是一种跟动词密切相关的语法范畴。“时”是对动词动作的发生时间进行语法标记。在描写语法中，“时”或时态可分为现在时、过去时和将来时。许多语言都可以通过动词的屈折变化来表示不同的时态。如例 T–1 到例 T–3 的英语句子所示，它们分别是句子中限定动词（粗体表示）的现在时、过去时和将来时的表达方式。

例T–1 英语

“John **visits** his grandmother.”

‘约翰看望他的祖母。’

例T–2 英语

“John **visited** his grandmother.”

‘约翰看望了他的祖母。’

例T–3 英语

“John **will visit** his grandmother.”

‘约翰将看望他的祖母。’

如例 T–4 到例 T–6 所示，在许多语言中，人们也可以借助实义词来表明事件的时间。

例T–4 英语

“John visits his grandmother **today**.”

‘约翰今天看望他的祖母。’

例T–5 英语

“John visited his grandmother **yesterday**.”

‘约翰昨天看望了他的祖母。’

例T-6　英语

"John will visit his grandmother **next week**."

'约翰下周将去看望他的祖母。'

在一些语言中，时态完全不通过动词的屈折变化来表达。例如，汉语普通话只使用词汇手段来表达不同的时态，包括使用时间副词、词组（"上周"），添加由词组成的时间状语从句（"当雨停了以后"）等。

到目前为止，研究者并没有发现使用动词屈折变化来标记"时"的手语，手语者可以通过从几种不同的时间线中选择出一个来表达不同的时态。另外，手语时态可以借助副词性手势词来表示，如【现在】【昨天】和【明天】（见例T–7）；也可以使用词组【上一个　周】（见例T–8）；或者使用小句【指代词$_1$ 做饭　完成】（见例T–9，从句意义是"等我做完饭后"）。

例T-7　荷兰手语、佛兰芒手语

【昨天　孩子们　冰　奶油　吃。】

'昨天孩子们吃了一个冰激凌。'

例T-8

【上一个　周　约翰　生病。】

'上周约翰生病了。'

例T-9

扬眉（标注于：指代词$_1$ 做饭　完成）

【指代词$_1$　做饭　完成，　指代词$_1$　家　去。】

'等我做晚饭后，我再回家。'

荷兰手语的动词【发生】确实有两种不同的形式，它们区分现在时和过去时。然而，这个现象只在一个动词上发生，因此不能称为是动词的屈折变化。【发生】现在时的打法是两只手相互围绕旋转，同时做远离身体的向前运动。而【发生】的过去时打法是双手也相互围绕旋转，但同时做朝向身体的向后运动。

☛ 另见*词汇化*

THEME buoy　　主题浮标

主题浮标用于点明手语会话中正被讨论的一个重要主题，手语者用辅手打出向上的手型作为主题浮标，他一直用这个浮标提醒观众直到该主题讨论完毕。

☛ 另见*片段浮标*、*列举浮标*、*时空点浮标*、*要点浮标*

📖 Liddel（2003），Liddell，Vogt-Svendsen，Bergman（2007：205）

Three-place predicate　　三价谓词

三价谓词是指具有三个论元（主语、直接宾语和间接宾语）的谓词。

在例 T-10 中，句子的主语是【女孩　指代词 $_{3a}$】，直接宾语是【DVD】，间接宾语是【男孩　指代词 $_{3b}$】。佛兰芒手语有一个类似的例子，但如例 T-11 所示，句子的结构是不同的。

例T-10　荷兰手语

【女孩　指代词 $_{3a}$　男孩　指代词 $_{3b}$　DVD　$_{3a}$给予 $_{3b}$。】

‘女孩把 DVD 给一个男孩。’

例T-11　佛兰芒手语

【女孩　DVD　给予 $_{3b}$　男孩　指代词 $_{3b}$。】

‘女孩把 DVD 给一个男孩。’

如例 T-12 所示，英语中也有三价谓词。三价谓词是及物谓词。

例T-12　英语

[The girl] gives [the boy][a DVD]

☛ 另见*谓词的价*

📖 Sze（2008），Ch. 4 for Hong Kong Sign Language

Timeline 时间线

许多手语都有时间线，都以不同的方式来表示时间。研究表明，手语中有几种不同的时间线。例如，荷兰手语有以下 5 条时间线。

第 1 条时间线，前后时间线（A1）：位于肩膀附近

第 2 条时间线，前后时间线（A2）：位于胃部附近

第 3 条时间线，左右时间线（B）：位于胃部附近

第 4 条时间线，从上往下的时间线（C）：位于身前，从面部往下打

第 5 条时间线，从下往上的时间线（D）：位于身体前面，从下往上打

另外，佛兰芒手语中也有多条前后时间线如图 T–1 所示。在大多数欧洲手语和美国手语中，身体前面的空间都用于定位未来的事件（→ *时间线隐喻*）。

📖 澳大利亚手语请参阅 Johnston，Schembri（2007）；英国手语请参阅 Sutton-Spence，Woll（1998）

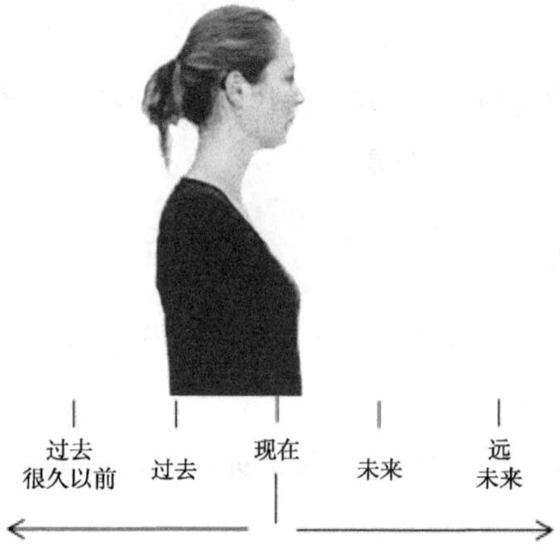

图 T–1 佛兰芒手语中的前后时间线

Timeline metaphor 时间线隐喻

在手语中，具有特定含义的手势词在与句法空间中相应的运动相关联的同时，还会使用到空间隐喻。空间隐喻通常涉及那些与时间有关的手势词。例如，在许多欧洲手语和美国手语中，身体前面的空间用于定位未来的事件。这似乎是一种与文化有关的理解，因为并非所有手语都这样理解空间与时间。例

如，在巴西手语中，身体前面的空间用来表示过去，而未来则放在身体后面。这种正好相反的时间线隐喻大概是基于这样的想法：过去是已知的，就像被放到眼前可以看到一样；而未来是未知的，就像在身后看不到一样。从这个视角来理解，巴西手语表示未来的就是一条在身后的“看不见”的时间线。

☛ 另见*语言的比喻用法*

Topic　话题

在信息结构中，句子中表示已知（双方都清楚的）信息的部分称为句子的话题，它通常放在句子的开头。请注意例 T–13 句子开头引入了一个新的话题，即【男人　德国】，而在例 T–14 中，它就变成了旧的（双方都清楚的）信息，句子用【指代词 $_{3a}$】来代替这个旧话题，回指前句中提到的【男人】。

例T–13　荷兰手语

【男人　德国　指代词 $_{3a}$　大学　工作。】

‘一个德国人在大学工作。’

例T–14

【指代词 $_{3a}$　想要　同事　指代词 $_{3b}$　伦敦　$_{3a}$ 拜访 $_{3b}$。】

‘他想去拜访一位在伦敦的同事。’

☛ 另见*焦点*、*信息结构*、*话题化*

📖 Baker et al.（2016），Kimmelman（2014）

Topicalization　话题化

当通常位于其他位置的小句被放置在句首时，该小句被话题化，它承担了句子的话题功能。在会话中，被话题化的成分有其特定的信息身份，它们往往是会话双方都知道的信息（即旧信息）。通常，此信息已在会话的最开始被介绍过，当然情况也并非总是如此。当已知信息放在句首时，它就是会话的话题，新信息将被添加到句子的其他部分（→ *评述*）中。由于被话题化的成分依赖于语境，所以它们在语用上并不中立。因此，话题化的句子中所显示的语序不是基本语序。如例 T–15 所示，【城市　大】是一个被话题化了的成分，横线上的非手控标记显示它伴有语法表情。句子的其他部分（→ *评述*）在语法上是完整的小句，而且小句中的【新－约克】是对话题内容的重复，也就是说，纽约就是这个大城市。

例 T-15 德国手语

话题

【城市　大，　指代词$_1$　新－约克　爱。】

‘至于大城市，我爱纽约。’

例 T-16

话题

【　属格$_1$　奶奶　指代词$_{3a}$，　明天　指代词$_1$　见面。】

‘我明天要见我的奶奶。’

在例 T-16 中，句子的直接宾语【属格$_1$　奶奶　指代词$_{3a}$】被提到句首，成为句子的话题，在后面的评述中，动词【见面】只有一个表示句子主语“我”的论元【指代词$_1$】。可见，有些被话题形式化了的形式也是左移位结构。

☛ 另见*信息结构*、*左移位结构*

📖 Kimmelman（2014），Pfau，Bos（2016）

Total communication（TC）　综合交流法

最初使用“综合交流法”[1]这个术语的是加利福尼亚州的罗伊·霍尔科姆（Roy Holcomb），后来马里兰聋人学校（美国）的大卫·登顿（David Denton）在 1967 年极大推动了这个方法的发展。马里兰聋人学校随后将该术语作为其教育理念的正式名称。十多年前，研究发现，父母是聋人的聋童比父母是听人的聋童达到了更好的教育水平。随后综合交流法开始使用，研究者认为聋童具有与听童相同的发展潜力，当聋童与其环境之间存在良好和自然的互动时，他们的发展状况最佳。为了实现与聋童的最佳互动，所有的交流方式都被允许，

[1] 译法来自张宁生先生和胡雅梅老师的《听觉障碍者的综合交流法》，刊于《心理科学》，2002 年第 6 期。

包括手语、面部表情、书写、话语和声音的使用、指拼、肢体语言等。这种综合交流理念的采用也使得手势词和手势符号被（重新）引入美国的聋教育。

📖 Pahz, Pahz，Lloyd（1978），Evans（1982）

Transcription　　转写　记音　标音转写

转写（或记音、标音转写[1]）是指把有声语言的声音或手语的手势词用书面形式表示出来。例如，英语单词“tree”（树）用国际音标来记音就是[tri：]。另外，如例 T–17 所示，通常人们是基于词义注释，把一种语言转写成另外一种语言。

例T–17　英语 / 德语

英语句子：“Shall I buy a car tomorrow？”
德语转写：soll ich kaufen ein Auto morgen
‘我明天将要买车吗？’

尽管在手语中研究者也可以为一个手势词记音，如使用汉堡标音转写系统（→ *标音*），但对那些手语句子和较长手语文本的转写，研究者会借助有声语言，通常是用有声语言标注出每个手势词的释义。所以（无论是何种手语）表示“树”的手势词都可以释义为英语的“TREE”或德语的“BAUM”。然而，使用一种语言中的单词来转写另一种语言的词语也有缺点，因为两者的词语有可能内涵上并不完全相同（→ *释义或注释*、*标音*）。

Transfer　　语言迁移

语言迁移是语言干扰的另一个术语。语言迁移是指在语言习得过程中，一种语言的成分或结构出现在另一种语言中这一现象。它可能是母语成分出现在目标语言（二语习得）中，或者是一种母语的成分出现在另一种母语里（同时性语言习得）。语言迁移对语言习得过程既有积极影响（正迁移），也有消极影响（负迁移）。语言迁移可以发生在手语之间、有声语言之间，以及手语和有

[1] “Transcription”请参阅《现代语言学词典》第 365 页。手语数据的标音转写是指在为手语数据标音后（描写其参数特征）需同时转写其意义（释义和注释），这是手语研究者的通常做法。

声语言之间。

☛ 另见*第一语言习得*、*负迁移*、*正迁移*、*第二语言习得*、*语言迁移假说*

Transfer hypothesis　　语言迁移假说

语言迁移假说是二语习得中最古老的理论之一。它基于行为理论，认为人类学习也是一种习惯形成。在这个理论中，所有的行为习惯，包括语言，都是通过模仿和强化而获得的。那些是期望之中的模仿会得到奖励，进而得到强化。它应用到第二语言学习中的启示是新的行为是学习而获得的，在这个过程中，旧的行为（来自母语）起着重要的作用。 语言迁移理论认为，当新习惯和旧习惯一样时，语言之间会发生正迁移，从而使得第二语言的这些相似方面更容易或更快地被学会。相反，当母语的一部分出现在第二语言中，而这两种语言的这些方面有所不同，此时就会发生负迁移，从而导致目标语言出现错误。 语言迁移也称为语言干扰，因此它也称为语言干扰假说。

Transition movement　　过渡性移动

过渡性移动是指在一个手势词的结束位置和下一个手势词的起始位置之间的移动。这种运动并不是手势词的词典形式的一部分，因为过渡性移动并没有固定形式，它取决于打该手势词之前时，手当时停在哪里。语境不同，手当时停放的位置也不一样。

Transitive predicate　　及物谓词

及物谓词是多价谓词，可以细分为及物谓词（也称为二价谓词）和双及物谓词（也称为三价谓词）。

☛ 另见*三价谓词*、*二价谓词*

Transparent sign　　意义透明的手势词

具有象似性的手势词其象似性程度不同。有的手势词是意义透明的手势词，因为它们象似性程度高，以至于从未见过这些词，而且不知道其含义的人，也可以猜到它们的含义。意义透明的情况是稀少的，而且受文化约束。在西方文化中，意义透明的手势词或许是【喝酒】【游泳】和【婴儿】等。其他类型的象似性手势词传统上被称为意义半透明的手势词或意义不透明的手势词。

☛ 另见*象似性手势词、意义不透明的手势词、意义半透明的手势词*

Turn regulator　　话轮调节机制

在会话中，会话参与者借助话轮调节机制来交替说话。在手语中，也有一些方法可以调节话轮转换。如借助一个疑问句询问对方的意见，话轮可以明确地从一个手语者转移到另一个手语者。话轮转换也可以借助一些肢体语言、直视某人或者朝着某个人的方向打手语等非言语方式来实现。手语者还可以通过肢体语言更加微妙地表明他愿意把话轮转给其他人。

☛ 另见*话轮转换*

Turn taking　　话轮转换

语言使用者知道在会话中何时话轮结束，何时另一个人可以接着这个话轮进行表达。 这种话轮的转换，在不同文化和不同语言社群中可能有所不同，如话轮之间的停顿时长在不同的语言中可能不同。在斯堪的纳维亚国家，两个话轮之间的停顿时间比荷兰会话中要长。在说西班牙语的国家中，话轮经常重叠，因为人们会互相打断。尽管在一段时间内几个人同时说话，但在西班牙，这种话语交叠并不被认为是令人讨厌的，或者至少不像在荷兰那样令人讨厌。话语交叠发生的程度也与语域有关。跟正式情况下相比，在非正式情况下人们更容易包容会话中的话语交叠和彼此打断。

在手语会话中，当不同手语者同时打手语时会发生话语交叠。同样，只有当会话参与者遵守语言的话轮转换规则和合作原则时，手语会话才能顺利进行。

☛ 另见*注意力获取策略、合作原则、话轮调节机制*

📖 Baker，Van den Bogaerde（2016）

Two-handed sign　　双手手势词

双手手势词可分为以下两大类，而第二大类可进一步分为两种。第一大类：双手都发生运动的手势词。第二大类：主手发生运动，而辅手保持静止的手势词，包括双手手型不同和双手手型相同两种。

第一大类中的手势词必须符合对称条件（→ *对称条件*），第二大类中的手势词必须符合主导条件（→ *主导条件*）。

📖 Van der Kooij，Crasborn（2016），Battison（1974）

Two-place predicate　二价谓词

二价谓词是指有两个论元的谓词。如例 T-18 和例 T-19 所示，动词【购买】是二价谓词，它的两个论元分别是主语【指代词$_1$】和直接宾语【自行车】。二价谓词也称为及物谓词。

例T-18　荷兰手语

【指代词$_1$　自行车　购买。】
'我要买一辆自行车。'

例T-19　佛兰芒手语

【指代词$_1$　购买　自行车。】
'我要买一辆自行车。'

☛ 另见*谓词的价*

Two word sentence　双词句

双词句是指在儿童的早期话语中，他们的一句话是由两个手势词（或单词）组成的，而这两个词之间具有一定语法关系。

☛ 另见*语言早期阶段*

Two word stage　双词阶段

双词阶段是指儿童语言习得的一个特定阶段，儿童开始表达第一句话时，他们的句子是由两个相互之间有一定语法关系的手势词（或单词）组成的（即是一个双词句）。

☛ 另见*语言早期阶段*

U

Underextension　　扩展不足

在语言习得的早期阶段，儿童通常将太少的概念与一个语言形式联系起来，这称为扩展不足。例如，一个学习荷兰手语的儿童可能只将手势词【狗】与他最喜欢的毛绒动物联系起来，而不是用【狗】指称所有的狗。一个学习英语的儿童可能只用单词“bear”表示他自己的泰迪熊，而不是动物园或电视上的熊。这些与词义相关的扩展不足是语义层面上的儿童语言现象。

Underlying form　　底层形式

在手语中，底层形式是基本形式、词典形式或音位形式的另一术语表达。

☛ 另见*基本形式*、*词典形式*

Universal Grammar　　普遍语法

普遍语法是一种理论（也称心智语法），它关注人类生来就已经获得的所有语言原则和语言共性。

☛ 另见*天生的语言习得能力*、*语言共性*

Universal Grammar theory on second language acquisition　　二语习得普遍语法理论

二语习得普遍语法理论认为，就像第一语言一样，第二语言是在普遍语法的支持下习得的，同时学习者必须输入充足的目标语言。该理论来自生成语言学理论框架，与创造性建构假说一脉相承。尽管有研究显示普遍语法在成人二语学习中也发挥主导作用，但就普遍语法在二语学习过程中的作用，研究者在相关结论上仍存在争议。

☛ 另见*创造性建构假说*

Universal language acquisition hypothesis　　普遍语言习得假说

这是创造性建构假说的别称。

☛ 另见*创造性建构假说*

Unmarked　　无标记

当一种语言形式、语言结构或语言规则在许多语言中都出现时，它通常会被确认为是无标记的，即它是无标记形式、无标记结构或无标记规则。所有不同于无标记形式的都被称为是有标记的形式。研究者认为，对学习手语的儿童和成人来说，无标记形式比有标记形式更容易掌握。在一门语言中，当一个有标记的语言形式、语言结构或语言规则出现了，那么它相应的无标记形式也一定存在。但是，反过来情况就不一定成立。

☛ 另见*标记*、*有标记手型*

Unmarked handshape　　无标记手型

无标记手型是那些容易打出来的手型，也是迄今为止大家在大多数已研究手语中所观察到的手型。无标记手型还是幼儿学习和掌握的第一批手型。在荷兰手语中，无标记手型包括手型、手型、手型、手型、手型、手型。它们是常用辅手手型，因为主导条件等发音限制规则将辅手的手型限制在这些无标记手型之内。

☛ 另见*基本构成成分*、*手型*、*音系简化*、*双手手势词*

Upwards metaphor　　“向上”的隐喻

一些手势词的含义（从隐喻和象似性上看）与特定运动相关。例如，具有积极意义的手势词通常在手势空间中具有一个向上移动的运动参数，这称为“向上”的隐喻。

☛ 另见*“向下”的隐喻*、*语言的比喻用法*

V

Valency of the predicate　谓词的价

价是指一个谓词的论元数量。大多数语言都有一价、两价或三价谓词，以及零价谓词，尽管零价谓词情况很少见。这些不同类型的谓词将在相关词条下讨论（→*一价谓词*、*两价谓词*、*三价谓词*、*零价谓词*）。

📖 Leeson（2001）

Verbal constituent　动词性成分

动词性成分是指在一个手势词（或单词）所构成的词组中，其中心语是动词。如例 V–1 荷兰手语句子所示，【跑步】是动词成分的中心语。

例V–1　荷兰手语

【男人 指代词 $_{3a}$ 房子 $_{动词短语}$[跑步] $_{动词短语}$。】

‘那个男人向他的房子跑去。’

例 V–2 是一个英语例句，其中动词“roared”（吼叫）是动词成分的中心语，而“loudly”（大声地）是它的修饰语。

例V–2　英语

“The lion [roared loudly].”

‘狮子大声吼叫。’

在英语中，修饰语可以与动词性成分的中心语组合在一起使用。在荷兰手语中，跑步的方式通常借助动词【跑步】的词形变化来表达。例如，为了表示某人跑得很快，手语者加快了【跑步】一词的运动参数，并调整自己的面部表情。

☛ 另见*成分*

Verbal predicate　　动词性谓语

动词性谓语是指句子谓语是一个表示某种动作的动词。例 V–3 到例 V–5 细方括号内是句子的谓语，它们都是动词性谓语。

例V–3　荷兰手语

【指代词 $_1$　妈妈［笑］指代词 $_{3a}$ 。】

‘我妈妈笑了。’

例V–4　英语

“My　mom　[laughs] .”　　‘我妈妈笑了。（现在时）’

例V–5　英语

“My　mom　[laughed] .”　　‘我妈妈笑了。（过去时）’

☛ 另见*名词性谓语*、*谓语或谓词*

Verb, Types of[1]　　动词类型

像有声语言一样，手语也具有几种不同类型的动词，我们将在单独的词条中讨论它们。在手语中，一些动词可以标记一致性（→ *一致动词*），而另一些则不能（→ *非一致动词*）。一致动词分为两种（→ *方向性动词*、*位置性动词*）。方向性动词还有一个子类型（→ *反向一致动词*）。主要动词和助动词之间也有区别（→ *助动词*）。助动词包括帮助主要动词标记一致关系的助动词，如荷兰手语的【助动词 –OP】（→【*助动词 –OP*】）和连动动词（→ *连动动词*）。许多手语研究者还将手语中的动词分为简单动词（→ *简单动词*）和空间动词（→ *空间动词*）。

---

❶ 该词条形式比较特殊，又特别列在字母 V 开头的词条中，这是原著为了方便读者检索动词相关词条，同时突出是对动词类型的讨论。

Village sign languages　　乡村手语

乡村手语是一种特殊类型的手语，它们仅出现在偏僻的地方，在这些封闭的社会中，遗传性耳聋的发病率通常很高。由于与世隔绝，这些村庄与外界社会接触较少，所以遗传性耳聋也得以延续。由于在这类社群中，聋人人数众多，听人村民也经常使用乡村手语，所以术语“共享的手语”也用于描述这种乡村手语。

与人们常见和不那么封闭的手语相比，乡村手语具有一些“不太寻常”的语法结构和特点，因而它是语言学研究中学者们都十分感兴趣的研究对象。当然，这并不是说所有乡村手语都具有不寻常的特点。在巴厘岛使用的乡村手语——卡塔科洛克手语的语法就似乎很简单。一些乡村手语正常的手势空间要比词目“较大手势空间”描述的空间还要大。在这些乡村手语中，手语者还可以在腿上或背后打手语，而其他手语并不使用这些空间位置。

在使用乡村手语的社群中，听人村民通常会接纳特定聋人文化，据说本卡拉村（巴厘岛）的情况就是如此。

许多现存的乡村手语当前正面临消亡。有种已消失的手语是玛莎葡萄园手语，它也是一种乡村手语，曾在北美海岸附近的玛莎葡萄园岛使用。当剩下的最后一个聋人开始使用美国手语后，玛莎葡萄园的乡村手语就消失了。我们不知道以下四种乡村手语是否仍然存在，包括乡村手势语（牙买加）、普罗维登西亚岛手语（位于哥伦比亚，在圣安德烈斯－普罗维登西亚的一个岛上）、班科尔手语（泰国）和乌鲁布卡波尔手语（巴西）。其他肯定仍然存在的乡村手语有三种，分别是卡塔科洛克手语、阿达莫罗贝手语（加纳的阿达莫罗贝）、卡贾纳手语（苏里南）。目前研究者们正在对这些乡村手语，以及使用于以色列艾尔赛义德贝都因的乡村手语，即阿布赛义德手语，展开大量研究。

📖 Zeshan（2010），阿布赛义德手语请参阅 Kisch（2004），Sandler et al.（2005），阿达莫罗贝手语请参阅 Crasborn（2007），Nyst（2007），班科尔手语请参阅 Nonaka（2004），卡塔科洛克手语请参阅 De Vos（2012），Marsaja（2008），卡贾纳手语请参阅 Cokart（2010）

Visual Aphasia 视觉性失语症

视觉性失语症是失读症的另一个名称，即丧失阅读书面或印刷文本的能力❶。

Visuo-spatial loop 视觉 – 空间环路

视觉 – 空间环路是工作记忆中负责调节视觉信息存储的部分。对比语音环路和视觉 – 空间环路，我们可以看到手语和有声语之间有趣的相似之处。人们发现记住彼此非常相似的英语单词（如“boat”“road”“goat”）比记住不同的单词（如“bear”“wood”“coal”）似乎要更难。聋人手语者也发现记住语音形式相似的手势词比记住语音不同的手势词更难。然而，手语和有声语言之间有如下重要区别：视觉工作记忆存储的手势词比工作记忆存储的单词要少，这可能与这样一个事实有关，即与读出一个单词相比，打出一个手势词的平均用时要更长。

☛ 另见*语音环路*、*工作记忆*

---

❶ 原著失读症对应“alexia”。另可参阅罗跃嘉等著《认知神经科学教程》第 405 ~ 411 页，该部分对失读症（dyslexia）有细化分类及讨论。根据文献，前者“alexia”是后天脑损伤造成的阅读能力的丧失。后者“dyslexia”是指阅读方面的障碍，如不能读写、不能拼写单词等。它是先天因素造成的，通常呈家族多发性。

W

Weak drop　　辅手脱落

一些双手手势词，特别是对称的手势词，也可以只用一只手即主手打出（→ *主手*）。在这种情况下，辅手或者不出现在手势空间中，或者暂时放下不做任何动作，我们称之为辅手脱落。当手语者一只手被其他事情占用时，例如，他一只手拿着一杯咖啡，但另一只手继续打手语，我们也可以观察到辅手脱落现象。

☛ 另见*惯用手*、*双手手势词*

Weak hand　　辅手

在手型不同的双手手势词中，保持不动的（非活动的、静止的）手称为辅手。在手型相同，但只有一只手活动的双手手势词中，同样，那只不动的手是辅手。在双手呈对称运动的手势词中，可以省略不打出来的那只手是辅手（通常是非主手），而这种现象称为辅手脱落。

☛ 另见*动态手*、*主导手*、*惯用手*、*主手*、*双手手势词*、*辅手脱落*

Weak hand spreading　　辅手延展

辅手手型的延展可以指辅手手型受到后面成分的影响而发生逆同化。以美国手语【黑色的^姓名】为例，它的意思是“坏名声”。通常情况下，手势词【黑色的】是用一只手以手型打出，而手势词【姓名】则是用双手以手型打出。然而在复合词【黑色的^姓名】中，【黑色的】也是用双手打出，并且使用了辅手【姓名】手型。辅手延展不仅出现在复合词的词汇化现象中，而且还出现在一句话中前后相连的手势词上，因此辅手延展可用作韵律边界的标记。

📖 Pfau（2016b）

Wernicke's aphasia　韦尼克失语症

韦尼克失语症也称为感觉性失语症，它是一种语言障碍，是韦尼克脑区受损的结果。患这种失语症的人可以产出语言（尽管可能无法被人理解），但他们在语言理解方面问题严重。此外，他们通常很难提取单词和使用新词。患有韦尼克失语症的美国手语者确实会打出手势词，但他们所打的手语内容令人费解，而且他们在理解美国手语方面也困难重重。

这种失语症是以德国神经学家、精神病学家和神经病理学家卡尔·韦尼克（Carl Wernicke）的名字来命名的。韦尼克认为肌肉运动任务和感觉信息的加工处理位于大脑的不同位置。相应地，他将失语症分为两种类型：一是定位在大脑布罗卡区的运动性（或表达性）失语症；二是感觉性（或接受性）失语症，该失语症与左脑颞叶损伤有关联，后来这个部位被称为“韦尼克区”。患有布罗卡失语症的人能够理解话语的内容，并且可以在脑海中回答，但却无法表达出自己的想法。患有韦尼克失语症的人可以产出语言，但却缺乏理解语言的能力。

☛ 另见*失语症*、*布罗卡失语症*

Wernicke's area　韦尼克区

韦尼克区是指左脑颞叶区域，它是以德国神经学家卡尔·韦尼克（Carl Wernicke）的名字来命名的，因为这位神经学家发现了特定失语症（一种语言障碍）与左脑颞叶有关。

☛ 另见*失语症*、*卡尔·韦尼克*、*韦尼克失语症*

Wh-cleft construction　“特殊疑问词 – 分裂”结构

“特殊疑问词 – 分裂”结构是一种特殊的疑问结构，特殊疑问词将现象和原因分裂开来，是一个自问自答结构。当打出特殊疑问词时，它同时也需添加一个非手控标记。但是，如例 W–1 所示，“特殊疑问词 – 分裂”结构的伴随表情是“眉毛扬起”，与特殊疑问句的非手控表情标记并不一样。

例W-1 佛兰芒手语

眉毛扬起

【指代词$_1$ 拿着 雨伞 为什么，下雨。】

‘我要带把雨伞，因为天要下雨了。’

☛ 另见*原因状语从句*

Wh-doubling 疑问词复制

在一些手语中，疑问词既出现在疑问句的开头，也出现在疑问句的结尾，称为疑问词复制。佛兰芒手语（见例W-2）和美国手语中都存在疑问词复制现象。

例W-2 佛兰芒手语

【为什么 男孩 笑 为什么？】

‘男孩为什么笑？’

☛ 另见*特殊疑问句*

Whispering space “窃窃私语”的手势空间

“窃窃私语”的手势空间是指比正常手势空间更小的空间，它是较小的手势空间的另一个说法。手语者此时不仅使用更小的句法手势空间，而且打出的手势词更多地使用了手腕和手指关节，而不是肩部或肘部关节（→ *远端化*）。手语者可以转过身，借助身体的屏障来避开旁观者的视线，“窃窃私语”地打手语，他可以很小心地不让双手超出身体屏障，以使旁人“窃听”变得更加困难。荷兰手语已经对“窃窃私语”的手势空间有所研究，但在其他手语文献中相关研究并不常见。

☛ 另见*远端化*、*语用适当*、*手势空间*

Whole entity classifier 实体类标记

实体类标记是指一种手型（通常具有特定手部朝向），它与类标记结构中的运动和位置参数一起使用，来表示一个实体的运动或位置。实体类标记描述了所指实体外形的某些方面。例如，手型实体类标记可以表示一个像书一样

的长方形物体正在掉落（见例 W-4）。如果是一个人跌倒了，那么就要使用细长的手型（见例 W-3）。为了表示一个苹果的位置，手语者可以使用实体类标记手型来表征苹果（见例 W-5）。例 W-3 到例 W-5 解释了荷兰手语和佛兰芒手语如何释义和标注话语中所涉及的实体类标记（研究其他手语的学者也经常开发出他们自己的类标记转写方式，与我们的方法有所不同）。

例W-3　荷兰手语和佛兰芒手语

【这个－早晨　男人　跌倒－类标记：。】
‘今天早上这个人跌倒了。’

例W-4

【这个－早晨　　书　　掉落－类标记：。】
‘今天早上一本书掉到地上。’

例W-5

【桌子　类标记－$_{3a}$　苹果　类标记－$_{3a}$－躺着－在上面－类标记：。】
‘桌子上有一个苹果。’

如例 W-5 所示，实体类标记可以组成复杂的类标记结构。当某处有不止一个苹果时，可以把表示“苹果”的类标记手型重复多次，来描绘不同苹果的空间位置。

☛ 另见*黏着语素*、*类标记*

Wh-question　　特殊疑问　特殊疑问句

特殊疑问句是疑问句的一种类型。它被称为“wh”疑问句是因为在英语中最常见的特殊疑问词都是以字母“wh”开头，如“what”“where”“when”“who”。在许多手语中，特殊疑问句中都有一个标记疑问的实义手势词（即特殊疑问词）和一个非手控型疑问语法标记。

☛ 另见*特殊疑问词*、*疑问句*

Word class 词类

词类是指词的不同类别。属于相同语法范畴的一组词划入同一词类，如名词、形容词、冠词、介词等词类。这些词类还可以进一步分出哪些是实词，哪些是功能词（→*功能词或手语功能词*、*语境词或手语语境词*）。

尽管手语的功能词似乎比有声语言的功能词少很多，但手语确实既有实词，也有功能词。

Word class restriction 词类限制

对于哪些语素可以组合在一起，有声语言的形态学中存在各种各样的限制规则，其中很多限制规则都与构词有关。词类限制就是对构词施加限制的规则之一。例如，英语前缀“un-”可以附加在形容词词类（“unafraid”“unhappy”“unMexican”）和动词词类（“unhang”“unjoin”）的单词之前，构成其他形容词和动词，但它不能附加在名词（“*unfear”“*unMexico”）上。可见，因为词类限制，英语前缀“un-”和英语名词词类中的语素没有组合在一起的可能。

Word order 语序

语序是有声语言（和手语）中所有语言成分顺序的统称。对这两种模态的语言来说，它们的语言成分都具有特定的线性顺序。然而，在手语中，句子成分除了线性组合外，还有许多可以同时发音的成分。

☛ 另见*语言成分的顺序*、*手语语序*

Word picture 单词的口型画像

单词的口型画像是仿话口型的另一个说法。[1]

☛ 另见*仿话口型*

---

[1] 原著勘误：单词的口型画像是仿话口型里的口型成分，所以原著术语解释中的“mouth gesture”（自然口动）其实应该是“mouthing”（仿话口型），另见的词条也应是“仿话口型”。译者在本书中已逐一订正。

Working memory　　工作记忆

工作记忆是指大脑中信息的临时存储，它与特定任务相关，例如，记住一个新电话号码。关于工作记忆的最著名的理论之一来自艾伦·巴德利（Alan Baddeley），他假设了一个多成分模型，除了其他成分之外，该模型还区分了工作记忆中的语音环路和视觉－空间环路（→*语音环路*、*视觉－空间环路*）。

📖 Baddeley，Logie（1999），Carroll（2004）

Writing systems　　书写系统　文字系统

许多有声语言经过很长时间的发展已经创造出不同的书写系统（或文字系统）。这些文字系统借助字母或符号来记录有声语言的口头单词和话语。不同文字或书写系统所表征的内容都有所不同。在表意文字中，书写系统里的每个符号是代表一个特定意义（如汉字）。在音节文字中，每个书写符号是对应一个音节（如日文）。在字母文字中，每个字母符号对应一个特定的语音（如英语和西班牙语）。

同样，对手语而言，研究者也已经努力为手语开发出手势符号书写系统，如“SignWriting”手势书写系统（→*手势书写系统*）、汉堡标音转写系统等（→*汉堡标音转写系统*）。

Y

Yes/no question　　是非疑问句　一般疑问句

疑问句是三种句子类型之一（→ *句子类型*）。疑问句有两种主要类型，即是非疑问句（或一般疑问句）和特殊疑问句。回答是非疑问句，可以使用“是的”“不是”，或者使用“可能是”“大概是”等。例 Y-1 是一个是非疑问句。

例Y-1　手语例句

是非疑问

【明天　男人　来。】

‘明天那个人来吗？’

如例 Y-1 所示，在手语句子中，陈述句与是非疑问句的区别仅在于是非疑问句所特有的非手控型疑问标记（即眉毛上扬，它标记“是非疑问”）。

☛ 另见*句子类型*、*特殊疑问句*

Z

Zero-place predicate　零价谓词

零价谓词没有论元。像【下雨】和【下雪】这样的动词都是零价谓词。这些动词表示下雨或下雪动作，但其实在这些句子中并没有任何实体来对应和说明这些动作的发出者，因而它们被称为零价谓词。

例Z-1　荷兰手语

【今天　下雨。】

英语翻译：‘It is raining today.’或者‘Today it will rain.’

汉语翻译：‘今天在下雨。’或者‘今天将要下雨。’

从例Z-1句的英语翻译可见，零价谓词也出现在有声语言英语中。在此英语译文中，代词“it”是一个假位成分（或空位成分），它用作谓词“raining”的假论元。然而，在例Z-1荷兰手语原句中，虽然【下雨】也是零价谓词，但该句并无充当谓词假论元的假位成分。

☛ 另见*谓词的假论元*、*价*

原书参考文献

Aarts, J., & Haak M. (2002). *Onderzoek naar slips of the hands van horende tweede-taalverwervers van de Nederlandse Gebarentaal.* Doctoraalscriptie Universiteit van Amsterdam.

Ackema, P. et al. (eds.) (2006). *Arguments and agreement.* Oxford: Oxford University Press.

Ahlgren, I., Bergman B., & Brennan M. (eds.) (1994). *Perspectives on sign language structure: Papers from the fifth international symposium on sign language research*. Durham: ISLA.

Arends, J., Muysken P., & Smith N. (eds.) (1995). *Pidgins and Creoles: An introduction.* Amsterdam: John Benjamins Publishing Company. DOI: 10.1075/cll.15.

Aronoff, M., Meir I., & Sandler W. (2005). *The paradox of sign language morphology. Language 81*(2), 301-344. DOI: 10.1353/lan.2005.0043.

Baddeley, A. D., & Logie, R. H. (1999). Working memory: The multiple-component model. In A. Miyake & P. Shah (eds.), *Models of working memory: Mechanisms of active maintenance and executive control* (pp.28-61). Cambridge: Cambridge University Press. DOI: 10. 1017/CBO 9781139174909.005.

Baker, A. & van den Bogaerde B. (2012). Communicative interaction. In R. Pfau, M. Steinbach & B. Woll (eds.), *Sign Language: An international handbook* (pp.489-512). Berlin: De Gruyter Mouton.

Baker, A. & van den Bogaerde B. (2016). Ch. 4: Interaction and discourse. In A. Baker et al. (eds.), *The Linguistics of Sign Languages: An introduction* (pp.73-91). Amsterdam: John Benjamins Publishing Company.

Baker, A., van den Bogaerde B., & Crasborn O.(eds.) (2003). *Cross-linguistic perspectives in sign language research: Selected papers from TISLR 2000*. Hamburg: Signum Press.

Baker, A., van den Bogaerde B., & Jansma S. (2016). Ch. 3: Acquisition. In A. Baker et al. (eds.), *The Linguistics of Sign Languages: An introduction* (pp.51-72). Amsterdam: John Benjamins Publishing Company.

Baker, A., van den Bogaerde B., Pfau R., & Schermer T. (2016). *The Linguistics of Sign Languages: An introduction.* Amsterdam: John Benjamins Publishing Company.

Baker, A. & Hengeveld K. (eds.) (2012). *Linguistics*. Chichester, UK: John Wiley & Sons.

Baker, A. & Pfau R. (2016). Ch. 5: Constituents and word classes. In A. Baker et al. (eds.), *The Linguistics of Sign Languages: An introduction* (pp.93-115). Amsterdam: John Benjamins Publishing Company.

Bank, R. (2015). *The ubiquity of mouthings in NGT*: A corpus study. Utrecht: LOT.

Bateman, L. & Ussery C. (eds.) (2005). *Proceedings of the North East Linguistic Society (NELS 35)*, Vol. 2. Amherst, MA: GLSA.

Battison, R. (1974). Phonological deletion in American Sign Language. *Sign Language Studies* 5, 1-19. DOI: 10.1353/sls.1974.0005.

Bayley, R., Cameron, R., & Lucas C.(eds.) (2013). *The Oxford handbook of sociolinguistics*. Oxford: Oxford University Press. DOI: 10.1093/oxfordhb/9780199744084.001.0001.

Bhatia, T. K. & Richie W. C.(eds.) (2006). *The handbook of bilingualism*. Oxford: Blackwell. DOI: 10.1002/9780470756997.

Bird, S. & Liberman, M. (2000). *A Formal framework for linguistic annotation* (revised version). CoRR, cs.CL/0010033:pp 23/60. http://arxiv.org/abs/cs/0010033.

Bishop, M. & Hicks S. L. (eds.) (2009). *Hearing, mother-father Deaf: Hearing people in Deaf families.* Washington, DC: Gallaudet University Press.

Bos, H. (1990). Person and location marking in Sign Language of the Netherlands: Some implications of a spatially expressed syntactic system. In S. Prillwitz & T. Vollhaber (eds.) , *Proceedings of the third European congress on sign language research* (pp.231-246). Hamburg: Signum.

Bos, H. (1993). Agreement and prodrop in Sign Language of the Netherlands. In K. Hengeveld & F. Drijkoningen (eds.), *Linguistics in the Netherlands 1993* (pp.37-47). Amsterdam: John Benjemins Publishing Company.

Bos, H. (1994). An auxiliary verb in Sign Language of the Netherlands. In I. Ahlgren, B. Bergman & M. Brennan (eds.), *Perspectives on sign language structure: Papers from the fifth international symposium on sign language research* (pp.37-53). Durham: ISLA.

Bos, H. (1995). Pronoun copy in Sign Language of the Netherlands. In H. Bos & G. M. Schermer (eds.), *Current trends in Sign Language Research: Proceedings of the Fifth European Congress on Sign Language Research, 1-3 September 1994, Munchen* (pp.121-147). Hamburg: Signum Press.

Bos, H. (1996). Serial verb constructions in Sign Language of the Netherlands. *Paper presented at the Fifth International Conference on Theoretical Issues in Sign Language Research. Université du Québec à Montreal & McGill University, 19-22 September 1996.* Unpublished paper.

Bosman, I. (ed.) (2006). *Over doofblindheid*. Utrecht: Agiel.

Botma, B. & van Kampen J. (eds.) (2009). *Linguistics in the Netherlands 2009*. Amsterdam: John Benjamins Publishing Company. DOI: 10.1075/avt.26.

Boyes Braem, P. (2012). Evolving methods for written representations of signed languages of the Deaf. In A. Ender, A. Leemann & B. Wälchli (eds.), *Methods in contemporary linguistics* (pp.411-438). Berlin and Boston: Walter de Gruyter.

Boyes-Braem, P. & Sutton-Spence R. (2001). *The hands are the head of the mouth: The mouth as articulator in sign languages*. Hamburg: Signum.

Branchini, C. & Donati C. (2009). Relatively different: Italian Sign Language relative clauses in a typological perspective. In A. Lipták (ed.), *Correlatives Cross-Linguistically* (pp.157-191). Amsterdam: John Benjamins Publishing Company. DOI: 10.1075/lfab.1.07bra.

Brennan, M. (2005). Conjoining word and image in British Sign Language (BSL): An exploration of metaphorical signs in BSL. *Sign Language Studies*, 5, 360-

382. DOI: 10.1353/sls. 2005.0007.

Brennan, M. & Turner G. H. (eds.) (1994). *Word-order issues in sign language*. Durham: ISLA.

Brentari, D. (1998). *A prosodic model of sign language phonology*. Cambridge, MA: MIT Press.

Brentari, D. (2012). Phonology. In R. Pfau, M. Steinbach & B. Woll (eds.), *Sign Language: An international handbook* (pp. 21-54). Berlin: De Gruyter Mouton.

Campbell, C. (2001). *The application of Speech Act Theory to American Sign Language* [PhD Dissertation]. University at Albany, State University of New York.

Campbell, R., MacSweeney M., & Waters D. (2008). Sign language and the brain: A review. *Journal of Deaf Studies and Deaf Education 13*, 3-20. DOI: 10.1093/deafed/enm035.

Carroll, D. W. (2004). *Psychology of language*. Belmont, CA: Wadsworth.

Chambers, J. K., Trudgill P., & Schilling-Estes N.(2002). *The handbook of language variation and language change.* Oxford: Blackwell.

Chomsky, N. (1957). *Syntactic structures*. Den Haag: Mouton.

Chomsky, N. (1981). *Regels en representaties: De grammatica als mentaal orgaan.* Utrecht: Bohn, Scheltema & Holkema.

Chomsky, N. (1986). *Knowledge of language: Its nature, origin, and use*. New York: Praeger.

Clark, E. (2009). *First Language Acquisition*. Cambridge: Cambridge University Press. DOI: 10.1017/CBO9780511806698.

Coerts, J. (1994). Constituent order in Sign Language of the Netherlands. In M. Brennan & G. H. Turner (eds.), *Word-order issues in sign language* (pp. 47-70). Durham: ISLA.

Cohen, J., McAlister, K., Rolstad, K., & MacSwan J. (eds.) (2005). *Proceedings of the 4th International Symposium on Bilingualism*. Somerville, MA: Cascadilla Press.

Cokart, R. (2010). *Kajana Gebarentaal, een homesign of een gebarentaal in ontwikkeling?* [Bachelor thesis]. University of Amsterdam.

Cole, P. & Morgan, J. (eds.) *Studies in Syntax and Semantics III: Speech Acts*. New York: Academic Press.

Coppola, M., O. Crasborn & U. Zeshan. (eds.) (2011). *Sign Language Typology*. Berlin, Boston and Nijmegen: De Gruyter Mouton & Ishara Press.

Corina, D. P. (1999). On the nature of left hemisphere specialization for signed language. *Brain and Language 69*, 230-240. DOI: 10.1006/brln.1999.2062.

Costello, B. (2015). *Language and modality. Effects of the use of space in the agreement system of Lengua de Signos Española (Spanish Sign Language)*. Utrecht: LOT.

Crasborn, O. (2012). Phonetics, phonology, and prosody. In R. Pfau, M. Steinbach & B. Woll (eds.), *Sign Language: An international handbook* (pp. 4-20). Berlin: De Gruyter Mouton.

Crasborn, O., Bank, R., de Meijer, A., van der Kooij E., Sáfár A., & Zwitserlood I. (2015). *Annotation Conventions for the Corpus NGT*. DOI: 10.13140/RG.2.1.1779.4649.

Crasborn, O. & E. van der Kooij (2016). Ch. 10: Phonetics. In A. Baker et al. (eds.), *The Linguistics of Sign Languages: An introduction* (pp.229-249). Amsterdam: John Benjamins Publishing Company.

Crasborn, O. & E. van der Kooij, D. Waters, B. Woll & J. Mesch (2008). Frequency distribution and spreading behaviour of different types of mouth actions in three sign languages. *Sign Language and Linguistics 11*, 45-67. DOI: 10.1075/sll.11.1.04cra.

Crystal, D. (2008). *A dictionary of linguistics and phonetics*. Malden, etc.: Blackwell. DOI: 10.1002/9781444302776.

Cuxac, C., Braffort, A., Choisier, A., Collet, C., Dalle, P., Fusellier, I., Jirou, G., Lejeune, F., Lenseigne, B., Monteillard, N., Risler, A., & Sallandre M-A. (2002). *Corpus LS-COLIN*, http://cocoon.tgeadonis. fr/exist/crdo/meta/crdo-FSL-CUC021_SOUND.

Cuxac, C. & M. A. Sallandre (2007). Iconicity and Arbitrariness in French Sign Language: Highly iconic structures, degenerated iconicity and diagrammatic iconicity. In E.Pizzuto, P. Pietandrea & R. Simone (eds.), *Verbal and signed Languages: comparing structures, constructs and methodologies* (pp.13-33). Berlin: De Gruyter Mouton.

Dachkovsky, S. & Sandler W. (2009). Visual intonation in the prosody of a sign language. *Language and Speech*, 52 (2/3), 287-314. DOI: 10.1177/0023830909103175.

Daly, R. & Riehl, A. (eds.) (1999). *ESCOL'99*. Storrs: Cornell University.

De Vos, C. (2012). *Sign-Spatiality in Kata Kolok: How a village sign language of Bali inscribes its signing space* [Dissertation]. Radboud University Nijmegen.

Don, J. & Sanders T. (eds.) (1999). *OTS Yearbook 1998-1999*. Utrecht: OTS.

Doughty C. J. & Long, M. H. (2005). *The Handbook of Second Language Acquisition*. Oxford: Blackwell. DOI: 10.1111/b.9781405132817.2005.x.

Edmondson, W. H. & Karlsson F. (eds.) (1990). *Papers from the fourth international symposium on sign language research*. Hamburg: Signum Press.

Emmorey, K. (2000). The confluence of of space and language. In C. Valli, & C. Lucas (eds.), *Linguistics of American Sign Language: An introduction* (pp.171-209). Washington DC: Gallaudet University Press.

Emmorey, K. (2002). *Language, cognition and the brain: Insights from sign language research*. Mahwah, N. J: Lawrence Erlbaum Associates, Publishers.

Emmorey, K., Borinstein H. B., & Thompson R. (2005). Bimodel bilingualism: Code-blending between spoken English and American Sign Language. In J. Cohen et al. (eds.), *Proceedings of the 4th International Symposium on Bilingualism* (pp. 663-673). Somerville, MA: Cascadilla Press.

Emmorey, K., Borinstein, H. B., Thompson, R. & Gollan, T. H. (2008). Bimodal bilingualism. *Bilingualism: Language and Cognition 11*, 43-61. DOI: 10.1017/S1366728907003203.

Ender, A., Leemann, A. & Wälchli, B. (eds.) (2012). *Methods in contemporary linguistics*. Berlin and Boston: Walter de Gruyter. DOI: 10.1515/9783110275681.

Evans, L. (1982). *Total communication: Structure and strategy*. Washington DC: Gallaudet University Press.

Féry, C. & Ishihara, S.(eds.) (2014). *The Oxford handbook of information structure.* Online publication. DOI: 10.1093/oxfordhb/9780199642670.013.001.

Fischer, S. & Janis W. (1990). Verb sandwiches in American Sign Language. In S. Prillwitz & T. Vollhaber (eds.), *Current trends in European sign language research* (pp.279-293). Hamburg: Signum.

Fontana, S., Corazza, S., Boyes Braem P., & Volterra V. (2017). Language research and language community change: Italian Sign Language 1981-2013. *Sign Language Studies17* (3),363-398.

Frisberg, N. (1975). Arbitrariness and iconicity: historical change in American Sign Language. *Language 51*, 676-710.

Frisberg, N. (1985). Dominance relations and discourse structures. In W. C. Stokoe, & V. Volterra (eds.), *SLR'83: Proceedings of the Third International Symposium on Sign Language Research* (pp.79-90). CNR, Rome.

Fromkin, V. (ed.) (1980). *Errors in linguistic performance: slips of the tongue, ear, pen and hand*. New York: Academic.

Gabarró-López, S., & Meurant, L. (n.d.). The use of buoys across genres in French Belgian Sign Language (LSFB). https://www.unamur.be/lettres/romanes/lsfb-lab/theuseofbuoys.

Gillis, S., & Schaerlaekens A. (eds.) (2000). *Kindertaalverwerving: Een handboek voor het Nederlands*. Groningen: Martinus Nijhoff.

Glück, S. & Pfau, R. (1997). Eine Klasse für sich: Klassifizierende Verben in Deutscher Gebärdensprache. *Zeitschrift für Sprachwissenschaft 16*, 181-208. DOI: 10.1515/ zfsw.1997. 16.1-2.181.

Glück, S. & Pfau, R. (1998). On classifying classification as a class of inflection in German Sign Language. In T. Cambier-Langeveld, A. Lipták & M. Redford (eds.), *Proceedings of ConSOLE 6* (pp. 59-74).

Goldin Meadow, S. (2003). *The Resilience of Language: What gesture creation in Deaf children can tell us about how all children learn language*. New York: Psychology Press.

Grauls, M. (2001). *Mijn naam is Haas: Hoe historischefiguren in het woordenboek belandden*. Leuven: Van Halewyck/Balans.

Grice, H. P. (1975). Logic and conversation. In P. Cole & J. Morgan (eds), *Syntax and Semantics, Vol. 3, Speech Acts* (pp.41-58). New York: Academic Press. https://doi.org/10.1163/ 9789004368811_003.

Grosjean, F. (2010). *Bilingual, life and reality*. Cambridge, Mass.: Harvard University Press. DOI: 10.4159/9780674056459.

Grushkin, D. http://www.deafhoodfoundation.org/Deafhood/Deafhood.html. Retrieved July 2013.

Hamaker, C., & Busato V. (2000). *Het geheugen*. Amsterdam: Amsterdam University Press. DOI: 10.5117/9789053564318.

Harley, T. A. (2008). *The psychology of language: From data to theory*. New York: Psychology Press.

Haspelmath, M., & Tadmor U. (eds.) (2009). *Loanwords in the world's languages: A comparative handbook.* Berlin: De Gruyter/Mouton.

Hendriks, B. (2004). *An introduction to the grammar of Jordanian Sign Language.* Salt (Jordan): Al-Balqa Applied University.

Hendriks, B. (2008). *Jordanian Sign Language: Aspects of grammar from a cross-linguistic perspective*. Utrecht: LOT.

Hengeveld, K., & Drijkoningen F.(eds.) (1993), *Linguistics in the Netherlands 1993*. Amsterdam: Benjamins. DOI: 10.1075/avt.10.06bos.

Hickok, G., Bellugi U., & Klima, E. S. (2001). Sign language in the brain. *Scientific American 284*, 58-65. DOI: 10.1038/scientificamerican0601-58.

Hinskens, F., & Taeldeman J. (eds.) (2013). *Language and space: An international handbook of linguistic variation, Vol. 3.* Berlin: De Gruyter Mouton.

Hohenberger, A., Happ, D., & Leuninger H. (2002). Modality-dependent aspects of sign language production: Evidence from slips of the hand and their repairs in German Sign Language. In R. Meier et al. (eds.), *Modality and structure in signed and spoken languages* (pp.112-142). Cambridge: Cambridge University Press. DOI: 10.1017/CBO9780511486777.006.

Hoza, J. (2007). *It's not what you sign, it's how you sign it: Politeness in American*

Sign Language. Washington DC: Gallaudet University Press.

Huenerfauth, M., & Kacorri H. (2015). Augmenting EMBR virtual human animation system with MPEG-4 controls for producing ASL facial expressions. *The Fifth International Workshop on Sign Language Translation and Avatar Technology (SLTAT'15), Paris, April 9-10.* http:// huenerfauth.ist.rit.edu/pubs/huenerf-auth-kacorri-2015-sltat.pdf.

Jansen, M. J., &Rødbroe I. (2007). *Contact and social interaction: Communication and congenital Deafblindness*. Aalborg: Danish Resourch Centre on Congenital Deafblindness (VCDBF/ Sint-Michielsgestel: Viataal).

Janzen, T. (2012). Lexicalization and Grammaticalisation. In R. Pfau, M. Steinbach & B. Woll (eds.), *Sign Language: An international handbook* (pp.816-840). Berlin: De Gruyter Mouton.

Janzen, T., O'Dea B., & Shaffer B. (2001). The construal of events: Passives in American Sign Language. *Sign Language Studies 1*, 281-310. DOI: 10.1353/ sls.2001.0009.

Johnston, T., & Schembri A. (1999). On defining lexeme in a signed language. *Sign Language and Linguistics 2*, 115-185. DOI: 10.1075/sll.2.2.03joh.

Johnston, T. &Schembri A. (2007). *Australian Sign Language: An introduction to sign language linguistics.* Cambridge: Cambridge University Press. DOI: 10.1017/CBO9780511607479.

Johnston, T. A. (2003) Language standardization and signed language dictionaries, *Sign Language Studies 3*, 431-468. DOI: 10.1353/sls.2003.0012.

Kager, R., Grijzenhout J., & Sebregts K. (eds.) (2014). *Where the principles fail: A Festschrift for Wim Zonneveld on the occasion of his 64th birthday*. Utrecht: LOT.

Keller, J., Hohenberger A., & Leuninger H. (2003). Sign language production: Slips of the hand and their repairs in German Sign Language. In A. Baker, B. van den Bogaerde & O. Crasborn (eds.), *Cross-linguistic perspectives in sign language research: Selected papers from TISLR 2000* (pp.307-333). Hamburg: Signum.

Kendon, A. (2004). *Gesture: Visible Action as Utterance.* Cambridge: Cambridge

University Press. DOI: 10.1017/CBO9780511807572.

Kerstens, J. et al. (1997). *Plato's probleem*. Bussum: Coutinho.

Kimmelman, V. (2014). *Information structure in Russian Sign Language and Sign Language of the Netherlands* [Dissertation]. University of Amsterdam.

Kimmelman, V. & Pfau R.(2014). Information Structure in Sign Languages. In C. Féry & S. Ishihara (eds.), *The Oxford handbook of information structure*. Online publication. DOI: 10.1093/oxfordhb/9780199642670.013.001.

Kisch, S. (2004). Negotiating (genetic) deafness in a Bedouin community. In J. B. Van Cleve (eds.) *Genetics, disability and deafness* (pp.148-173). Washington DC: Gallaudet University Press.

Knoors, H., & Vervloed M. P. J. (2011). Educational programming for deaf children with multiple disabilities: Accommodating special needs. In M. Marschark & P. E. Spencer (eds.), *The Oxford handbook of deaf studies, language, and education, Volume 1* (pp.82-96). New York: Oxford University Press.

Ladd, P. (2003). *Understanding Deaf Culture: In search of Deafhood.* Clevedon: Multilingual Matters.

Lakoff, G., & Johnson M.(1980). *Metaphors we live by*. Chicago: University of Chicago Press.

Laudanna, A., & Volterra V.(1991). Order of words, signs, and gestures: A first comparison. *Applied Psycholinguistics 12*, 135-150. DOI: 10.1017/S0142716400009115.

Leeson, L. (2001). *Aspects of verbal valency in Irish Sign Language* [Dissertation]. Dublin, Ireland: Trinity College.

Leuninger, H. (2001). Das Projekt RELEX: Ein ökumenisches Lexikon religiöser Gebärden. In:H. Leuninger & K. Wempe (eds.), *Gebardensprachlinguistik 2000: Theorie und Anwendung* (pp.171-192). Hamburg: Signum.

Leuninger, H., &Happ D. (2005). *Gebärdensprachen: Struktur, Erwerb, Verwendung*. Hamburg: Buske.

Leuninger, H., Happ, A., Waleschkowski, E., Menges E., & Happ D. (2004). The impact of modality on language production: Evidence from slips of the tongue and hand. In T. Pechmann & C. Habel (eds.), *Trends in linguistics* (pp.219-278). Berlin: De Gruyer Mouton.

Leuninger, H., &Wempe K.(eds.) (2001). *Gebardensprachlinguistik 2000: Theorie und Anwendung*. Hamburg: Signum.

Liddell, S. K. (1978). Nonmanual signals and relative clauses in American Sign Language. In P. Siple (ed.), *Perspectives in Neurolinguistics and Psycholinguistics* (pp.59-90). New York: Academic Press.

Liddell, S. K. (1980). *American Sign Language syntax*. Den Haag: Mouton.

Liddell, S. K. (2003). *Grammar Gesture and meaning in American Sign Language*. Cambridge: Cambridge University Press. DOI: 10.1017/CBO9780511615054.

Liddell, S., Vogt-Svendsen M., & Bergman B. (2007). A crosslinguistic comparison of buoys: Evidence from American, Norwegian, and Swedish Sign Language. In M. Vermeerbergen, L. Leeson & O. Crasborn (eds.), *Simultaneity in Signed Languages: Form and Function* (pp.187-215). Amsterdam: John Benjamins Publishing Company. DOI:10.1075/cilt.281. 09lid.

Lipták, A. (ed.) (2009). *Correlatives Cross-Linguistically*. Amsterdam: John Benjamins Publishing Company. DOI: 10.1075/lfab.1.

Marschark, M., & Spencer P. E. (eds.) (2011). *The Oxford handbook of deaf studies, language, and education*. Volume 1. New York: Oxford University Press.

Marsaja, G. (2008). *Desa Kolok: A deaf village and its sign language in Bali, Indonesia*. Nijmegen: Ishara Press.

Massone, M. I., & Curiel M. (2004). Sign order in Argentine Sign Language. *Sign Language Studies 5*(1), 63-93. DOI: 10.1353/sls.2004.0023.

Mathur, G., & Napoli D. J. (eds.) (2010). *Deaf around the world: The impact of language*. Oxford: Oxford University Press. DOI: 10.1093/acprof:oso/9780199732548.001.0001.

Matsuoka, K. (1999). The lexical verb sandwich in American Sign Language and the hybrid feature. In R. Daly & A. Riehl (eds.), *ESCOL' 99* (pp.142-148). Storrs: Cornell University.

McCaskill, C., Lucas, C., Bayley, R., & Hill J. (2011). *The hidden treasure of Black*

ASL: Its history and structure. Washington, DC: Gallaudet University Press.

Meir, I., Padden, C., Aronoff, M., & Sandler W.(2007). *Re-thinking Sign Language verb classes: The body as subject. On-line proceedings of TISLR 9 conference, Florianopolis, Brazil.*

Meier, R., Cormier K., & Quinto-Pozos D. (eds.) (2002). *Modality and structure in signed and spoken languages*. Cambridge: Cambridge University Press. DOI: 10.1017/CBO9780511486777.

Mesch, J. (2001). *International studies on sign language and communication of the deaf* (Volume 38). Seedorf/Hamburg: Signum-Verlag.

Metzger, M. (1995). Constructed dialogue and constructed action in American Sign Language. In A. Schembri & C. Lucas (eds.), *Sociolinguistics and Deaf Communities.* Cambridge UK: CUP, 255-271.

Miyake, A., & Shah P. (eds.) (1999). *Models of working memory: Mechanisms of active maintenance and executive control.* Cambridge: Cambridge University Press. DOI: 10.1017/CBO9781139174909.

Morford, J., Staley J., & Burns B. (2010). *Seeing signs: Language experience and handshape perception.* http://dsdj.gallaudet.edu/assets/section/section2/entry94/DSDJ_entry94.pdf. Re- trieved August 2013.

Muysken, P. (2008). *Functional categories*. Cambridge: Cambridge University Press. DOI: 10.1017/CBO9780511755026.

Napoli, D. J., Sanders N., & Wright R. *Some aspects of articulatory ease in American Sign Language.* http://sanders.phonologist.org/ Papers/sanders-sb-handout.pdf. Retrieved from the internet on July 31, 2013.

Narrog, H & B. Heine (eds.) (2011). *The Oxford handbook of grammaticalization.* Oxford: Oxford University Press.

Neidle, C. (n.d.) *Signstream*. See http://www.bu.edu/asllrp/SignStream/.

Newkirk, D. et al. (1980). Linguistic evidence from slips of the hand. In V. Fromkin (ed.), *Errors in linguistic performance: slips of the tongue, ear, pen and hand* (pp.165-197). New York: Academic.

Nijen Twilhaar, J. (2014). How to indicate gender in Sign Language of the Netherlands. In R. Kager, J. Grijzenhout & K. Sebregts (eds.), *Where the principles fail: A Festschrift for Wim Zonneveld on the occasion of his 64th birthday* (pp.161-172). Utrecht: LOT.

Nonaka, A. M. (2004). The forgotten endangered languages: Lessons on the importance of remembering from Thailand's Ban Khor Sign Language. *Language in Society 33,* 737-767. DOI: 10.1017/S004740450404504X.

Nyst, V. (2007). *A descriptive analysis of Adamorobe Sign Language (Ghana).* Utrecht: LOT.

Oller, D. K. (2000). *The emergence of speech capacity*. Mahwah, NJ: Erlbaum.

Orgassa, A. (2003). *Afatisch of niet-a pilot study: Inventarisatie van het co-speech gesture gedrag in gezonde en anomische taalproductie* [Doctoraalscriptie]. Radboud Universiteit van Nijmegen.

Padden, C. (1988). *Interaction of morphology and syntax in American Sign Language*. New York: Garland.

Padden, C. A., & Humphries T. L. (2005). *Inside Deaf Culture*. Cambridge, Mass.: Harvard University Press.

Pahz, J. A., Pahz C. S., & Lloyd G. T. (1978). *Total Communication: The meaning behind the movement to expand educational opportunities for deaf children*. Springfield, IL: Charles C. Thomas.

Pechmann, T. , & Habel C. (eds.) (2004). *Trends in linguistics*. Berlin: De Gruyer Mouton.

Petitto, L. A. (1991). Babbling in the manual mode: Evidence for the ontology of language. *Science, 251* (5000), 1493-1496. DOI: 10.1126/science.2006424.

Pfau, R. (2016a). Ch. 7: Syntax: Complex sentences. In A. Baker et al. (eds.), *The Linguistics of Sign Languages: An introduction* (pp.149-172). Amsterdam: John Benjamins Publishing Company.

Pfau, R. (2016b). Ch. 9: Morphology. In A. Baker et al. (eds.), *The Linguistics of Sign Languages: An introduction* (pp.197-228). Amsterdam: John Benjamins Publishing Company.

Pfau, R., & Bos H. (2016). Ch. 6: Syntax: Simple sentences. In A. Baker et al. (eds.),

The Linguistics of Sign Languages: An introduction (pp.117-147). Amsterdam: John Benjamins Publishing Company.

Pfau, R., & Steinbach M. (2005). Relative clauses in German Sign Language: Extraposition and reconstruction. In L. Bateman & C. Ussery (eds.), *Proceedings of the North East Linguistic Society (NELS 35), Vol. 2.* (pp.507-521). Amherst, MA: GLSA.

Pfau, R., & Steinbach M.(2011). Grammaticalisation in sign languages. In H. Narrog, & B. Heine (eds.), *The Oxford handbook of grammaticalization* (pp.683-695). Oxford: Oxford University Press.

Pfau, R., Steinbach M., & Woll B. (eds.) (2012). *Sign Language: An international handbook.* Berlin: De Gruyter Mouton. DOI: 10.1515/9783110261325.

Pinker, S. (1994). *The language instinct: The new science of language and mind.* New York: Morrow.

Pizzuto, E., Pietandrea P., & Simone R. (eds.) (2007). *Verbal and signed Languages: comparing structures, constructs and methodologies.* Berlin: De Gruyter Mouton.

Poizner, H., & Kegl J. (1992). Neural basis of language and motor behaviour: Perspectives from America Sign Language. *Aphasiology 6*, 219-256. DOI: 10.1080/02687039208248595.

Poizner, H., Klima E. S., & Bellugi U. (1987). *What the hands reveal about the brain*. Cambridge, MA: MIT Press.

Prillwitz, S., & Vollhaber T. (eds.) (1990a). *Current trends in European sign language research*. Hamburg: Signum.

Prillwitz, S., & Vollhaber T. (eds.) (1990b). *Proceedings of the third European congress on sign language research*. Hamburg: Signum.

Quinto-Pozos, D. (2007). Why does constructed action seem obligatory? An analysis of classifiers and the lack of articulator-referent correspondence. *Sign Language Studies 7*, 458-506. DOI: 10.1353/sls.2007.0027.

Robert, E., & Mariën P. (eds.) (2006). *Afasie (z)onder woorden: Diagnostische en therapeutische ontwikkelingen.* Antwerpen/Apeldoorn: Garant.

Sacks, O. (1986). *The man who mistook his wife for a hat.* London: Gerard Duckworth & Co.

Sandler, W., & Lillo-Martin D. (2006). *Sign language and linguistic universals.* Cambridge: Cambridge University Press. DOI: 10.1017/CBO9781139163910.

Sandler, W., Meir, I., Padden, C., & Aronoff M. (2005). The emergence of grammar in a new sign language. *Proceedings of the National Academy of Sciences, 102* (7), 2661-2665.

Sapountzaki, G. (2012). Agreement auxiliaries. In R. Pfau, M. Steinbach & B. Woll (eds.), *Sign Language: An international handbook* (pp.204-227). Berlin: De Gruyter Mouton.

Schembri, A., & Johnston T. (2012). Sociolinguistic aspects of variation and change. In R. Pfau, M. Steinbach & B. Woll (eds.), *Sign Language: An international handbook* (pp.788-815). Berlin: De Gruyter Mouton.

Schembri, A., & Johnston T. (2013). Sociolinguistic variation and changes in sign languages. In: R. Bayley, R. Cameron & C. Lucas (eds).

Schembri, A., & Lucas C. (eds.) (1995). *Sociolinguistics and Deaf Communities.* Cambridge UK: Cambridge University Press.

Schermer, G. M. (2012). Language Planning. In R. Pfau, M. Steinbach & B. Woll (eds.), *Sign Language: An international handbook* (pp.889-908). Berlin: De Gruyter Mouton.

Schermer, G. M. (2016a). Ch. 12: Language variation and standardization In A. Baker et al. (eds.), *The Linguistics of Sign Languages: An introduction* (pp.279-298). Amsterdam: John Benjamins Publishing Company.

Schermer, G. M. (2016b). Ch. 8: Lexicon. In A. Baker et al. (eds.), *The Linguistics of Sign Languages: An introduction* (pp.173-195). Amsterdam: John Benjamins Publishing Company.

Schermer, G. M., & Pfau R.(2016a). Ch. 2: Psycholinguistics. In A. Baker et al. (eds.), *The Linguistics of Sign Languages: An introduction* (pp.25-50). Amsterdam: John Benjamins Publishing Company.

Schermer, G. M., & Pfau R. (2008b). Ch. 13: Language contact and change. In A.

Baker et al. (eds.), *The Linguistics of Sign Languages: An introduction* (pp.299-324). Amsterdam: John Benjamins Publishing Company.

Senghas, A. (1995). *Children's contribution to the birth of Nicaraguan Sign Language*. [Unpublished doctoral dissertation]. Massachusetts Institute of Technology.

Senghas, A., Kita, S., & Ozyurek A. (2004). Children creating core properties of language: Evidence from an emerging sign language in Nicaragua. *Science 305* (5697), 1779-1782. http://dx.DOI. org/10.1126/science.1100199/. DOI: 10.1126/science.1100199.

Siple, P. (ed.). (1978). *Understanding language through sign language research*. New York: Academic Press.

Skinner, B. (1957). *Verbal behaviour*. New York: Appleton Century-Crofts. DOI: 10.1037 /11256-000.

Smith, D. (2004). *The layering of syntactical non-manual markers in Sign Language of the Netherlands: Possibilities and constraints*. MA-sciptie Universiteit van Amsterdam.

Spencer, P. E., & Marschark, M. (2010). *Evidence-based practice in educating deaf and hard-of-hearing students*. New York: Oxford University Press.

Stokoe, W. C., & Volterra V. (eds.) (1985). *SLR' 83. Proceedings of the Third International Symposium on Sign Language Research*. CNR, Rome.

Streeck, J. (2009). *Gesturecraft: The manufacture of meaning*. Amsterdam: John Benjamins Publishing Company. DOI: 10.1075/gs.2.

Sutton-Spence, R., & Boyes Braem, P. (2013). Comparing the products and the processes of creating sign language poetry and pantomimic improvisations. *Journal of nonverbal behavior 37*, 245-280. DOI: 10.1007/s10919-013-0160-2.

Sutton-Spence, R., & Woll B. (1998). *The linguistics of British Sign Language*. Cambridge: Cambridge University Press.

Sze, F. Y. B. (2008). *Topic constructions in Hong Kong Sign Language* [PhD Dissertation]. University of Bristol.

UNESCO (1994). *The Salamanca Statement*. Retrieved August 2013.

Valli, C., & Lucas C. (1992/1995). *Linguistics of American Sign Language: An introduction*. Washington, DC: Gallaudet University Press.

Van Boxtel, S. (2005). *Can the late bird catch the worm? Ultimate attainment in L2 syntax*. Utrecht: LOT. Proefschrift Radboud Universiteit Nijmegen.

Van Bree, C. (1996). *Historische taalkunde.* Leuven/Amersfoort: Acco.

Van Cleve, J. B. (ed.) (2004). *Genetics, disability, and deafness*. Washington, DC: Gallaudet University Press.

Van de Sande, J., & Crasborn O.(2009). Lexically bound mouth action in Sign Language of the Netherlands: A comparison between different registers and age groups. In B. Botma & J. van Kampen (eds.). *Linguistics in the Netherlands 2009*. Amsterdam: John Benjamins Publishing Company.

Van den Bogaerde, B. (2000). *Input and interaction in Deaf families.* Utrecht: LOT. Proefschrift Universiteit van Amsterdam.

Van den Bogaerde B., & Baker A. (2009). Bi-modal language acquisition in KODA's. In M. Bishop & S. L. Hicks (eds.), *Hearing, mother-father Deaf: Hearing people in Deaf families (99-131).* Washington, DC: Gallaudet University Press.

Van den Bogaerde, B., Buré M., &Fortgens C. (2016). Ch. 14: Bilingualism and Deaf education. In A. Baker et al. (eds.), *The Linguistics of Sign Languages: An introduction* (pp.325-336). Amsterdam: John Benjamins Publishing Company.

Van den Bogaerde, B., & Nortier J. (2006). Bimodaal codewisselen: Simultaan spreken en gebaren. *Anéla 2006*, 79-88.

Van der Kooij, E., & Crasborn O. (2016). Ch. 11: Phonology. In A. Baker et al. (eds.), *The Linguistics of Sign Languages: An introduction* (pp.251-278). Amsterdam: John Benjamins Publishing Company.

Van der Kooij, E., Crasborn, O., &Ros J. (2006). Manual prosodic cues: Palm-up and pointing signs. *Poster presented at TISLR 9, Florianápolis, Brazil, December 2006.*

Van der Lem, G. J., & Fortgens C. (eds.) (1996). *Totale Communicatie en lezen*. Deventer: Van Tricht uitgeverij.

Van der Sijs, N. (2010). *Nederlandse woorden wereldwijd.* Den Haag: Sdu.

Van Gijn, I. (2004). *The quest for syntactic dependency: Sentential complementation in Sign Language of the Netherlands*. Utrecht: LOT. Proefschrift Universiteit van Amsterdam.

Van Oostendorp, M. (2004). *Een wereldtaal: De geschiedenis van het Esperanto*. Amsterdam: Athenaeum/Polak & Van Gennep.

Vermeerbergen, M. (1997). *Grammaticale aspecten van de Vlaams-Belgische Gebarentaal.* Gent: Cultuur voor Doven.

Vermeerbergen, M. (2006). Past and current trends in sign language research. *Language & Communication 26*, 168-192. DOI: 10.1016/j.langcom.2005.10.004.

Vermeerbergen, M., Leeson L., & Crasborn O. (eds.) (2007). *Simultaneity in Signed Languages: Form and Function.* Amsterdam: John Benjamins Publishing Company. DOI: 10.1075 /cilt.281.

Vermeerbergen, M., Nijen Twilhaar J., & Van Herreweghe M. (2013). Variation between and within Sign Language of the Netherlands and Flemish Sign Language. In F. Hinskens and J. Taeldeman (eds.), *Language and space: An international handbook of linguistic variation, Vol. 3* (pp.680-699). Berlin: De Gruyter Mouton.

Vogt-Svendsen, M., & Bergman B. (2007). Point Buoys: the weak hand as a point of reference for time and space. In M. Vermeerbergen, L. Leeson & O. Crasborn (eds.), *Simultaneity in Signed Languages: Form and Function* (pp.217-235). Amsterdam: John Benjamins Publishing Company. DOI: 10.1075/cilt.281.10vog.

Vygotsky, L. (1962). *Thought and language*. Cambridge: MIT Press. DOI: 10.1037/11193-000.

Vygotsky, L. (1978). *Mind in society*. London: Harvard University Press.

Wilber, R. B. (1987). *American Sign Language: Linguistic and applied dimensions*. Boston: College-Hill.

Wilber, R. B. (1990). Metaphors in American Sign Language and English. In W. H. Edmondson & F. Karlsson (eds.), *SLR' 87: Papers from the Fourth International Symposium on Sign Language Research, Lappeenranta, Finland July 15-19,*

1987, (pp.163-170). Hamburg: Signum Press.

Wilcox, P. P. (2000). *Metaphor in ASL*. Washington DC: Gallaudet University Press.

Wilcox, P. P. (ed.) (2005). *Metaphor in signed languages. Special issue of Sign Language Studies 5* (3) . Washington DC: Gallaudet University Press.

Wilcox, S., Rossini P., & Antinoro Pizzuto E. (2010). Grammaticalisation in sign languages. In D. Brentari (ed.), *Sign Languages* (pp.332-354). Cambridge: Cambridge University Press. DOI: 10.1017/CBO9780511712203.016.

Wittmann, H. (1991). Classification linguistique des langues signées non vocalement. *Revue québécoise de linguistique théorique et appliquée 10*, 215-288.

Zeshan, U. (2010). Response: Village Sign Languages: A commentary. In G. Mathur & D. J. Napoli (eds.), *Deaf around the world: The impact of language* (pp.221-230). Oxford: Oxford University Press. DOI: 10.1093/acprof:oso/9780199732548.003.0012.

Zwitserlood, I. (2003). *Classifying hand configurations in Nederlandse Gebarentaal.* Utrecht: LOT. Proefschrift Universiteit Utrecht.

Zwitserlood, I. (2012). Classifiers.In R. Pfau, M. Steinbach & B. Woll (eds.), *Sign Language: An international handbook* (pp.158-186). Berlin: De Gruyter Mouton.

Zwitserlood, I., & van Gijn I. (2006). Agreement phenomena in Sign Language of the Netherlands. In P.Ackema et al. (eds.), *Arguments and agreement* (pp.195-229). Oxford: Oxford University Press.

Zwitserlood, I., & Nijhof S. (1999). Pluralization in Sign Language of the Netherlands (NGT). In J. Don & T. Sanders (eds.), *OTS Yearbook 1998-1999* (pp.58-78). Utrecht: OTS.

Sources of figures

Figure A-1. Allomorphy in Israeli Sign Language.

Annieck van den Broek. Picture taken by Christiaan Plug.

Figure C-1. Change in orientation.

Annieck van den Broek. Picture taken by Christiaan Plug.

Figure F-1. Manual alphabet on the hand.

Bosman (ed.) (2006).

Figure G-1. Conventional gesture for good.

https://www.google.nl/search?q=smiley+good&newwindow=1&biw=1093&bih=514&tbm=isch&tbo=u&source=univ&sa=X&ved=0ahUKEwjXifCLi6zKAhWKXB4KHe1qBi0Q7AkIKw#imgrc=rAYSTKnsuFmu_M%3A. Retrieved January 2016.

Figure H-1. NGT signs for chicken and talk.

Annieck van den Broek. Picture taken by Christiaan Plug.

Figure H-2. Hands-on signing.

Pieter Bodbijl and Jan Nijen Twilhaar. Picture taken by Christiaan Plug.

Figure H-3. Language areas in the brain.

Source: //www.google.com/search?q=language+areas+in+the+brain & newwindowhttps: =1&biw=1093&bih=514&tbm=isch&tbo=u&source=univ&sa=X&sqi=2&ved=0ahUKEwiUrpnDi6zKAhXB2R4KHdZHCk4Q7AkIKA#imgrc=owiMHatMWrrf4M%3A. Retrieved January 2016.

Figure M-1. NGT minimal pair.

Annieck van den Broek. Picture taken by Christiaan Plug.

Figure P-1. NGT sign for talk.

Annieck van den Broek. Picture taken by Christiaan Plug.

Figure P-2. Proximal to distal distance to the torso.

Baker, Van den Bogaerde, Pfau & Schermer (2016).

Figure R-1. ASL sign for tree.

http://www.lifeprint.com/asl101/signjpegs/t/tree.h4.jpg.

Retrieved January 2016.

Figure S-1. The signing space.

Baker, Van den Bogaerde, Pfau & Schermer (2016).

Figure S-2. Manual simultaneity.

Vermeerbergen, Nijen Twilhaar & Van Herreweghe (2013).

Figure S-4. Two-handed signs in which both hands move.

Baker, Van den Bogaerde, Pfau & Schermer (2016).

Figure S-5. Synonyms with the same connotation (NGT).

Annieck van den Broek. Picture taken by Christiaan Plug.

Figure T-1. The front-back timelines in VGT.

Annieck van den Broek. Picture taken by Christiaan Plug.

译者参考文献

M·W·艾森克, M·T·基恩, 2004. 认知心理学（上下册）[M]. 4 版. 高定国, 何凌南, 等译. 上海: 华东师范大学出版社.

安·贝克, 贝皮·范登博哈尔德, 罗兰·普福, 等, 2022. 手语语言学引论 [M]. 刘鸿宇, 付继林, 译. 北京: 知识产权出版社.

岑运强, 2017. 语言学概论 [M]. 2 版. 北京: 中国人民大学出版社.

陈昌来, 2003. 现代汉语: 语义平面问题研究 [M]. 上海: 学林出版社.

陈前瑞, 2008. 汉语体貌研究的类型学视野 [M]. 北京: 商务印书馆.

陈前瑞, 2017. 语法化与汉语时体研究 [M]. 上海: 学林出版社.

陈小红, 2011. 手语类标记与类标记谓语研究述评 [J]. 宁夏大学学报（人文社会科学版）, 33（4）: 160–166.

康姆利, 2005. 体范畴 [M]. 北京: 北京大学出版社.

邓慧兰, 2002. 手语语言学与语言习得研究的关系 [J]. 当代语言学,（3）: 201–224+238.

邓慧兰, 2014. 聋童语言获得与手语双语共融教育: 语言科学研究之知识转移 [J]. 语言科学, 13（1）: 24–33.

丁夏林, 2007. 英语中的名祖词趣谈 [J]. 英语知识,（2）: 31–32.

董秀芳, 2009. 汉语的句法演变与词汇化 [J]. 中国语文,（5）: 399–409+479.

VANPATTEN B, BENATI A G, 2017. 二语习得核心术语 [M]. 2 版. 陈亚平, 注. 北京: 外语教学与研究出版社.

维多利亚·弗罗姆金, 罗伯特·罗德曼, 妮娜·海姆斯, 2017. 语言引论 [M]. 8 版. 王大惟, 朱晓农, 周晓康, 等译. 北京: 北京大学出版社.

高宇翔, 顾定倩, 2013. 中国手语的发展历史回顾 [J]. 当代语言学, 15（1）: 94–100+126.

龚群虎, 2009. 聋教育中手语和汉语问题的语言学分析 [J]. 中国特殊教育,

（3）：63-67+37.
顾定倩，刘扬，冬雪，等，2005. 关于中国手语推广与研究情况的调查分析［J］. 中国特殊教育，（4）：3-10.
桂诗春，2000. 新编心理语言学［M］. 上海：上海外语教育出版社.
HANKE T，（2019-12-20）［2022-07-25］. iLex：A Tool for Sign Language Lexicography and Corpus Analysis［EB/OL］. http：//www.sign-lang.uni-hamburg.de/ilex.
何晓炜，2020. 国外特殊型语言障碍的语言学研究及思考［J］. 语言战略研究，5（2）：61-70.
胡壮麟，姜望琪，2010. 语言学教程（中文本）［M］. 3 版. 北京：北京大学出版社.
华盛顿·欧文，2015. 纽约外史［M］. 刘荣跃，译. 北京：清华大学出版社.
JACKSON H，2016. 语言学核心术语［M］. 蓝纯，注. 北京：外语教学与研究出版社.
戴维·克里斯特尔，2000. 现代语言学词典［M］. 沈家煊，译. 北京：商务印书馆.
李恒，吴铃，2013. 中国手语情感隐喻的认知研究［J］. 语言文字应用，（4）：54-61.
梁丹丹，2021. 理论语言学对病理语言学的贡献［J］. 语言战略研究，（1）：36-47.
刘丹青，2019. 语法研究调查手册［M］. 2 版. 上海：上海教育出版社.
刘俊飞，许梦杰，杨亦鸣，2018. 聋童早期语言干预：究竟是口语还是手语？［J］. 南京师范大学文学院学报，（3）：10-16.
陆丙甫，2009. 从某些语言学术语的翻译谈起［J］. 外国语（上海外国语大学学报），32（2）：2-7.
陆丙甫，郭中，2005. 语言符号理据性面面观［J］. 外国语（上海外国语大学学报），（6）：32-39.
陆谷孙，2007. 英汉大词典［M］. 2 版. 上海：上海译文出版社.
陆俭明，沈阳，2016. 汉语和汉语研究十五讲［M］. 2 版. 北京：北京大学出版社.

罗常培文集编委会，1999. 罗常培文集：第 1 卷［M］. 济南：山东教育出版社.
罗常培文集编委会，1999. 罗常培文集：第 3 卷［M］. 济南：山东教育出版社.
罗常培文集编委会，1999. 罗常培文集：第 8 卷［M］. 济南：山东教育出版社.
罗跃嘉，姜扬，程康，2006. 认知神经科学教程［M］. 北京：北京大学出版社.
MURPH L，KOSKEL A，2016. 语义学核心术语［M］. 束定芳，田臻，注. 北京：外语教学与研究出版社.
倪兰，2013. 手语动词调查报告［J］. 中国特殊教育，(7)：42–48.
邱云峰，姚登峰，李荣，等，2018. 中国手语语言学概论［M］. 北京：中国国际广播出版社.
上海市儿童医院，(2019-04-02)［2022-08-01］. 哪些疾病可能与 ASD 混淆？［EB/OL］. HTTP：//MP.WEIXIN/QQ.COM/S/N_44PP-O_DM4YC1OYBSWNQ.
沈家煊，2021. 从语言看中西方的范畴观［M］. 北京：商务印书馆.
石定栩，2020. 复合词的结构与汉语语法的最小单位［J］. 汉语学报，(4)：2–15.
苏柳梅，刘艳红，2012. 真实性原则下的英语名祖词分类［J］. 辽宁工程技术大学学报（社会科学版），14（5）：510–512.
吴铃，李恒，2012. 中国手语中的时间空间隐喻［J］. 中国特殊教育，(12)：25–29.
杨军辉，吴安安，郑璇，等，2014. 中国手语入门［M］. 郑州：郑州大学出版社.
杨亦鸣，沈兴安，2002. 介绍《神经语言学和语言失语症学导论》［J］. 外语教学与研究，(6)：476–477.
杨亦鸣，曹明，沈兴安，2001. 国外大脑词库研究概观［J］. 当代语言学，(2)：90–108+157.
叶蜚声，徐通锵，1997. 语言学纲要［M］. 3 版. 北京：北京大学出版社.
俞理明，2004. 语言迁移与二语习得：回顾、反思和研究［M］. 上海：上海外语教育出版社.
余义兵，2019. 益损者：从语义角色到句法实现［D］. 上海：华东师范大学.
语言学名词审定委员会，2011. 语言学名词［M］. 北京：商务印书馆.
袁毓林，1998. 汉语动词的配价研究［M］. 南昌：江西教育出版社.
张吉生，杨峰，伍艳红，等，2018. 上海手语音系［M］. 上海：华东师范大学出版社.

张宁生，胡雅梅，2002. 听觉障碍者的综合交流法［J］. 心理科学，25（6）: 731–732.

张绍杰，1994. 言语行为与施为动词［J］. 外语与外语教学,（5）: 36–39.

郑璇，2004. 浅论手语对聋儿主流语言学习的影响［J］. 中国听力语言康复科学杂志,（1）: 51–53.

中国聋人协会，辽宁省聋人协会，2015. 中国手语入门［M］. 郑州：郑州大学出版社.

中国社会科院语言研究所词典编辑室，2009. 现代汉语词典［M］. 5 版. 北京：商务印书馆.

朱晓农，2012. 音法演化——发声活动［M］. 北京：商务印书馆.

译者后记

这是我们知道的国内第一本专门介绍手语语言学术语的书。本书译著过程中我们既开心，又小心谨慎，希望抛砖引玉，贡献我们有限的学识，但却无限的努力。

首先特别感谢国家社会科学基金项目对本阶段性成果的支持。非常感谢聋人群体，他们让《手语语言学简明术语》具有意义。希望本书将手语术语更好地呈现给大家，让手语成为更多人懂、有温度、能够联系聋人和听人的语言，充分实现手语的语言学价值。非常感谢知识产权出版社的鼎力支持。

特别感谢我们的母校——吉林大学，感谢我们各自的导师李海平教授和沙洵泽教授（美国），感谢班主任许京兰教授和张万娟教授，以及其他给予我们无数教导和关爱的师长们。感谢我们各自的硕博导师——燕山大学于建平教授、吉林大学刘希彦教授和复旦大学龚群虎教授，以及我们在英国访问时的导师朴茨茅斯大学戴唯·霍洛韦（David Holloway）教授和伦敦大学学院本西·沃尔（Bencie Woll）教授。感谢导师们的悉心指导，我们每一点进步都凝聚着他们的智慧与心血。感谢我们的工作单位燕山大学，“厚德，博学，求是”的燕大校训吸引我们为燕赵大地培育栋梁。特别感谢燕山大学外国语学院领导对我们工作的支持与鼓励。

感谢参与部分初稿工作的我们的研究生张庆妹、常璐和张浩强。他们的参与让我们更加清楚手语语言学初学者理解手语术语的困难，我们进而努力使本书简明易懂。

最后，感谢我们挚爱的家人、同事和朋友，你们的鼎力支持与激励我们学以致用，为国家和社会贡献学识与才华。

尽管我们竭尽全力使本书严谨准确、清晰易懂，但书中难免会有错误、瑕疵和纰漏，恳请同行批评指正。我们将非常感谢，并在再版时及时订正。

付继林　刘鸿宇

燕山大学 燕山大学手语语言及应用研究所

2022年6月10日